Las reglas de César Millán

César Millán con la colaboración de Mellissa Jo Peltier

Las reglas de César Millán

Cómo fomentar el equilibrio entre el perro y su dueño

AGUILAR

Título original: *Cesar's Rules. Your Way to Train a Well-Behaved Dog*
D.R. © César Millán con Melissa Jo Peltier, 2010
D.R. © de la edición original: Crown Archetype, sello de Random House, 2010
D.R. © de la traducción: Javier Lago Bornstein, 2011

De esta edición:
D. R. © Santillana Ediciones Generales, S.A. de C.V., 2012.
Av. Río Mixcoac 274, Col. Acacias
C.P. 03240, Del. Benito Juárez., D.F.
Teléfono (55) 54 20 75 30
www.librosaguilar.com/mx

Diseño de cubierta: Cristina Macarro
Fotografías de cubierta y contracubierta: Michael Reuter

Primera edición: julio de 2011
Cuarta reimpresión: enero de 2012

ISBN: 978-607-11-1131-9

PRISA EDICIONES

Dedico este libro a mis hijos, Andre y Calvin, porque quiero que aprendan que las personas, por muy diversas experiencias que tengan, pueden unirse por un bien común. Como padre, quiero educar a mis hijos para que sepan que pueden poner en comunión su mente con la de personas con creencias distintas. Quiero que siempre se muestren abiertos a nuevas ideas y conocimientos, porque sólo con una mentalidad abierta podemos cambiar el mundo para mejor. No quiero dejar a mis hijos una gran fortuna material. Quiero legarles una riqueza de conocimiento para que puedan llegar a ser hombres íntegros con el poder de transformar su mundo.

Índice

Agradecimientos

En primer lugar, sobre todo, quiero agradecer a todo el mundo —los adiestradores, los conductistas, los académicos y todos los expertos— que con generosidad aportaron su experiencia y sus conocimientos a este libro; entre ellos, Bob Bailey, Michael Broffman, Bonnie Brown-Cali, Patrick Burns, la doctora Alice Clearman, Martin Deeley, Barbara De Groodt, el doctor Ian Dunbar, Kelly Gorman Dunbar, Mark Harden, Katenna Jones, Karen Rosa, Joel Silverman, Jerome Stewart y Kirk Turner.

Siempre he deseado unir personas que no tienen por qué estar de acuerdo en todo y colaborar con ellas para encontrar un enfoque equilibrado. El hecho de haberlo logrado con este libro demuestra que la mayoría de las personas relacionadas con los perros quieren hacer lo mejor para los perros y para el planeta en general. Eso significa mucho para otras personas en todo el mundo, sobre todo los niños. Espero que los expertos citados antes se sientan orgullosos y felices por el hecho de que hayamos encontrado el modo de mantenernos serenos y obedientes entre todos para poder respetar juntos las enseñanzas que podamos recibir de los perros: que lo importante no es la raza, ni el tipo de entrenamiento, o una forma de pensar; en definitiva, lo importante es lo que sea mejor para la manada. Cuando una manada de perros se necesita mutuamente para mejorar su entorno encuentra puntos comunes. Descubre el modo de sobrevivir uniéndose, no separándose. Juntos, los expertos de este libro van a predicar con el ejemplo, y eso creará un increíble efecto dominó en todo el mundo.

La ayuda de mi amigo Martin Deeley, director ejecutivo de International Association of Canine Professionals, fue fundamental a la hora de reunir un grupo tan ilustre de profesionales. Gracias, Martin, por creer en mí mucho antes de que lo hiciera nadie en el mundo del adiestramiento profesional. También quiero dar las gracias a la junta directiva de American Humane Association por sentarse conmigo para tratar de que nuestras muchas similitudes y metas comunes pudieran superar nuestras diferencias.

También me parece importante dar las gracias a los fans de muchos de los expertos que aparecen en este libro, ya que personas como el doctor Ian Dunbar tienen sus propios fans y seguidores que podrían no estar de acuerdo conmigo. Mi objetivo es que entiendan que todo esto es por un bien mayor. No se trata de impulsar la carrera de una persona, sino de mejorar las vidas de todos los perros y sus dueños, ampliando la perspectiva de los seres humanos y mostrando que hay muchas maneras diferentes de conseguir el equilibrio. Agradezco profundamente que estas personas tan increíbles, expertas y cultas hayan compartido su sabiduría con nosotros. No se trata de que yo tenga más éxito, sino de que aporte cuanto pueda para formar parte de una manada mayor. Estoy profundamente agradecido y me siento muy honrado de formar parte de la ilustre manada que está representada en estas páginas. Como siempre, mi coautora y yo queremos dar las gracias a nuestro agente literario, Scott Miller, de Trident Media Group; y a Julia Pastore, Shaye Areheart, Tina Constable, Maya Mavjee, Kira Walton, Domenica Aliota y Tara Gilbride en Random House.

Melissa Jo Peltier desea dar las gracias: a mis socios en MPH, Jim Milio y Mark Hufnail, así como a todo el personal de MPH y CMI, que se entregaron al 150 por ciento para hacer posible este libro; a la artista Victoria Parr, a las investigadoras Crystal Reel, Shanna Sletten, Lindsay Taub y Jackie Younce, y muy especialmente a Ben Stagg, que hicieron mucho más de lo que su deber les exigía para afrontar este nuevo y enorme reto.

Todos los adiestradores que aparecen en este libro dedicaron muchas horas a hablar por teléfono y a enviar correos electrónicos para ayudarnos a conseguir que esta guía fuera lo más exhaustiva posible, especialmente Bob Bailey, Ian Dunbar, Kirk Turner y, por supuesto, Martin Deeley. Sus amplísimos conocimientos y su disposición a rebatir con franqueza nuestras opiniones sobre el adiestramiento canino han sido muy enriquecedores y didácticos para mí. Gracias también a la doctora Alice Clearman por la sabiduría de su punto de vista y por su ayuda.

Como siempre mi corazón pertenece a mi esposo, John Gray, cuyo apoyo hace que sea posible todo cuanto hago.

Introducción

Normalmente no me piden ayuda cuando el perro no obedece la orden de sentarse, sino cuando les está arruinando la vida.

En la presentación de mi programa *El encantador de perros* siempre digo: «Rehabilito perros, adiestro personas.»

Con todo, la prensa sigue refiriéndose a mí como César Millán, el «adiestrador de perros». Y los propietarios me preguntan constantemente por mis trucos favoritos de adiestramiento.

La primera parte de este libro relata mis primeras experiencias en el mundo del adiestramiento canino y cuenta cómo llegué a hacer lo que hago en la actualidad. Crecí en un país pobre, un lugar donde no siempre se puede ir al supermercado o al centro comercial del barrio y comprar lo que se necesita. En el México rural aprendemos a adaptarnos y a trabajar con lo que tenemos. Para mí resultó ser una forma de vida que en realidad fomentó mi creatividad. Desde muy temprana edad supe que quería trabajar con los perros y que tenía un don para ello. No fue un aprendizaje formal ni tuve acceso a estudios científicos, pero sentía pasión por los perros y contaba con la ventaja de haber crecido entre manadas. Pasé años a su lado, trabajando con ellos y, sobre todo, observándolos. Me siento orgulloso del modo en que empleé mi propia ingenuidad para lograr rehabilitar tantos perros difíciles a los que habían *desahuciado*.

Desde que comencé mi programa de televisión en 2004 he tenido oportunidad de trabajar con cientos de propietarios y mediante estas experiencias he aprendido que en la mayoría de los casos es la persona la que necesita aprender más en las relaciones entre los humanos y los perros. *El encantador de perros* me ha proporcionado un aula de trabajo en la que pulir mi capacidad de comunicación con las personas, para ayudarlas a ver que todo cuanto hacen —a menudo cosas de las que ni ellos mismos son conscientes— influye en el comportamiento de su perro. No es fácil mirarse al espejo y admitir: «El problema soy yo.» Pero espero haber ayudado, con amabilidad y amor, a que gran parte de los propietarios que han aparecido en nuestro espacio lo hagan. Muchos de los que vinieron al programa volvieron años después para contar cómo la experiencia transformó por completo su vida y la de sus animales.

Cuando por fin accedí a las peticiones de escribir un manual de adiestramiento, decidí que mi experiencia y mi habilidad especial no bastaban para proporcionar al lector una visión exhaustiva de todas las opciones que hay para adiestrar a un perro. Así que contacté con algunos de los adiestradores de perros, educadores y profesionales del conductismo animal más experimentados y prestigiosos del mundo. Les estoy muy agradecido por haber sido tantos los que han accedido a participar. Algunos de los profesionales que colaboran en este libro han disentido abiertamente de mi proceder en el pasado, y a pesar de ello aquí están, uniendo sus conocimientos y experiencias a los míos en estas mismas páginas. Es precioso, y dice mucho de su compromiso por mejorar la vida de los perros y sus dueños. Estos primeras espadas en sus respectivas áreas me han ayudado a lograr que éste sea quizá el primer lugar donde el lector encuentre una gama tan amplia de teorías y métodos de adiestramiento en un mismo libro.

Una de las cosas que más me gustan de Norteamérica es que es un lugar que ofrece multitud de oportunidades. Mi más profundo agradecimiento por todas esas opciones. Quiero que mis lectores sepan que existen tantas posibilidades a su alcance que sin duda encontrarán algo que funcione para ellos y sus perros.

Les presento a los adiestradores

Un impresionante despliegue de adiestradores y demás expertos compartieron amablemente con nosotros sus vastos conocimientos y sus experiencias en este libro. He aquí unos apuntes de sus diversas y sorprendentes trayectorias.

Ya de niño ROBERT E. BAILEY se interesó por las ciencias, especialmente la zoología. Su madre tuvo que convivir con serpientes de cascabel dentro de la nevera y queroseno en la cocina. El estudio de peces, reptiles y aves en UCLA, en 1958, fue el primer encuentro de Bob con el análisis de conducta y la etología. Después de trabajar un tiempo en un laboratorio bioquímico y de hacer trabajo de campo como biólogo marino se convirtió en el primer director de adiestramiento para el Programa de Mamíferos Marinos de la Marina de Estados Unidos. Tras entrar a formar parte en 1965 de Animal Behavior Enterprises (con Marian y Keller Breland) Bob se convirtió en director de investigación y posteriormente en director general. Durante todos estos años Bob ha adiestrado a más de ciento veinte especies de animales y a miles de personas, en muchos casos en un entorno libre mediante sistemas de control y orientación de largo alcance. Bob también es inventor, diseñador, escritor, profesor, submarinista, fotógrafo y editor de vídeo.

http://www.behavior1.com/page8.html

BONNIE BROWN-CALI (IACP, APDT) ha adiestrado profesionalmente perros desde 1990 y es la propietaria de Dog Dynamics. Bonnie fue profesora de adiestramiento en la Applegate School for Dogs Inc. y en American Detector Dogs. Es evaluadora para el American Kennel Club y representante de zona para Paws With a Cause, organización que adiestra a perros guía para discapacitados. Ha trabajado como adiestradora de perros para la Universidad de Reno, el Desert Research Institute y Working Dogs for Conservation, y como entrenadora para la Oficina del sheriff del condado de Contra Costa, la California Rescue Dogs Association y el Departamento de urgencias de California. Ha dirigido talleres sobre adiestramiento y utilización de perros guías, conducta y obediencia canina, entrenamiento de perros cobradores y sobre el empleo ético del material de adiestramiento. Bonnie imparte clases semanales sobre obediencia en grupo y también ofrece clases privadas.

http://www.dogdynamics.org/about.html

PATRICK BURNS, que lleva más de cuarenta y cinco años criando terriers, es un apasionado defensor de los perros de trabajo en general y de los terriers de trabajo en concreto. Publica una columna mensual en *Dogs Today*, en Reino Unido, y también ha escrito para *Dog World*, *True Grit* y *Just Terriers*, y ha aparecido en el programa de la ABC *Nightline* para hablar de la necesidad de proteger a los perros con pedigrí tanto de la endogamia como de las normas artificiales y exageradas. Patrick es autor del manual *American Working Terriers*, y su página web y su blog asociado (*Terrierman's Daily Dose*), donde suelta alguna que otra broma, cuentan con numerosos lectores. Casi todos los fines de semana podemos encontrar a Patrick cazando en los campos y bosques de Virginia y Maryland. Ha trabajado con teckels (perros salchicha de trabajo), terriers Patterdale, border terriers, fell terriers, terriers Jack Russell y perros de pedigrí desconocido, y dice estar «menos interesado en el pelo y el pedigrí del perro que en su maquinaria interior y en su actuación sobre el terreno».

http://www.terrierman.com/

MARTIN DEELEY (IACP, CTD) es famoso en todo el mundo como entrenador de perros de compañía y de caza, escritor y comentarista. Está especializado en adiestramiento de spaniels y retrievers, y es célebre en Europa y Norteamérica por ser toda una autoridad en el adiestramiento tanto de los perros como de sus propietarios. En 2007 los lectores de *Countryman's Weekly*, la revista más importante en este campo, eligieron a Martin entrenador de perros de caza del año en Reino Unido. Martin es además el único periodista al que haya concedido una entrevista personal la reina de Inglaterra (ella misma es una experta adiestradora y entrenadora de perros de caza). Para Martin esa entrevista de 1993 supuso el mayor honor, ya que reflejaba lo mucho que Su Majestad confiaba en su integridad para, con precisión y sinceridad, retratarla a ella, así como su amor por los perros y qué influencia habían ejercido en su vida. Aquella excepcional e insólita entrevista se publicó en todo el mundo.

Durante años Martin ha entrenado y ha orientado a muchos para triunfar en el mundo de los perros como entrenador de perros de Florida (www.floridadogtrainer.com). La International School for Dog Trainers fue creada para satisfacer a todos aquellos que acudían a él por su experiencia como entrenador de adiestradores caninos tanto veteranos como en ciernes. Martin es además director ejecutivo, ex presidente y cofundador de la International Association of Canine Professionals (www.canineprofessionals.com), una organización creada para mantener los máximos niveles de calidad en la práctica profesional y empresarial entre los entrenadores de perros. Su éxito de ventas *Working Gundogs* fue reeditado recientemente.

http://www.martindeeley.com/

BARBARA DE GROODT es propietaria de From the Heart Animal Behavior Counseling and Dog Training en Monterey County, California. Su lema es: «Respeta a tu mascota, ¡entrenamiento sin tormento!» Todos sus programas están basados en el conductismo más que en viejos métodos de adiestramiento por coacción.

Barbara fue una de las fundadoras de la Association of Pet Dog Trainers (APDT) (bajo la supervisión del doctor Ian Dunbar); además es miembro profesional de la International Association of Canine Professionals (IACP) y de varias organizaciones conductistas. En 2005 recibió el premio Devoted Animal Friend of the Year. Ha dado conferencias por todo el mundo a grupos de veterinarios, cuerpos de policía, entrenadores y propietarios de mascotas. Cada semestre participa como oradora en el Western Career College, donde dirige el Departamento de Salud Animal. Barbara colabora estrechamente con diversos refugios y centros de rescate en su zona, ofreciendo descuentos en sus clases a todo perro que provenga de un refugio o un centro de rescate y numerosos servicios profesionales gratuitos. Tras haber colaborado en rescates tanto entre las víctimas del *Katrina* como entre las de las inundaciones de Nashville de 2010, entiende lo especiales que pueden llegar a ser los lazos entre un perro y su propietario.

http://www.fromtheheart.info/about.html

El doctor IAN DUNBAR es veterinario, especialista en conductismo animal y escritor. Es licenciado en Veterinaria, Fisiología y Bioquímica por el Royal Veterinary College (Universidad de Londres), y doctor en comportamiento animal por el Departamento de Psicología de la Universidad de California-Berkeley, donde dedicó diez años a investigar la comunicación olfativa, el desarrollo del comportamiento jerárquico social y la agresividad en los perros domésticos.

Ian es miembro del Royal College of Veterinary Surgeons, de la American Veterinary Society of Animal Behavior, de la California Veterinary Medical Association, de la Sierra Veterinary Medical Association y de la Association of Pet Dog Trainers (que él mismo fundó). Ingresó en la Society for Veterinary Ethology (SVE, ahora International Society for Applied

Ethology) hace unos treinta y cinco años, y por aquel entonces era el único miembro especializado en problemas de conducta de perros y gatos. Más tarde participó en la creación de la American SVE (ahora American Veterinary Society of Animal Behavior). También fundó SIRIUS® Puppy Training, el primer programa de adiestramiento para cachorros que pasan por una fase crucial en su crecimiento. Hay muy pocos entrenadores profesionales a los que no haya influido enormemente el enfoque de Ian Dunbar a la hora de adiestrar un perro, basado en los juegos y la diversión, y siempre teniendo en cuenta el punto de vista del propio animal.

http://www.siriuspup.com/about_founder.html

El destino quiso que MARK HARDEN, adiestrador de animales para cine y televisión desde 1978, adoptara el papel de «aprendiz de mucho, maestro de nada». «Quería especializarme», dice, «pero decidí que la habilidad de juntar en una película a una multitud de animales ya es una especialidad por sí misma». Desde que llegó a esa conclusión puede enorgullecerse de haber creado muchos personajes protagonistas; entre ellos la foca dorada de *The Golden Seal* (1983), el chimpancé *Virgil* de *Project X* (1987), *Dodger,* el mono capuchino de *Un ladrón de cuatro manos* (*Monkey Trouble*, 1994), el loro *Paulie* de *Paulie, el loro bocazas* (*Paulie*, 1998), el gato *Snowbell* de *Stuart Little* (1999) y *Stuart Little 2* (2002), el perro *Butch* de *Como perros y gatos* (*Cats and Dogs*, 2001), *Ben,* la rata de Gambia de *Willard* (2003) y *Midnight,* el gato egipcio de *Catwoman* (2004). Si desean una lista más exhaustiva de las colaboraciones cinematográficas de Mark consulten www.imdb.com.

http://www.boonesanimals.com/pages/3102/Mark_Harden.htm

KATENNA JONES siempre ha sido una amante de los animales. Fue la primera especialista en conductismo animal de la Rhode Island Society for the Prevention of Cruelty to Animals (SPCA), además de colaborar como agente especial en la lucha contra la crueldad, participando en juicios por malos tratos a perros y desempeñando un papel muy activo en la legislación sobre animales. Katenna trabaja ahora para la American Humane Association en la División de vínculos humano-animales como educadora de personas y conductista animal. Su trabajo consiste en ocuparse de toda la información relacionada con el conductismo animal y el adiestramiento, así como de ayudar a crear nuevos programas y materiales educativos para las personas.

http://sites.google.com/site/katenna/howitallbegan

JOEL SILVERMAN convirtió su sueño de niño en una carrera que ya dura treinta años, desde adiestrar orcas en Sea World, delfines en Knott's Berry Farm and Magic Mountain, y aves, perros y gatos en los estudios Universal, hasta entrenar animales para que aparecieran en espectáculos teatrales, películas de Hollywood y programas y anuncios de televisión. Como presentador de la célebre serie de televisión *Good Dog U,* en Animal Planet, y del programa *Dog Training with Joel Silverman*, Joel ha solucionado problemas de conducta a muchos propietarios y en todo tipo de razas caninas.

En sus apariciones en programas de difusión nacional, como *Live with Regis and Kathie Lee* y en informativos de CNN, MSNBC y FOX, así como en numerosos programas matinales de televisiones locales, Joel ha ofrecido consejos sobre cuidado y adiestramiento de mascotas basados en su compromiso vital con el bienestar de los animales y su lugar de honor en nuestras vidas. Joel realiza seminarios de adiestramiento de perros por todo el país como promoción de su libro *What Color Is Your Dog?* [¿De qué color es tu perro?]. Vive en Rancho Santa Margarita, California, y ofrece clases de entrenamiento de perros, así como sesiones particulares.

http://www.companionsforlife.net/Meet_Joel.html

JEROME M. STEWART empezó a pastorear en 1986, cuando adquirió su primer Shetland ovejero. Desde 1988 da clases de pastoreo de todo tipo de razas, y en la actualidad da clase tres veces por semana en la Universidad del Sur de California. Además, año tras año, Jerry dirige talleres por todo el país y ha pronunciado muchas conferencias sobre pastoreo. Organiza y lleva a cabo exhibiciones para que el público pueda ver cómo actúa un perro pastor. Sus alumnos han competido en más de veinte concursos de pastoreo y varios de ellos han llegado a ser jueces de pastoreo. Jerry es juez de la AKC (American Kennel Club) y de la AHBA (American Herding Breed Association), con licencia para evaluar a todo tipo de razas en los concursos. Ha publicado artículos en muchas revistas de pastoreo; entre ellas, *Pet Trader, The Herdsman* y *Wag-N-Tale*. Jerry y sus perros han protagonizado muchos relatos, incluyendo los emitidos por CNN y los publicados por *L.A. Times*.

http://home1.gte.net/jerstew/biography.html

KIRK TURNER, especialista en conductismo canino, es adiestrador jefe en Pine Street Foundation, que investiga la capacidad olfativa del perro para la detección del cáncer. Ha adiestrado a numerosos perros para detectar cáncer de mama, de pulmón, de ovarios y de páncreas, utilizando muestras de pruebas clínicas realizadas entre 2003 y 2009. Kirk se inició en el adiestramiento canino en 1989 en la Pro Train Academy, escuela para entrenadores de perros, en Venice, California. De ahí pasó a Eztrain, empresa dedicada al entrenamiento de perros, y al SPCA de San Francisco, refugio para perros abandonados. Trató a los perros más problemáticos hasta lograr que fueran más fáciles de adoptar, y salvó a muchos de ellos de la eutanasia. Kirk ostenta el récord de haber adiestrado personalmente a más de cuatro mil perros, a los que convirtió en buenos ciudadanos caninos que dieran confort a sus dueños. Desde 2003 Kirk ha organizado y presentado muchos seminarios y ha publicado artículos en revistas académicas. En la actualidad está escribiendo tres libros y creando cuatro vídeos sobre adiestramiento.

http://www.kirkturner.net

1
La magia de los perros americanos

Cómo pasé de educar perros a educar personas

El televisor era un viejo Zenith en blanco y negro, de plástico simulando madera. Al entrar en nuestro apartamento de Mazatlán y atravesar el estrecho pasillo, podía oírlo antes de verlo en el cuarto de estar, con sus grandes baldosas blancas y negras y su sofá pegado a la pared. A mi madre le encantaba ver las telenovelas, aquellos culebrones diarios tan populares en México. A mi hermana le encantaba *Maya*, un programa sobre un elefante. ¿Y yo? Yo sólo tenía dos favoritos: *Lassie* y *Rin Tin Tin*.

Aún recuerdo cómo empezaba cada capítulo de *Rin Tin Tin*. Sobre la imagen de un lejano fuerte levantado entre montañas en algún lugar del oeste americano se oía una corneta tocando diana. Al oír la llamada, oficiales de la caballería americana con uniformes de la guerra de Secesión salían corriendo a formar desde sus puestos en Fort Apache. Entonces había un corte —el que yo siempre esperaba— a un plano de un magnífico pastor alemán, estoicamente sentado sobre un tejado, las orejas estiradas, alertado por el toque de corneta. Siempre que el joven Rusty se unía a la formación *Rin Tin Tin* ladraba, saltaba del tejado y se unía a la hilera de soldados, como si él mismo fuera un soldado más. Al final de los títulos de crédito iniciales yo ya estaba entusiasmado y emocionado y me preguntaba a qué increíble aventura se enfrentarían Rusty y *Rin Tin Tin* esa semana.

Luego estaba *Lassie*. Ninguno de los perros de la granja de mi abuelo se parecía en nada a *Lassie,* con su pelo sedoso, blanco y crema, y su hocico puntiagudo, elegante. Nuestros perros tenían el pelo descuidado y el hocico lleno de lodo, pero *Lassie* siempre iba inmaculado. Cada semana el dueño de *Lassie,* Timmy, se metía en algún lío, pero *Lassie* siempre lograba salvar a su amo y ayudaba a los padres de Timmy a enseñarle una importante lección, y todo en un capítulo de treinta minutos.

Cuando empecé a ver *Lassie* y *Rin Tin Tin* en televisión, tenía 9 o 10 años y ya me extasiaban los perros. Desde que tengo uso de razón me siento fascinado, atraído y enamorado de las manadas de perros de trabajo que vivían con nosotros en la granja de mi abuelo en Sinaloa. No eran hermosos como *Lassie* ni obedientes como *Rin Tin Tin,* pero a veces me sentía más a gusto entre ellos que con mi familia humana. Nunca me cansaba de observarlos: cómo se relacionaban y comunicaban entre sí, cómo las madres criaban a sus cachorros con firmeza pero sin esfuerzo aparente y cómo lograban solucionar sus discusiones limpia y rápidamente, sin llegar siquiera a pelearse en la mayoría de los casos, y pasar luego a otra cosa sin resentimientos ni pesar. Quizá, de algún modo, envidiaba la sencillez y la claridad de las reglas que regían sus vidas, comparadas con la complejidad de las relaciones humanas en mi familia, unida pero a veces problemática. Sin embargo, entonces sólo sabía que los perros me fascinaban, me agotaban y hacían que quisiera pasar cada minuto de mi tiempo libre aprendiendo cuanto pudiera sobre ellos.

Entonces *Lassie* y *Rin Tin Tin* llegaron a mi vida desde la televisión, y empecé a preguntarme si no se me estaría escapando algo más sobre los perros. Al principio me dejé engañar por esos perros artistas. Como padre, solía observar a mi hijo Calvin cuando, siendo más joven, veía películas de kung fu en televisión, y por su expresión podía ver que se creía que esos tipos realmente estaban pegándose. No se daba cuenta de que la pelea había sido coreografiada por un especialista. A mí me pasaba lo mismo con *Lassie* y *Rin Tin Tin*. Por muy primitiva que fuera entonces la televisión, consiguió convencer por completo a un ingenuo niño mexicano de que en Norteamérica existían perros alucinantes, capaces de comunicarse con los seres humanos, desfilar con el ejército y conseguir solucionar cualquier problema. Antes siquiera de saber que había un adiestrador tras la cámara, dando a *Rin Tin Tin* la señal para que saltara del tejado, se me metió en la cabeza la idea de que, como fuera y cuando fuera, tenía que ir a Norteamérica para conocer a esos alucinantes perros que podían hablar con la gente, saltar vallas y sacar a niños traviesos como yo de los líos en los que siempre se metían.

Supongo que creía que *Lassie* y *Rin Tin Tin* hacían todo eso por sí mismos, porque los perros de nuestras granjas parecían hacer todo cuanto queríamos sin necesidad de que se lo dijéramos ni que los obligáramos a ello. De forma natural seguían a mi abuelo al prado y lo ayudaban a acorralar a las vacas. Del mismo modo acompañaban a mi madre o a mi hermana por la carretera como guías y escoltas. No los recompensábamos con comida cada vez que nos seguían por el río o cuando ladraban para alertarnos de que había algún predador cerca. Claro que luego los premiábamos, pero siempre al final de la jornada laboral, con la carne o las tortillas que nos habían sobrado. Así que ya conocía perros que parecían capaces de comunicarse con las personas. En mi pensamiento *Lassie* y *Rin Tin Tin* estaban un peldaño por encima de aquello.

Cuando comprendí que *Rin Tin Tin* y *Lassie* eran perros especialmente adiestrados ya era unos años mayor y vivía con mi familia en la ciudad de Mazatlán, siempre deseando que llegara el fin de semana para volver a la granja de mi abuelo y estar de nuevo en la naturaleza con los animales. En lugar de desilusionarme al descubrir que eran los seres humanos quienes manipulaban la conducta de aquellos perros, me emocioné aún más. ¿De verdad hay quienes consiguen que sus perros hagan esas cosas? ¿Cómo? ¿Cuál es el secreto? Para mí estaba aún más claro que tenía que ir a Norteamérica lo antes posible para aprender de ellos a crear esas increíbles conductas en los perros.

Un fin de semana, al regresar a la granja de mi abuelo, decidí ver si podía enseñar a algunos de aquellos perros a comportarse de un modo determinado. Primero traté de enseñarles a saltar cuando se los ordenara. Comencé con la pierna. La estiraba y sujetaba un balón con el pie. Cuando saltaban sobre la pierna para agarrarla yo gritaba: «¡Hop!» Poco a poco iba levantando la pierna cada vez más hasta que daban un gran salto. Al cabo de uno o dos días conseguí que los perros saltaran por encima de mí cuando me inclinaba hacia delante y decía «¡Hop!» Aquellos perros ya estaban preparados para hacer lo que los seres humanos les pidieran: no mediante el entrenamiento, sino como parte de su trabajo. Y era un trabajo que les gustaba hacer, porque les planteaba un reto y satisfacía su necesidad de dar un propósito a su vida. Realizar su trabajo también era su forma de sobrevivir un día tras otro. En la granja no poníamos correa a los perros. No podía imaginarme un perro con correa. Al margen de las esporádicas ocasiones en que mi abuelo cogía una vieja soga del granero para sacar a un asno de una zanja, no supe lo que era una correa hasta que me fui a vivir a la ciudad y vi que los ricos paseaban a sus perros con correa.

Los perros de mi abuelo querían seguirme, igual que querían complacerme. Cuando los perros estaban juguetones, yo atrapaba la energía de ese momento y la utilizaba para crear algo nuevo. Y ellos no pedían nada a cambio salvo un «¿en qué vamos a emplear nuestro tiempo?». Aprendí que podía enseñarles a reptar por el suelo tan sólo animándolos de palabra y dejando que me imitaran. A los perros se les da muy bien imitar comportamientos, es una de las muchas maneras que tienen de aprender unos de otros cuando son cachorros. Y el cerebro de un perro ansía nuevas experiencias. Si a un perro le interesas tú y lo que estás haciendo, y lo considera un reto, por supuesto que querrá participar. Para un perro aprender y descubrir cosas nuevas es algo emocionante si además se divierte.

Todos los fines de semana trataba de enseñar a los perros una nueva conducta. Para ello no los premiaba con comida: mi caja de herramientas mental aún no contaba con esa estrategia. Pero los perros querían estar conmigo y hacer lo que yo quisiera. Cuando un perro está ansioso por hacer cosas para ti, no necesita que lo premies con comida. Y para que tenga ganas de hacer cosas para ti tienes que motivarlo con algo que le guste. Lo que yo ofrecía a aquellos perros era un reto, además de entretenimiento. Yo me divertía y ellos también: una experiencia positiva para todos.

Al cabo de unas cuantas semanas podía hacer que saltaran por encima de mí, reptaran y brincaran para chocar mi mano con su garra. A los perros les encantaba. Y sólo con el estímulo de mi voz y mi entusiasmo en general les hacía saber lo feliz que me hacían con ello. El resultado era una mayor unión entre nosotros.

Para mí esa era la clave. A fin de cuentas lo que queremos es que los perros hagan cosas para nosotros porque los queremos. Y ellos nos quieren, respetan y confían en nosotros.

Buscando profesor

La rapidez y la facilidad con que entrenaba a los perros de la granja a hacer cosas simples me animó a aprender más sobre el adiestramiento, daba igual cómo. Estaba claro que podía pasar mucho tiempo antes de que lograra marcharme a Norteamérica para conocer a esos perros mágicos y a sus entrenadores.

Siendo un adolescente me enteré de que en Mazatlán vivía el único hombre, que yo supiera, que se hacía llamar «entrenador de perros» profesional. Era de la Ciudad de México y enseñaba piruetas a los perros para espectáculos. Fue la primera vez que vi, entre bambalinas, cómo fingía un perro recibir un disparo. El tipo disparaba una pistola y el perro caía al suelo. Era fascinante ver cómo el perro obedecía a cualquier seña que el hombre le hiciera con la mano. Además, era la primera vez que veía a alguien dar órdenes verbales («sentado», «quieto», «ven»). En la granja nunca se me había ocurrido emplear palabras (en mi caso, en español) para que un perro hiciera algo. Era muy interesante ver cómo un perro respondía al lenguaje humano, como si fuera una persona que realmente entendiera su significado.

Me intrigaba saber cómo había logrado todo eso aquel hombre y me ofrecí a limpiar su perrera y a ayudarlo como una especie de aprendiz. Era mi primera oportunidad de aprender de alguien que me parecía un verdadero profesional. El hecho de conocer a aquel hombre y de verlo trabajar entre bambalinas hizo que sufriera mi primera desilusión con un entrenador de perros. A diferencia de los perros de la granja, los de ese hombre no parecían especialmente ilusionados de hacer cuanto les pedía su entrenador. Tenía mucho carácter. Me sentía muy incómodo al ver cómo abría el hocico a un perro y le pegaba con cinta el objeto que quería que llevase. Dejé todo aquello enseguida porque, a pesar de mi falta de preparación académica, mi corazón me decía que tenía que haber una forma mejor de hacerlo.

 ## De mal en peor

Yo era un niño muy confiado, por supuesto honrado, y solía creer lo que me decía la gente. No entendía que alguien se dedicara al negocio de los animales sin amarlos. Algunos sólo lo hacen por el dinero. Mis siguientes dos experiencias tratando de aprender a entrenar perros me enseñaron esa lección a la fuerza.

El siguiente hombre que conocí, y que decía ser entrenador, aseguraba que había adiestrado animales —también perros— en Norteamérica, la tierra de los perros mágicos. Trabajaba en mi ciudad natal, Culiacán, así que allí fui, dispuesto a aprender de él. Pero a mi llegada descubrí que como realmente ganaba dinero era como traficante ilegal de animales exóticos. Me dejó perplejo, porque ese hombre me juraba que podía enseñarme a trabajar con los perros. Así que me quedé provisionalmente para ser su alumno. Mientras tanto me ofrecí a limpiar las perreras y cuidar y dar de comer a los perros. Algo que tal vez debería haberme alertado enseguida de que no me convenía juntarme a aquel hombre, ni tratar de aprender de él, es que tenía un montón de perros agresivos y descontrolados. Recuerdo que me preguntaba a mí mismo: «¿Cómo puede ser un buen entrenador si sus perros son así?» Yo solía sacar a pasear a sus perros, y parecía asombrado de que pudiera hacerlo. De repente aparecía un crío que sacaba a pasear sin problemas a esos mismos perros que eran agresivos con él y que le mordían. Para mí era sencillo. Era cuestión de sentido común. Si un perro me enseña los dientes y me gruñe, no me asusto ni me enfado ni lo culpo. Trato de entender por qué gruñe y me gano su confianza. Entonces paseo con él. Pasaba mucho tiempo con esos perros, casi siempre paseando durante horas con ellos. Una vez acabado el paseo, los perros y yo ya nos entendíamos. Había confianza y respeto, algo que no tenían con su amo. Nada de entrenamiento: aquello fue el comienzo de lo que posteriormente llamaría «psicología canina». Por supuesto aún no era consciente de ello.

No tardaría mucho tiempo en saber por qué los perros de ese hombre estaban descontrolados y se mostraban tan agresivos. Lo vi inyectarles algo que los volvía locos. No sé qué les daba, pero enseguida me di cuenta de que aquello no era entrenamiento de perros, y salí corriendo.

En aquella época esa experiencia me resultó traumática, pero hoy en día creo que fue muy importante que pudiera ver de cerca lo peor de lo peor para que siempre notara la diferencia.

Seguía decidido a encontrar a alguien en México que me enseñara a entrenar perros. Me hablaban de otros adiestradores, pero siempre estaban muy lejos: en Guadalajara, en la Ciudad de México. Y yo sólo era un adolescente. Con 15 años conocí a otro hombre que se ofreció a llevarme a la Ciudad de México para que conociera a dos hermanos que eran increíbles entrenando perros —los mejores entre los mejores— pero me costaría un millón de pesos. Hoy en día eso serían unos diez mil dólares. Como pueden imaginarse esa cantidad resultaba abrumadora para un niño mexicano de 15 años de clase obrera. Pero llevaba mucho tiempo ahorrando dinero de mi trabajo como limpiador de perreras de una clínica veterinaria y de otras. Pensaba ir a la Ciudad de México durante mis vacaciones escolares para aprender de los mejores entre los mejores.

El hombre, que cogió mi dinero, me llevó en coche a la Ciudad de México —que estaba a unos 750 kilómetros de mi casa en Mazatlán— y me dejó en el lugar donde, según me dijo, los hermanos llevaban a cabo los entrenamientos. Fui a la dirección indicada, pero allí no había nadie. Me habían timado. No sólo eso, estaba en la calle y tenía que encontrar un sitio donde vivir mientras pensaba en cómo regresar a casa. Por suerte una mujer muy amable me acogió. Resultó tener un pastor alemán que estaba descontrolado. Así que le dije: «Señora, mientras esté aquí, ¿puedo hacer algo con su perro para compensarla por su hospitalidad?» Y eso hice. El perro tenía una evidente frustración provocada por un exceso de energía reprimida, ya que vivía en la ciudad y sus dueños nunca lo sacaban de paseo. Había aprendido en la granja que a los perros les encanta pasear. Así que empecé a sacarlo. Lo agotaba hasta que se quedaba tranquilo y relajado. Entonces probé a adiestrarlo un poco por mi cuenta.

La mujer vivía con su familia frente a un parque, así que iba allí con el perro y le pedía que esperara, que se quedara quieto, que viniera: cosas básicas. Aprovechaba su estado de ánimo. No tenía ni idea de que captar el estado de ánimo de un animal es uno de los principios fundamentales del entrenamiento de un animal basado en el condicionamiento operante. No tenía ni idea de qué era eso o qué significaban aquellas palabras. Me parecía de lo más natural animar al perro a que siguiera haciendo lo mismo que hacía antes. Así que al final acabé yendo a clases de entrenamiento animal, sólo que mi profesor fue ese pastor alemán.

Por fin conseguí volver a Mazatlán. Nunca conté a mis padres lo que me había sucedido: que me habían desplumado con un engaño.

La tierra prometida

A pesar de todos mis reveses en México seguía obsesionado con marcharme a Norteamérica y convertirme en un verdadero entrenador de perros. De hecho mis sueños eran aún más grandes. Quería convertirme en el mejor entrenador de perros del mundo.

En mi primer libro, *El encantador de perros,* cuento la historia de cómo crucé la frontera con Norteamérica, conseguí trabajo como mozo en una peluquería canina en San Diego y por fin llegué a Los Ángeles. No salió tal como lo había imaginado: se suponía que llegaría a Hollywood, preguntaría «¿Dónde está *Lassie?,* ¿dónde está *Rin Tin Tin?*», y me colocaría como aprendiz con alguno de los grandes entrenadores del cine para trabajar con él en su siguiente película. Pero era un chico práctico: sabía que necesitaba un punto de partida. Así que entré a trabajar como mozo de las perreras en un enorme y próspero centro de entrenamiento con muchos clientes. Mi trabajo consistía básicamente en limpiar las perreras y en dar de comer, limpiar y sacar a pasear a los perros. Había mucho que hacer: nos traían perros a diario, por lo que siempre había entre treinta y cincuenta esperando a ser adiestrados. Lo normal es que mis jornadas de trabajo duraran entre catorce y dieciséis horas.

Nos traían sus perros al centro para que los entrenáramos en lo que se conocía como obediencia básica, es decir, «sentado, abajo, quieto, ven, atrás». La obediencia básica se dividía en tres cursos. El más habitual era el de la obediencia con correa; si el perro pasaba ese curso, el centro prometía que estaría listo en dos semanas. Estábamos a principios de la década de 1990 y el curso costaba dos mil dólares. Luego estaba la obediencia arrastrando la correa, que era lo mismo salvo que ahora el perro arrastraba la correa por el suelo. Se suponía que se tardaban entre tres y cuatro semanas en aprender a obedecer arrastrado la correa, y el curso costaba unos tres mil quinientos dólares. Por la considerable cantidad de cinco mil dólares se conseguía el último curso, el de la obediencia sin correa. Para ello el perro permanecía en el centro durante dos meses. Al volver a casa el perro ya podía obedecer órdenes sin llevar puesta la correa, o al menos obedecernos a nosotros, en el patio del centro, donde haríamos una exhibición de nuestros logros ante su propietario. Después, y por un coste adicional, el centro ofrecía clases particulares al dueño. Además los propietarios podían conseguir un perro preentrenado si se podían permitir pagar quince mil dólares.

Hoy en día para la mayoría los métodos que el centro empleaba por aquel entonces serían muy duros. No se recompensaba a los perros con comida ni existía el refuerzo positivo. Sólo cadenas de estrangulación y collares de castigo. Si las primeras no funcionaban, pasábamos a los segundos, y por último al collar electrónico si todo lo demás fallaba. Ése era el protocolo. Ahora que he trabajado con cientos de perros, creo que esas herramientas son válidas para determinadas situaciones muy concretas, pero casi nunca para la obediencia de formación. Para mí toda la metodología de entrenamiento que usaba aquel centro fallaba porque se basaba en ir a contrarreloj, pero con un reloj nada realista. He llegado a la conclusión de que la paciencia es la mayor cualidad que puede tener cualquiera que trabaje con animales. Cuando trabajamos con ellos hemos de prepararnos para ganarnos antes su confianza y luego esperar el tiempo que sea necesario para poder comunicarnos con ellos y que nos respeten.

No digo que los entrenadores de aquel centro fueran crueles con los animales: estoy seguro de que la mayoría no lo hacía adrede. Hoy se lanzan muchas acusaciones de malos tratos a animales cuando alguien no está de acuerdo con determinados métodos, y yo mismo he sido objeto de dichas acusaciones. Me gustaría recordar a esos críticos que la mayoría de los que nos dedicamos a los animales realmente nos preocupamos por ellos, y que son muy pocos los que se hacen ricos entrenando o trabajando con animales. Lo hacen por amor al trabajo y a sus animales. Y no es fácil encontrar trabajo.

La primera vez que entré en el centro de adiestramiento los métodos allí empleados no me parecieron ni bien ni mal, pero tras un tiempo me di cuenta de que aquellos métodos sólo funcionaban porque creaban cambios a corto plazo en su comportamiento externo, no tenían consecuencia alguna en su forma de ser. Dado que los perros adoptaban esa conducta sólo el tiempo necesario para que el entrenador los dejase en paz, dudo mucho que asimilaran las lecciones aprendidas. Además muchos de aquellos perros no estaban motivados para aprender esos comportamientos no sólo porque no tuvieran una relación verdadera con el entrenador, sino porque el proceso de aprendizaje no les resultaba divertido.

El director de aquel centro sería muy buen entrenador de perros, pero nunca lo vi adiestrar personalmente a ninguno. Su trabajo en la empresa consistía sobre todo en vender. Era el mejor vendedor del mundo. Compraba un perro en Alemania, donde había recibido un adiestramiento especial durante años, lo traía para llevar a cabo una exhibición y luego decía: «Esto es lo que su perro podrá hacer cuando salga de aquí.»

El gran problema es que no decía a los dueños cómo aprendería todo eso su perro, pero por aquel entonces la mayoría no sabía lo suficiente como para hacer esa pregunta. No recuerdo que a nadie le preocupara el modo en que sería adiestrado su perro; nadie preguntaba: «¿Qué método emplea?, ¿utiliza refuerzos positivos?, ¿sus entrenadores son titulados?» Y no era por falta de interés. Estoy seguro de que se preocupaban mucho por sus perros, como casi todos los dueños. Creo que no disponían de la información adecuada para saber qué preguntas tenían que hacer.

Durante el tiempo que pasé en la perrera observaba mucho el entorno. Empecé a preguntarme: «¿Realmente lo que este perro necesita ahora es obediencia de formación?» Muchos de aquellos perros estaban asustados e inseguros, y el proceso de adiestramiento empeoraba las cosas. Tal vez al salir del centro pudieran obedecer una orden, pero seguían teniendo el problema de conducta con el que llegaron. Al observar a aquellos perros empecé a pensar en la idea de la rehabilitación canina en lugar del adiestramiento canino. También advertí que nadie animaba a los dueños a tomar parte en el proceso. Dejaban a sus perros en el centro con la esperanza de que se los arreglaran, como si fueran un coche o un electrodoméstico. Nadie pensó en la posibilidad de que la conducta de sus dueños pudiera afectar a la de aquellos perros.

La cuestión era que los dueños no sabían qué buscaban. Lo que sus perros necesitaban era modificar su conducta; la obediencia de formación no los ayudaba, sobre todo a los más nerviosos, a los asustadizos y a los agresivos en extremo. Al enfrentarse a un problema de conducta de su perro, se decía a los dueños: «Tienen que adiestrar a su perro.» Nadie les decía: «Tienen que rehabilitar a su perro» o «tienen que satisfacer las necesidades de su perro.» La palabra que solucionaba todo aquello —todo cuanto estuviera relacionado con la conducta— era adiestramiento, dando por sentado que un perro adiestrado no presentaría problemas. A juzgar por los perros que pasaron por el centro día tras día era evidente que no se trataba en absoluto de eso.

Las normas de César para elegir un entrenador de perros

1. En primer lugar pregúntese qué quiere que aprenda su perro. ¿Es como uno de esos casos extremos de mi programa *El encantador de perros*? Si es así, quizá la primera lección que su perro necesita no sea aprender «sentado», «quieto», «ven» y «atrás». Hay entrenadores de perros que no hacen rehabilitación, otros no trabajan la obediencia y algunos recurren a ambas cosas. Escoja la herramienta adecuada para la tarea que necesita realizar.

2. Piense en su propia filosofía y ética. Por ejemplo, hay quienes se oponen a las cadenas de estrangulación. Yo no me opongo a ellas, y creo que son útiles en determinados casos si se usan correctamente. Pero nunca usaré una cadena de estrangulación si el dueño se opone, porque si éste no se siente a gusto con ese instrumento le garantizo que el perro tendrá una mala experiencia con ella. Hay otras razones por las que quizá yo no sería el entrenador que usted busca. Hay infinidad de opciones en cuanto a entrenadores de perros, como espero que les demuestre este libro. Asegúrese de que el elegido esté de acuerdo y respalde sus propios valores, porque es usted quien va a vivir y trabajar con su perro día tras día.

3. Verifique el título del entrenador.[1] Hay entrenadores de perros con mucho talento que carecen de título (¡yo mismo fui uno de ellos!), y lo cierto es que no hay reglas inflexibles que conviertan a un entrenador titulado en un experto. Pero el hecho de contar con un título le asegura que la persona contratada ha tenido que pasar una serie de requisitos, tratar con perros durante un tiempo y estudiar. El título también obliga al entrenador a seguir una serie de normas y directrices básicas que usted mismo podrá estudiar.

4. Pida referencias. Puede que esto le parezca obvio, pero aunque encuentre un entrenador en una guía de teléfonos, pregúntele si puede hablar con alguno de sus anteriores clientes. Le darán una idea de los métodos de ese entrenador, cómo trata a sus pacientes, si es de fiar y si está dispuesto a acabar la tarea.

5. Asegúrese de que el entrenador cuenta con usted para el proceso de entrenamiento. No hay nada malo en que un entrenador le pida que le deje el perro para trabajar con él. Yo mismo lo hago de vez en cuando, porque a menudo la causa de las malas costumbres del perro es su propio dueño, y necesita estar alejado de él para aprender otras. Pero siempre dejo bien claro a mis clientes que no *arreglo* perros estropeados. Trabajo estrechamente con el dueño para identificar sus propios problemas y comportamientos, de modo que puedan cambiar tanto como su perro. Si han visto mi programa, ya sabrán que en muchos casos es el dueño quien necesita más *entrenamiento*.

Entrenando en el tren de lavado

Sabía que quería ser un entrenador de perros distinto, pero aún no sabía exactamente cómo lo haría. De todos modos, dejé aquel centro y me puse a trabajar para un empresario que había quedado impresionado con la forma en que había manejado a su perro. Me contrató para que lavara su flota de limusinas y me consiguió un trabajo extra entrenando a los perros de sus amigos. Al ser amigos suyos me pidió que no les cobrara mucho, así que me llevaba los perros al trabajo y los entrenaba allí en mis descansos. Mientras trabajaba quería que los perros siguieran ocupados con algo que les supusiera un reto. Así que les enseñé a ayudarme a lavar las limusinas.

Había un pastor alemán llamado *Howie.* El dueño de este perro me pidió que le enseñara a obedecer. No quería recurrir a los métodos del centro y recordé lo fácil que me resultaba adiestrar a los perros de la granja de mi abuelo, sobre todo cuando querían participar en lo que yo estuviera haciendo. Así que me las ingenié para enseñar a *Howie* a traerme cubos de agua mientras yo lavaba las trece limusinas. Por supuesto, a casi todos los perros les encanta buscar presas y muchos son cobradores por naturaleza. Con *Howie* empecé por lanzar el cubo, en lugar de la pelota, para que me lo trajera. Lo mordía para tenerlo bien agarrado y me lo traía ladeado. Comprendí que aquello no serviría de nada si quería que el cubo estuviera lleno de agua, así que coloqué una pelota de tenis en el asa del cubo. *Howie* se sintió inmediatamente atraído por la pelota de tenis y así aprendió a agarrar el asa y traerme el cubo vertical. Estuvimos mucho tiempo trabajando eso. Al final aprendió a levantar la cabeza y a andar erguido y muy orgulloso con el cubo en el hocico. Entonces empecé a llenarlo con un poco de agua. Pero antes de eso le decía, con mi energía y mi lenguaje corporal, que se quedara quieto para que tuviera más ganas de agarrar el cubo. En cuanto su postura reflejaba esa intensidad —que realmente quería agarrar el cubo— lo soltaba. Aquello era una novedad: ya no le lanzaba el cubo, ahora estaba en un sitio y me lo tenía que traer él. Al final quité la pelota de tenis del asa y la sustituí por varias capas de cinta para que a *Howie* le costara menos agarrarlo con la boca.

Luego le puse un nombre a esa actividad: «Trae el cubo.» *Howie* aprendió a traerme el cubo desde cualquier lugar. Más tarde enseñaría esa misma rutina a los perros de otros clientes.

Ahora que tenía un portador de cubo, necesitaba que alguien llevara la manguera. Elegí a *Sike,* un rottweiler cuyo dueño quería que le enseñara obediencia. Resultó mucho más fácil enseñar a agarrar la manguera. Mediante una combinación muy primaria de psicología y entrenamiento caninos, empecé el ejercicio asegurándome de que el perro no se pusiera nervioso con el agua de la manguera. Una vez conseguido —simplemente fui graduando poco a poco el chorro de agua y el tiempo que tardaba en acercárselo— tenía que entrenar a *Sike* para que no agujereara la manguera cuando tirara de ella. Aprendí esa lección a la fuerza: mi jefe se enfureció conmigo la primera vez que *Sike* mordió una manguera y me hizo comprarle una nueva. Es fácil enseñar a un perro cobrador a tratar una manguera con suavidad —los crían para que no dañen con la boca a los patos cuando se los llevan a los cazadores— pero lograr que un pastor alemán o un rottweiler no claven el diente es más peliagudo. Lo solucioné envolviendo con una gruesa capa de cinta la parte de la manguera que quería que buscara el perro —cerca de la boquilla, donde la superficie era más dura—, así le resultaría más fácil agarrarla.

Tardaba unas dos semanas en enseñar cada nuevo comportamiento, pero, una vez hecho, la gente se acercaba al garaje a ver cómo lavaba el coche mientras un pastor alemán me traía cubos de agua y un rottweiler aclaraba las ruedas con una manguera. Cuando acabábamos con un coche premiaba a los perros con comida, pero no siempre. Las tareas eran lo suficientemente complejas como para llamar su atención, así que no había riesgo de que perdieran interés en medio del ejercicio y se les fuera a caer el cubo o la manguera. La tarea les suponía un reto, y se divertían participando en mis actividades. Me decía a mí mismo: ok, si acabo este coche me pagan, y si me pagan puedo darles comida. Así que el proceso me reportaba tanto como a los perros. Sabían que si acabábamos un coche comerían. Y con su ayuda tardé mucho menos en lavar los trece coches.

 ## Entrenamiento para una protección básica

Por aquel entonces vivía en Inglewood, un barrio muy peligroso de California. Había muchos robos y mucho movimiento de bandas. La gente deseaba pasear tranquilamente por la calle y por el parque, por lo que empezó a comprar perros para protegerse. Muy pronto comprendí que entrenar a un perro para que ofreciera protección sería un gran negocio en nuestra zona. Al margen de mi empleo en el centro de entrenamiento y a los trucos y los ejercicios de obediencia en mis descansos mientras lavaba limusinas, el entrenamiento de perros para tareas de protección había sido mi primera experiencia profesional como entrenador canino. Ya había empezado a experimentar con mi teoría del adiestramiento relacionado con el poder de la manada, y mi habilidad para lograr que las manadas trabajaran en equipo me estaba granjeando cierta fama, sobre todo cuando iba al parque seguido por una manada de rottweilers que mostraban un comportamiento intachable a pesar de ir sin correa. Gracias a esa creciente reputación tuve a mi primera clienta famosa: Jada Pinkett.

Jada y yo nos hicimos amigos nada más conocernos y juntos hemos pasado por muchas cosas. Después se casaría con el actor Will Smith, con quien tiene una preciosa familia, pero cuando la conocí era sólo otra actriz joven que daba sus primeros pasos. Al vivir sola en Los Ángeles pensó que necesitaba perros que la protegieran. No tenía mucha experiencia ni sabía mucho acerca de razas poderosas, pero carecía de prejuicios y estaba dispuesta a aprender. Jada es diminuta, y tenía que arreglárselas sola con los perros, así que era fundamental que aprendiera a superar la fase de dar órdenes en plan «sentado», «quieto», «ven», incluso «ataca»: necesitaba alcanzar la posición de líder de la manada entre sus perros. Con ellos fuimos mucho más allá del entrenamiento para la protección avanzada. Los llevábamos de excursión a la montaña, a la playa y por los barrios más duros del sur de Los Ángeles. Ensayábamos con muñecos que representaban a los *malos* entre árboles y arbustos, y Jada aprendió a activar y detener la protección. Quería que no le quedara la menor duda de que podría controlar a todos sus rottweilers en cualesquier momento y situación. Además de saber qué órdenes debía dar o qué correa o qué estilo de adiestramiento canino eran los más adecuados, aprendió a sentirse segura como líder de sus perros. Lo logramos después de practicar durante semanas y también con su lenguaje corporal, con su pensamiento y con la energía que proyectaba cuando estaba con los perros.

Compartir aquella experiencia con Jada fue una revelación para mí. Trabajando con ella comprendí hasta qué punto es importante el dueño a la hora de adiestrar un perro. Entonces supe que ése sería mi nuevo reto, mi misión: adiestrar a las personas para que aprendieran a comunicarse con sus perros.

 ## Adiestramiento frente a equilibrio

Por esa época dejé de considerarme adiestrador de perros y de pensar que lo que hacía con los perros era amaestrarlos. Me empezaba a dar cuenta de que tendría que instruir a los dueños y rehabilitar o equilibrar a sus perros.

Siempre digo que, como inmigrantes, los latinos no quitamos trabajo a los norteamericanos. Ocupamos los espacios vacíos. Cuando llegué a este país no había profesionales que ayudaran a la gente a entender a sus perros ni que se ocuparan de satisfacer las necesidades básicas de los propios perros. Lo único que importaba era que los perros hicieran lo que sus amos quisieran, recurriendo a nuestro lenguaje o a nuestros propios medios para ello. Así que me propuse llenar ese vacío.

Desde el momento en que encontré mi nueva vocación he dado otro significado al término *adiestrar:* obedecer órdenes («sentado», «quieto», «ven», «atrás») o hacer cabriolas o comportarse de una forma que no tiene por qué ser innata en el perro. Si ese comportamiento es innato en él, tal vez queramos controlarlo para que se adapte a nuestras propias necesidades más que a las del perro. El ser humano inventó el adiestramiento de perros, pero fue la madre naturaleza la que creó la psicología canina, que es lo que intento que mis clientes practiquen sobre todo.

Cuando cualquier hembra cría a sus cachorros para que sobrevivan en este mundo, no necesita pensar en cómo enseñarles a buscar comida o a detectar una amenaza o a seguir las normas de conducta para ser ese animal en particular. Los cachorros aprenden de ella lo necesario para vivir en ese entorno concreto sin que la madre tenga que hacer un esfuerzo extra, y mucho menos recurrir al soborno o al castigo. Su mayor motivación consiste en sobrevivir y encajar en su mundo. Creo que es importante comprender que un perro tiene una inclinación natural a encajar en su entorno antes de pensar en órdenes, comportamientos especiales o hacer cabriolas.

El experto Mark Harden lleva unos treinta años entrenando animales para cine y televisión. Ha entrenado de todo, desde los lobos de *Los lobos no lloran (Never Cry Wolf,* 1983), las arañas de *Aracnofobia (Arachnophobia,* 1990) o los loros de la saga de *Piratas del Caribe* hasta los perros y gatos de —no podía ser otra— *Como perros y gatos (Cats and Dogs,* 2001). Además de entrenarlos para las películas, Mark tiene perros en casa. Y al igual que yo, establece diferencias entre adiestramiento y buena conducta, aunque expresemos nuestras ideas de modo distinto.

Mark me dijo: «Una cosa es educar y otra adiestrar. Son las dos cosas que yo hago, y lo relaciono con mis hijos. Por ejemplo, los educo para que se porten bien en público. Saben cómo portarse en un restaurante. No les doy un premio por portarse bien en un restaurante. Si se portan mal, pagarán las consecuencias, pero cuento con que se porten bien. Ésa es una parte de la educación que les doy. Pero si sacan matrícula en matemáticas, eso ya sería algo especial. Tal vez esté dispuesto a premiarlos por ello, darles un incentivo, porque no me parece que sacar una matrícula en matemáticas sea un incentivo por sí mismo para un niño. Es decir, mi lema es: "Los premios son para las cosas especiales." Las cosas especiales las *pago*, pero educo a los animales para que se porten bien, igual que con mis hijos. Los adiestraba para que hicieran cosas especiales y los educaba para que se portaran bien.»

 ## Otras definiciones

Hay otros profesionales, expertos y muy preparados, que probablemente no estén de acuerdo con mi definición de entrenamiento canino y lo diferencien de la rehabilitación o el equilibro caninos. Podrían decir: «En conclusión, César es adiestrador de perros.» Respeto la opinión de muchos de esos profesionales y quisiera compartir con ustedes algunas de sus ideas sobre lo que es el adiestramiento canino para que se hagan una idea del abanico de opiniones y de ideas. A medida que vayan leyendo piensen hasta qué punto cada una de estas definiciones se podría aplicar a la relación con su perro.

Ian Dunbar es un pionero del adiestramiento de cachorros sin correa, de la prevención y del adiestramiento del perro basado en la recompensa;

también es veterinario, profesor emérito, autor, estrella de televisión y conferenciante del que se hablará mucho en este libro. Según dice él mismo: «Si tuviera que definir adiestramiento, diría que consiste en alterar la frecuencia de comportamientos o en hacer que determinadas conductas aparezcan o desaparezcan por indicación y sin vacilación.» Cuando reforzamos un comportamiento en un perro, estamos adiestrándolo. Cuando castigamos a un perro por su mal comportamiento, estamos adiestrándolo. Es decir, ésa es la verdadera definición de adiestrar.»

Al igual que Ian Dunbar, Bob Bailey es un auténtico conocedor del adiestramiento animal. Con su difunta esposa, Marian Breland Bailey, fue de los primeros en usar el condicionamiento operante de Skinner, que consiste en tener en cuenta las consecuencias para cambiar y formar el comportamiento animal. De hecho Marian Breland inventó el *clicker,* uno de los instrumentos más importantes que hay hoy en día en el adiestramiento positivo de los animales. Bob lleva sesenta años en primera línea, trabajando con todo tipo de animales, desde mamíferos marinos hasta cuervos, serpientes y gallinas, adiestrándolos para espectáculos teatrales, anuncios, películas, televisión, demostraciones para empresas y operaciones militares secretas. Aunque Bob ha asegurado a mi coautora que le gusta presentarse como técnico conductista y no como adiestrador, su definición del término *adiestrar* es mucho más amplia que la mía.

«Creo que un cambio decidido de comportamiento se define, más o menos, como adiestramiento», nos dice. «Podemos llamarlo 'instrucción', o 'aprendizaje', o lo que sea, pero en un plano más general un comportamiento es un comportamiento, ya sea estar sentado, tumbado o incluso pensando. Después de mucho tiempo observando animales en su hábitat natural y entrenando a otros animales para que me trajeran el pan a la mesa, sé que responden muy bien a estímulos ambientales muy sutiles. Por ejemplo, si estoy trabajando con un perro, o con cualquier otro animal, puede saber que ha llegado el momento de relajarse sólo por un leve cambio en el ambiente, incluso por una variación en mi conducta y mi actividad. Dicha conducta relajada del perro puede parecer superficial, no tan evidente o teatral como si saltara sobre la mesa y agarrara las flores de un jarrón, pero esa conducta está tan inducida por el control de los estímulos como la de agarrar las flores. Creo que casi todos los adiestradores que conozco, especialmente los mejores, coinciden en que el adiestramiento —el aprendizaje— sucede todo el tiempo, no sólo cuando nosotros queremos.»

Mi amigo Martin Deeley y yo estamos de acuerdo en muchas cosas, pero no precisamente en la definición específica de adiestramiento canino. Martin es un adiestrador de mascotas y de perros de caza de fama mundial y director ejecutivo de la Asociación Internacional de Adiestradores Caninos (IACP-CDT). «El adiestramiento se produce en cada momento de la vida de un perro, todos los días, con cualquier cosa que hagas», dice Martin. «Toda relación entre tu perro y tú es adiestramiento.» Para Martin, todo lo que hago cuando rehabilito un perro sería «adiestramiento» exactamente igual que cuando él enseña a una manada de cobradores a acosar y recuperar un pato abatido en el bosque.

Y continúa: «Al adiestrar comparto información: sobre el cuerpo, las manos, las herramientas que utilizo y las situaciones que vivo con los perros. Siempre busco la mejor manera de comunicar esa información. Ahora bien, el perro traduce e interpreta muy bien y con rapidez parte de esa información, pero puede que no toda. Variamos nuestra forma de comunicar dicha información para lograr los resultados deseados. La información es el conocimiento adquirido mediante la experiencia o el estudio. Durante su adiestramiento un perro obtiene información de ambas maneras. No piensen que es una información sólo escrita o dicha verbalmente: es una comunicación versátil y totalmente comprensible. Pero el objetivo de dicha comunicación es cambiar y crear comportamientos, que es para mí la definición de adiestrar.»

Estoy de acuerdo con Ian, Bob y Martin en que siempre estamos enseñando a nuestros perros —en todo momento— a reaccionar ante nosotros y a actuar. Para mí ese concepto implica liderazgo más que adiestramiento, pero es una diferencia semántica. Por muy distintos que los cuatro expertos caninos seamos en nuestras definiciones y nuestros enfoques, tenemos en mente el mismo objetivo, que es ayudar al lector a comunicarse bien y vivir feliz con su perro. Siempre empiezo por satisfacer primero las necesidades del perro, asegurándome de que está equilibrado, según mi criterio. Trataré de ser más claro: equilibrado no es un término científico, pero me resulta increíblemente descriptivo de lo que significa para cualquier animal —incluido el ser humano— sentirse cómodo en su entorno y en su propia piel. Echemos un vistazo a la relación entre equilibrio y comportamiento en el próximo capítulo.

NOTAS

[1] Pueden encontrar información sobre los programas de titulación en la página web de la American Society for the Prevention of Cruelty to Animals, aspca.org; véanse también los links del Certification Council for Professional Dog Trainers (ccpdt.org), la Association of Pet Dog Trainers (apdt.com) y la International Association of Canine Professionals (canineprofessionals.com).

2
Lo esencial del equilibrio

Las bases del adiestramiento

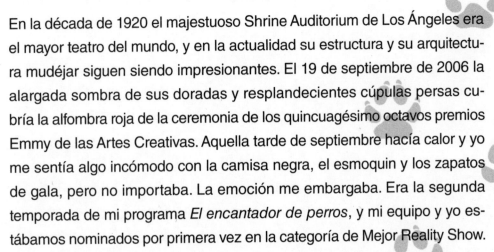

En la década de 1920 el majestuoso Shrine Auditorium de Los Ángeles era el mayor teatro del mundo, y en la actualidad su estructura y su arquitectura mudéjar siguen siendo impresionantes. El 19 de septiembre de 2006 la alargada sombra de sus doradas y resplandecientes cúpulas persas cubría la alfombra roja de la ceremonia de los quincuagésimo octavos premios Emmy de las Artes Creativas. Aquella tarde de septiembre hacía calor y yo me sentía algo incómodo con la camisa negra, el esmoquin y los zapatos de gala, pero no importaba. La emoción me embargaba. Era la segunda temporada de mi programa *El encantador de perros*, y mi equipo y yo estábamos nominados por primera vez en la categoría de Mejor Reality Show.

«¡César! ¡Aquí!», gritó un *paparazzi*. Es lo que hacen para que los mires y puedan sacarte una foto.

«¡*Daddy! Daddy!* ¡Mira aquí!», gritó otro. Al oír su nombre, mi fiel pitbull *Daddy,* que estaba a mi lado en la alfombra roja, con su mejor collar de gala, levantó la mirada por instinto. Los fotógrafos dispararon los flashes y rápidamente se convirtió en el foco de atención. Por su forma de ser se lo tomó con un interés sereno. *Daddy* siempre estaba preparado para nuevas aventuras y nada —ni tan siquiera los gritos o los flashes de los *paparazzi*— lo perturbaba jamás.

Nuestro momento en la alfombra roja pasó en un suspiro y nos unimos a la multitud de resplandecientes invitados que se apretujaban en las abovedadas entradas al auditorio. Puede que mi aspecto fuera como el de cualquier otro hombre, con su frac y su corbata, pero entre bambalinas me esperaban unos accesorios muy especiales.

Había traído mis patines.

Una hora antes de que empezara la ceremonia entre bastidores contemplé el enorme y atestado teatro: una antigua sala de ópera como la del fantasma de Andrew Lloyd Webber, llena de butacas de felpa roja y adornos vistosos y dorados. Curiosamente no estaba nada nervioso, sino tranquilo y centrado cuando las palabras que esperaba resonaron a través del enorme equipo de megafonía: «¡Señoras y señores, *El encantador de perros,* César Millán!».

La suave voz de la presentadora estaba sincronizada para dar paso a la animada melodía de *Who Let the Dogs Out?* [«¿Quién ha soltado a los perros?»]. Era mi pie para cruzar patinando los sesenta metros del escenario del Shrine Auditorium, con seis felices pitbulls trotando a mi lado.

El público se quedó boquiabierto y rompió en una ovación. Soltaron una carcajada cuando *Pepito,* uno de los pitbulls, quedó hipnotizado al vernos en los monitores gigantes de vídeo que rodeaban el escenario para que incluso los espectadores de las butacas con peor visibilidad pudieran ver la reacción de los ganadores cuando subían a recoger la estatuilla. Después de que mis ayudantes se llevaran a todos los perros, dejándonos solos en escena a *Daddy* y a mí para presentar el siguiente premio, le lancé el sobre con los nombres de los ganadores y me lo trajo a la tarima. El público soltó otra carcajada cuando *Daddy,* sin correa, se acercó lentamente a saludar, olisquear y estudiar a un nervioso Jimmy Romano, ganador en la categoría de Mejor Doble de Acción. Cuando bajamos del escenario para dejar sitio para la siguiente presentación, me sentía eufórico por lo bien que había ido el número, sobre todo teniendo en cuenta que sólo lo habíamos ensayado una vez ese mismo día.

Cuando me pidieron que entregara un premio en la ceremonia no dudé en aprovechar la ocasión de hacer algo totalmente distinto. Quería mostrar al público que a los pitbulls les gusta ir en manada y que pueden ser unos perros maravillosos y obedientes. Los pitbulls habían salido triunfantes, y yo estaba emocionado por lo bien que lo habíamos hecho.

Dudo que el director del programa se hubiera mostrado tan entusiasta si le hubiera dicho de antemano que sólo uno de aquellos pitbulls estaba, como se suele decir, adiestrado.

Yo los llamo bien educados y equilibrados. Pero ninguno de aquellos perros había sido preparado formalmente para subirse a un escenario, bajo los focos, con una música atronadora y delante de seis mil quinientas personas.

En ese caso ¿cómo pude crear una manada de pitbulls tan educada, amable y obediente sin lo que podríamos llamar un adiestramiento metódico?

 Obediencia: ¿cómo la definiría usted?

Al comienzo de mi programa siempre digo: «Rehabilito perros, adiestro personas». Hay una razón para esa afirmación. Normalmente las personas necesitan mucha más ayuda para entender a sus perros que éstos para comprender a aquéllas. Un perro está programado para entendernos. Llevan en los genes descifrar nuestra expresión, nuestro lenguaje corporal y nuestros cambios de humor y de energía. El perro es el único animal, además de los primates, que entiende que si levantamos un brazo para señalar un objeto lejano, se supone que tiene que mirar en esa dirección.

Otros animales pueden aprender esto, pero no es algo innato en ellos. ¡Su instinto los lleva a fijarse únicamente en nuestro brazo extendido![1]

Por otro lado, las personas no dejan de malinterpretar los intentos que hacen los perros por comunicarse. Muchos interpretan cualquier movimiento del rabo como una señal de amistad, pero un observador más experimentado sabrá que, si el perro está tenso, si enseña los dientes y menea lentamente la cola, de lado a lado, eso es lo contrario de amistad. Puede que usted piense que su perro trata de castigarlo al destrozarle sus zapatos favoritos mientras está trabajando, pero en realidad sólo está frustrado y aburrido a más no poder. Y si alarga un brazo para reconfortar a un perro nervioso con caricias, sólo conseguirá ponerlo más nervioso. Un perro angustiado necesita que usted se mantenga firme y actúe como un líder, y no que se derrita con muestras de simpatía porque le da pena. Éstas son sólo unas cuantas muestras de los errores que cometemos las personas al juzgar lo que los perros tratan de decirnos: irónicamente, esos cruces de cables en la comunicación me han conducido a tener una carrera hoy en día.

Cuando mis clientes dicen que quieren un perro obediente, casi siempre la situación ha ido mucho más allá de que quiera sentarse cuando se lo dicen. Es ya un perro que está arruinando la vida a alguien o un perro cuya vida está en peligro si el dueño no puede controlar su comportamiento. Sin embargo, incluso en casos menos extremos lo que se entiende por un perro obediente puede variar en gran medida, al igual que hay enormes diferencias entre lo que las personas buscan en su relación con el perro. La relación con nuestro perro es algo muy personal y refleja nuestra individualidad y lo que hemos elegido para lograr la felicidad. Por ejemplo, yo nunca podría soportar algunas de las cosas que otros dueños de perro ven bien: saltar sobre la primera persona que entre por la puerta, ladrar demasiado cuando un coche pasa por la calle o monopolizar la cama de su dueño por la noche. Según mi experiencia, esos comportamientos pueden dar pie a problemas más graves si no se remedian y pueden enviar al perro mensajes confusos sobre quién manda en casa. Además no está haciendo ningún favor a su perro al permitirle vivir sin límites; a los perros, como a casi todos los animales, les va mejor seguir una estructura.

Pero, a fin de cuentas, se trata de su vida y de su perro. Muchas personas —y muchos perros— viven felices haciéndolo a su manera, allá ellos. He tratado casos en los que el dueño no quería seguir mis indicaciones: «Quiero tanto a mi perro que estoy dispuesto a vivir con el problema.» Me parece bien. Ese tipo de dueños estudiaban las distintas opciones y decidían no modificar nada. No me gusta juzgar a las personas ni el modo en que educan a sus perros a no ser, por supuesto, que una persona, la sociedad o el propio perro sufran daños en el proceso. Creo que mi trabajo consiste en mostrar qué opciones tiene. A ellos les corresponde decidir qué hacer con esas opciones.

La mayoría de mis clientes no busca como compañía un perro que ruede por el suelo, se haga el muerto o *hable* cuando se le indica. La mayoría no quiere un perro guardián, un perro de protección o el próximo ganador de las olimpiadas caninas. Lo cierto es que la mayoría de los dueños de perros sólo sueña con un compañero cariñoso, amable y tranquilo con quien compartir su vida. No les importa que el perro a veces haga de las suyas, como correr por casa, por el jardín o sobre los muebles, pero siempre dentro de unos límites de comportamiento. Otros dueños de perros son mucho más minuciosos. No les gusta nada que el perro se suba al sofá, punto final, ya está. No quieren que el perro excave en su precioso rosal. Quieren que el perro se meta en su jaula en el acto y llevárselo de viaje. La moraleja es que, salvo un perro que sea un peligro o una molestia para otras personas, lo que queremos de nuestro perro es algo muy personal.

Decidimos hacer un estudio informal y preguntar a los lectores virtuales por los comportamientos más importantes que desean o esperan de sus mascotas caninas. Cuatro mil lectores virtuales respondieron calificando una lista de comportamientos de «muy importante» a «nada importante». En los esquemas siguientes aparecen las preguntas que hicimos y los resultados. A medida que lea la lista, participe en el estudio y piense en estas preguntas: ¿Qué expectativas tiene para su vida con su perro? ¿Cuál es su definición de «perro obediente»?

Como puede ver, las mismas respuestas básicas aparecen una y otra vez. Si utiliza la definición del entrenador de Hollywood Mark Harden, al parecer lo que la gente quiere realmente de su mascota es buenos modales más que adiestramiento. Cuando trabajaba en la perrera del centro de adiestramiento, recuerdo que lo que más preocupaba a los que recurrían a nosotros era un perro que no «acudía cuando se le llamaba». «Mi perro no viene cuando lo llamo», era la queja que más oíamos, y nuestro estudio informal muestra que sigue estando en cabeza de la lista de comportamientos deseados que quieren que exhiban sus perros. Para que un perro acuda cuando lo llamamos tenemos que darle un motivo para que quiera hacerlo. Para ello primero tiene que haber buena conexión e implica comprender la motivación de nuestro perro. Entraremos en detalles en el capítulo 7.

Lo que quiero decir es que, en definitiva, las expectativas de la mayoría para un perro bien educado no son tan extravagantes. Las cuestiones que están en los primeros puestos de la lista no son descabelladas, y me alegra decir que no son tan difíciles de conseguir una vez que haya dominado su papel de líder y que haya establecido una relación de confianza con su perro. Mi objetivo en este libro consiste en ayudarlo a que entienda no sólo estos principios básicos para crear un perro satisfecho y equilibrado, sino para que conozca además la amplia gama de opciones que tiene para alcanzar también aquellos objetivos referentes a la obediencia que se haya marcado.

Viene cuando lo llama

- ⬤ Muy importante
- ⬤ Importante
- ⬤ Poco importante
- ◯ Nada importante

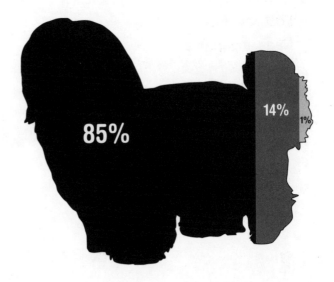

Se lleva bien con otros perros y con las personas, niños incluidos

- ⬤ Muy importante
- ⬤ Importante
- ⬤ Poco importante
- ◯ Nada importante

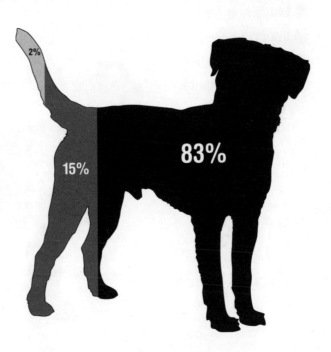

No destruye ni la casa ni el jardín

- ● Muy importante
- ● Importante
- ● Poco importante
- ○ Nada importante

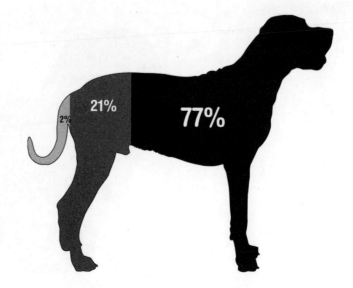

Le permite entrar y salir sin ponerse nervioso por la separación

- ● Muy importante
- ● Importante
- ● Poco importante
- ○ Nada importante

Camina con correa sin tirar de ella, retrocede cuando se le ordena

- ● Muy importante
- ● Importante
- ● Poco importante
- ○ Nada importante

69% 27% 4%

Viaja sin problemas en un coche o una jaula

- ● Muy importante
- ● Importante
- ● Poco importante
- ○ Nada importante

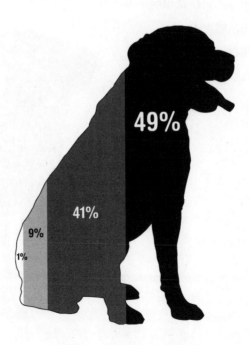

49% 41% 9% 1%

Se tumba o se queda quieto cuando se le ordena

- ● Muy importante
- ● Importante
- ● Poco importante
- ○ Nada importante

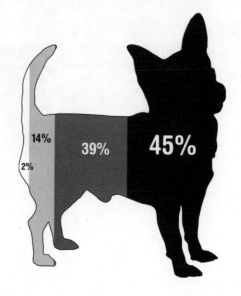

14%

2%

39%

45%

Se sienta cuando se le ordena

- ● Muy importante
- ● Importante
- ● Poco importante
- ○ Nada importante

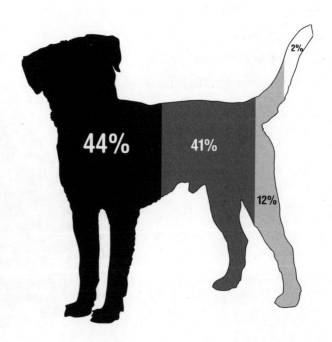

2%

44%

41%

12%

Las reglas de César Millán

Lo protege de los malos

- ● Muy importante
- ● Importante
- ○ Poco importante
- ○ Nada importante

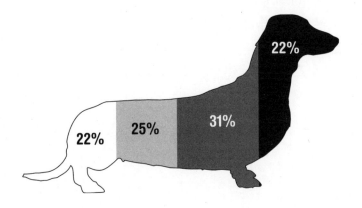

Recupera o caza, demuestra su agilidad, juega con el *frisbee,* nada o tiene otras habilidades deportivas o relacionadas con los juegos

- ● Muy importante
- ● Importante
- ○ Poco importante
- ○ Nada importante

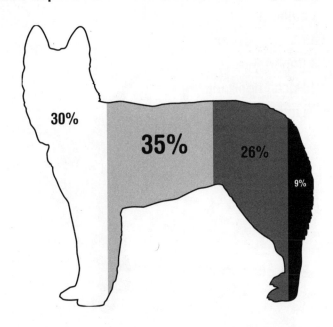

Hace algo especial
- ● Muy importante
- ● Importante
- ○ Poco importante
- ○ Nada importante

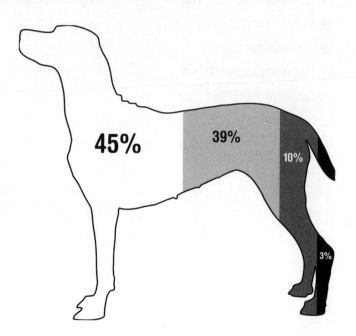

Realiza tareas propias de la terapia de guía (como traerle objetos que usted no alcanza, encender la luz, abrir la puerta, ayudarlo a cruzar la calle...)
- ● Muy importante
- ● Importante
- ○ Poco importante
- ○ Nada importante

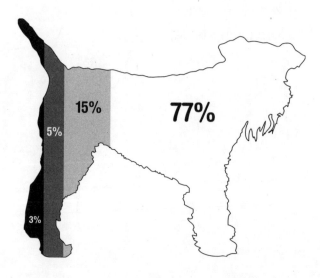

Las reglas de César Millán

No hace falta que asista a clases de obediencia o que aprenda a adiestrarlo con un *clicker* o que enseñe a su perro a acorralar un rebaño o a saltar por un aro. Tiene un montón de oportunidades para ayudar a su perro a alcanzar su plenitud y para ayudarlo a usted a dar forma a su acompañante ideal en el proceso.

Para conseguir el perro obediente con el que sueña ha de definir primero qué entiende usted por obediencia. Si no sabe exactamente qué quiere de su perro, ¿cómo pretende que él se lo dé? Se trata de una decisión muy personal que debería meditar y en la que deberían participar todos los habitantes de la casa. Así pues, tómese su tiempo para pensar en ello. Ahora siéntese y escriba una lista con las cualidades que le gustaría que tuviera su perro. Visualice esos aspectos de un perro obediente y vuelva a esa lista y a esa imagen mientras lee este libro y reflexiona sobre su contenido.

 ## Lo primero, el equilibrio

¿Qué es un perro equilibrado? Para mí es uno que está cómodo en su piel. Es un perro que se lleva bien con otros perros y con las personas, que entiende las pautas y las rutinas de su vida, pero que además está abierto a nuevas experiencias y no se ve perjudicado por problemas de comportamiento, como el miedo, la ansiedad o la obsesión.

He empleado el término *equilibrio* muchas veces con mi colega Martin Deeley, así que le pregunté qué significaba esa palabra para él. «¿Qué entiendo yo por equilibrado? Un perro sano de cuerpo y mente: un perro saludable sería la respuesta más fácil. La salud física es fácil de identificar. Si a un perro le duele algo o no se siente bien, le costará entrenar y tal vez ni quiera hacerlo ni haga lo que se le pide. Pero la salud también puede afectar al estado de ánimo, por lo que tenemos que asegurarnos de que nuestro cachorro está sano para que sea la base de un perro dispuesto a entrenarse.»

Ian Dunbar tiene una anécdota muy personal sobre un perro cuya salud afectaba a su capacidad para ser adiestrado. Según nos recuerda, «*Claude* [mi perro] es un cruce de coonhound redbone y rottweiler. Ya es muy viejo. Se le rompió el ligamento cruzado, así que tuvimos que hacerle una operación de TPLO [osteotomía para nivelar el platillo tibial]. Una operación complicada, pero el perro consiguió andar a los dos días de la intervención. Tres días después su personalidad había cambiado por completo. Se convirtió en un perro totalmente feliz, divertido. Nos dimos cuenta de que habíamos estado viviendo con un perro que llevaba cinco años sufriendo mucho. Por eso era tan lento para sentarse, para venir y para tumbarse. Después de aquella operación era un perro distinto. Por tanto, puede que existan razones muy poderosas para que su perro no quiera acudir a su llamada o sentarse.»

También está el aspecto mental/psicológico del equilibrio. Martin Deeley se pregunta: «¿Qué busco en un perro mentalmente estable o en un cerebro equilibrado? Al igual que en las personas, en los perros la estabilidad surge de las normas, las estructuras y de una vida estable. Sabemos qué va a suceder, sabemos qué podemos esperar y tenemos confianza en cómo va a ocurrir. Incluso afrontamos con confianza y aceptación nuevas situaciones, personas, perros y otros animales».

Si quiere que su perro alcance el equilibrio, primero tiene que sentirse realizado como animal, luego como perro, después como perteneciente a la raza que sea y por último como perro específico con nombre propio. Puede leer explicaciones más detalladas sobre cómo crear equilibrio en su perro en algunos de mis libros anteriores. Aquí encontrará lo que considero que son las bases para conseguir un perro equilibrado.

Las normas de César para un perro equilibrado

1. Cuando introduzca un perro en su vida no piense sólo en lo que quiere de él. Piense antes en lo que tiene que darle a ese perro para que sea feliz con usted. Empiece por pensar que su perro es primero un animal, segundo un perro, tercero una raza, cuarto un nombre, y satisfaga sus necesidades en ese mismo orden. La experiencia me dice que una vez que haya satisfecho las necesidades de su perro éste querrá automáticamente satisfacer las suyas.

2. Por supuesto, usted quiere tener un perro para amarlo, pero el amor no es lo primero ni lo único que necesita un perro para ser feliz. Al igual que la gran mayoría de las personas, el amor no basta por sí solo. Siga mi fórmula en tres pasos: primero ejercicio, segundo disciplina (reglas, fronteras y límites: ¡adiestramiento incluido!) y tercero cariño. En ese orden.

3. Ejercicio: el ejercicio significa al menos uno y mejor si son dos largos paseos cada día de cuarenta y cinco minutos o más (¡mínimo, treinta minutos!), dependiendo de la raza, el tamaño, el nivel de energía y la edad del perro. Dejar que su perro corra a sus anchas por el jardín no sirve. Por ejercicio, me refiero a un paseo estructurado con usted a su lado. Esto satisface la necesidad de su perro de trabajar para ganarse la comida y el agua, de acuerdo con su manada. Además es la herramienta más poderosa de que dispone para crear una conexión profunda y significativa con su perro, y sobre todo ¡es gratis!

4. Disciplina: el perro aprendió de su madre reglas, fronteras y límites desde el mismo momento en que empezó a respirar. Las reglas no molestan a los perros: las necesitan. Su trabajo como propietario de un perro consiste en ser claro y sencillo en cuanto a dichas reglas: ¡y en ser siempre coherente con ellas! Para cualquier perro equilibrado es importante conocer los parámetros de su mundo y qué lugar ocupa en su manada.

5. Cariño: el cariño no tiene por qué ser una caricia, ni tiene por qué traducirse en una chuchería. En primer lugar es la relación de confianza y respeto entre la persona y el perro. Una persona sin brazos puede tener una relación de cariño con su perro aunque no pueda acariciarlo. Lo bonito de los perros es que cuando los tratas con honor y respeto te lo devuelven multiplicado por mil. El perro es quizá el ser más generoso y justo del planeta. Por otro lado, mostrarle cariño, del modo que sea —jugando con él, dándole una chuchería y, por supuesto, acariciándolo o dándole un masaje—, es muy bueno e incluso terapéutico para usted y para el perro.

El equilibrio hace milagros

Volvamos a la pregunta original: ¿Cómo conseguí que seis pitbulls actuaran en el escenario de los premios Emmy delante de miles de personas sin un adiestramiento formal? Creo que el equilibrio hace milagros. Me había asegurado de que los seis pitbulls que llevé conmigo aquel día al Shrine Auditorium —*Daddy, Pepito, Spot, Pattern, Sam* y *Dotty*— estuvieran equilibrados, pero lo cierto es que no todos ellos habían sido cachorros bien educados. Cuando llegó a mí, a *Sam* le asustaban las personas, incluso los niños, y *Pattern* se mostraba agresivo con otros perros cuando lo conocí. Ambos pertenecían a mi amigo Barry Josephson, productor de cine y televisión en Hollywood. *Spot* me llegó desde Much Love Animal Rescue porque era agresivo con los de su especie. Aquellos perros llevaban semanas o meses viviendo conmigo y mi manada, y gracias al trabajo que hice con ellos, cuando llegó el momento de ir a los premios Emmy, confiaba totalmente en que los tres se portarían bien en cualquier situación aunque les supusiera una novedad o un reto. Creo que casi todo perro puede cambiar su comportamiento negativo: en las circunstancias adecuadas y en manos de las personas adecuadas. Pero aquella noche de los Emmy lo más importante es que todos los pitbulls confiaron a su vez en mí.

Los cambios que provoqué en aquellos tres problemáticos pitbulls no aparecieron al momento, ni sin trabajar dura y consistentemente durante bastante tiempo. A pesar de los cambios rápidos que ven en *El encantador de perros* ningún cambio de comportamiento será permanente sin la práctica y la repetición metódicas. Incluso las familias felices con perros que aparecen curados al final de cada programa han de perseverar en sus propios cambios de comportamiento, día tras día, o su perro dejará de estarlo. En el Centro de Psicología Canina mi equipo y yo nos hemos empleado a fondo diariamente para satisfacer las necesidades básicas y la vida de los seis pitbulls de los Emmy con ejercicios vigorosos, una rutina fija, límites y fronteras definidos (disciplina), muchos desafíos, como carreras de obstáculos, juegos con la pelota, natación y otros juegos, excursiones a lugares nuevos, como la playa y las montañas, y, por supuesto, comida sana y cariño. Por experiencia sé que incluso un perro con un pasado horrible de malos tratos y abandono puede recuperar encantado el equilibrio, mientras que una persona con el mismo tipo de problemas podría seguir atormentada para siempre por los malos recuerdos. Un perro no se agarra al resentimiento, por lo que puede cambiar y adaptarse mucho más rápidamente que las personas. Pero nos corresponde a los humanos hacer el trabajo para que esos cambios sean permanentes. Por eso para mí el elemento más complicado de la ecuación en toda rehabilitación es el dueño, no el perro.

Los seis pitbulls que subieron al escenario aquel día convivían conmigo y sabían lo que esperaba de ellos, así como lo que podían esperar de mí. Del mismo modo que los perros que viven en manada tienen una serie muy básica de reglas de comportamiento, yo también quiero cosas muy básicas de la manada que viva conmigo.

Mis normas y mis conversaciones con los perros de mi manada son simples y claras: mi objetivo es definirles las reglas vitales que son esenciales para su supervivencia en un entorno concreto. Y la base de esa comunicación es siempre la misma: confianza y respeto, entre la persona y el perro, y entre el perro y la persona. Tiene que ser algo recíproco.

Christine Lochmann y Tina Madden, dos de mis ayudantes en el Centro de Psicología Canina, vinieron conmigo para el ensayo de la tarde. Cuando me fui a casa para ponerme el esmoquin se encargaron de preparar a los perros para la actuación de la noche.

Las normas de César para el buen comportamiento en manada

1. Yo soy el líder de la manada. Confía en mí, respétame y sígueme.
2. No te pares a pensar qué tienes que hacer si estoy cerca. Tan sólo espera a que yo te diga lo que tienes que hacer

(¡incluidas esas veces en que te suelto para que te relajes y te diviertas!).

3. Siempre nos relacionamos cortésmente con otros perros y con las personas. Siempre evitamos situaciones que pudieran resultar conflictivas.

4. No nos peleamos entre nosotros.

5. Yo soy quien inicia y detiene cualquier actividad lúdica que hagamos juntos.

Tina dice: «Los seis pitbulls eran, como diría César, equilibrados, o bien educados, pero sólo *Daddy* había sido adiestrado formalmente. Lo cierto es que ninguno de ellos había sido adiestrado en plan "sentado", "quieto", "ven", "atrás". No eran perros actores. Era su debut sobre un escenario, con focos, ante un público de cientos de personas. Nuestro trabajo consistió en mantenerlos relajados y felices entre bambalinas para que su estado de ánimo fuera el adecuado al salir a escena.»

¿Cómo preparamos a seis pitbulls para su primera actuación siguiendo órdenes? En primer lugar nos aseguramos de que tenían cubiertas todas sus necesidades físicas: habían evacuado, habían bebido agua y habían hecho ejercicio, aunque había pedido a Tina y a Christine que no les dieran de comer ese día. Estar en ayunas hasta que acabara el acto los haría motivarse más y, si tenía que recurrir a la comida para mejorar su actuación, era probable que su buen apetito los hiciera estar más atentos. Su cena posterior se convertiría en un festín y una gran recompensa. Por la mañana habíamos echado una larga carrera con ellos: más larga de lo habitual. Y, por supuesto, los bañamos y acicalamos para que tuvieran el mejor aspecto ante las cámaras.

Tina continúa: «Por la noche, después del ensayo, Christine y yo bajamos y volvimos a pasear a los perros. Íbamos maquilladas, con trajes de gala, con zapatos de tacón en el exterior del Shrine Auditorium, escoltadas por una manada de pitbulls. Después de un largo paseo regresamos y esperamos entre bambalinas. César estaría entre el público y no podríamos verlo hasta que quedara un cuarto de hora para su presentación.»

Siempre que enfrentamos a nuestro perro a una situación nueva y posiblemente intimidatoria es importante que comprenda lo mejor posible dónde está y qué va a pasar con él. Tuvimos especial cuidado en no limitarnos a sacar a los perros de la camioneta, meterlos en una habitación y luego sacarlos al escenario. Los llevamos desde el escenario hasta la habitación un par de veces para que se familiarizaran con el trayecto. También jugamos un rato a la pelota para que siguieran alerta y para aumentar su energía hasta lo que yo llamo «jaleo feliz».

En mi libro un perro equilibrado es aquel que no se deja llevar en una situación de caos siempre que su dueño o el líder de su manada mantenga la calma. Tina y Christine fueron unas estupendas líderes de la manada entre bastidores. Mantuvieron la sala VIP en calma, evitaron que las personas más emocionadas pusieran nerviosos a los perros y éstos supieron en todo momento que estaban a salvo y en buenas manos.

Tina afirma: «Los perros no estaban nada nerviosos, sino relajados y felices, emocionados por encontrarse en un entorno nuevo e interesados en todo cuanto sucedía alrededor. Al menos diez personas se me acercaron para decirme: "Qué bien se portan estos perros". Incluso hubo quien quiso adoptar a *Spot* al verlo.»

Por fin llegó el momento de que presentara el premio al mejor doble de acción. Tina y Christine subieron a los perros y yo, con los patines puestos, me reuní con ellos entre bambalinas. Era una zona estrecha y tuvimos que esquivar cables y a los atareados tramoyistas que corrían alrededor.

Cuando enfrentamos a un perro a una situación poco familiar para él podemos suavizar su adaptación si introducimos algo que sí le resulte familiar. Sin lugar a dudas los patines les resultaban familiares. En cuanto vieron los patines comprendieron: «Muy bien, esto es divertido. ¡Nos ponemos en movimiento!» Como había patinado tantas veces con ellos por las concurridas, ruidosas y enloquecidas calles de South Central, estaban perfectamente preparados para escoltarme con tranquilidad aunque patinara en medio del caos y del bullicio. También sabían que cuando yo me detuviera ellos tenían que detenerse, ya fuera para cruzar la calle o para dejar pasar a otras personas u otros perros. Al ver los patines la manada me miró con gesto de «¡Bien, sabemos qué quieres que hagamos!». Y como les encanta verme patinar, tenían una energía muy alta, emocionada y positiva.

Sin embargo, antes de salir a escena la energía que nos rodeaba era tensa y frenética, y no podíamos prepararlos del todo para eso. Si sólo se hubieran fijado en esa atmósfera, se podría haber creado una respuesta nerviosa en ellos. Pero gracias a mi relación con la manada el único que les mandaba señales emocionales era yo. Como me mostraba tranquilo y era evidente que toda esa conmoción no había alterado mi estado de ánimo, se contagiaron de mi energía mientras pasaban por la misma experiencia. Es la recompensa a una relación de fuerte liderazgo con ellos. Si la reacción de un perro es: «Oh, esto es nuevo para mí», nos mirará. Si ve que seguimos tranquilos y que le comunicamos claramente lo que queremos de él, pensará: «Está muy bien, supongo que vamos a hacer lo mismo que ya hemos hecho cuando pasa un autobús, cuando alguien toca el claxon o cuando alguien abre un paraguas.»

La ceremonia de los Emmy ofrecía nuevas experiencias, inesperadas y posiblemente inquietantes, pero los perros ya habían compartido conmigo al menos mil experiencias similares y todo había salido bien: incluso se habían divertido. Así que los Emmy fueron su experiencia mil uno. Sencillamente otra gran aventura que compartimos.

Fue un día largo para todo el mundo. Mientras yo volvía a casa en la limusina, Tina y Christine llevaron a la manada de pitbulls, agotados pero felices, de vuelta al Centro de Psicología Canina en la camioneta que habíamos alquilado. Christine dice: «Recuerdo que al atravesar esos barrios tan duros de South Central Tina me miró y sonrió. Preguntó: «¿Crees que estamos seguras con seis pitbulls en el coche?». Soltamos una carcajada. Fue una noche mágica».

He relatado esta maravillosa experiencia que vivimos porque quiero que le quede claro que puede lograr cosas increíbles con su perro tan sólo mediante el equilibrio y una relación marcada por un fuerte liderazgo.

Las normas de César para que un perro afronte una situación extraña

1. ¡No permita que su perro se enfrente a una situación nueva sin haberlo preparado previamente! Busque formas creativas para ensayar mucho antes del acto en sí. Asegúrese de que actúa con calma y firmeza. Cuantas más veces haya mostrado su liderazgo en distintos entornos, más confiará su perro en usted por muy nervioso que esté él.

2. Si es una situación que le permite preparar al perro en el mismo entorno, ¡mejor aún! Que el perro vaya asimilando el sitio con tranquilidad, diversión, cariño y chucherías.

3. Lleve algo que le resulte familiar a su perro, algo que identifique con la calma, la comodidad o la alegría. Por ejemplo, para los pitbulls los patines eran un símbolo de su actividad favorita.

4. Satisfaga las necesidades básicas de su perro: por supuesto, de formar regular, pero sobre todo ese día en especial. El ejercicio extra siempre ayuda: es más probable que un perro cansado y sin energía acumulada se relaje y no se estrese en una situación nueva.

5. Por último, revise su propia energía. ¿Se muestra inseguro en esa nueva situación? ¿Nervioso o trastornado? Si es así, ¿cómo pretende que su perro esté tranquilo? Enfréntese a su propio miedo, a la ansiedad o a la frustración antes de implicar a su perro en esa historia.

 ## Adiestrado no siempre significa equilibrado

En los Emmy los pitbulls actuaron como esperaba porque estaban equilibrados y porque entre nosotros había una relación sólida y una comunicación clara y consistente. Los perros sabían exactamente lo que quería de ellos, y yo sabía lo que ellos querían y necesitaban de mí. ¿No es asombroso lo que se puede conseguir mediante el equilibrio con seis perros satisfechos? Otra persona podría haber sacado a ese mismo escenario a seis perros adiestrados. Estos perros podrían sentarse, quedarse quietos, rodar por el suelo y saltar por un aro. Pero ¿qué pasaría si se produce un accidente entre bastidores o alguien del equipo tiene un ataque de pánico? Si los perros están adiestrados pero no equilibrados, pueden surgir problemas.

Lo cierto es que vivimos en un mundo a menudo estresante y competitivo, y conocemos a miembros de nuestra propia especie que están adiestrados —o muy preparados o tienen un gran currículum— pero no están nada equilibrados. Creo que el mundo evita situaciones conflictivas porque los gobernantes son muy inteligentes, aunque no por ello han de tener un mayor sentido común o preocuparse realmente por el resto de su manada humana. Necesitamos más personas así en puestos de poder para devolver el equilibrio a nuestro mundo.

Lo mismo pasa con los perros. En *El encantador de perros*, y en varios casos privados que he tratado, he trabajado con algunos de los perros mejor adiestrados de Norteamérica, pero como sus necesidades como animal/perro no habían sido satisfechas, estaban desequilibrados, y por tanto, en cierto modo, eran menos fiables. Algunos se mostraban frustrados y agresivos, otros tenían algún tipo de obsesión y otros habían desarrollado miedos y fobias.

Gavin, un agente muy especial

L. A. Bykowsky es una veterana de 25 años del Departamento de Alcohol, Tabaco, Armas de fuego y Explosivos (ATF). En 2002 añadió otra resposabilidad a sus obligaciones oficiales: encargada de perros. Le asignaron un perro muy especial: un amable, tranquilo y bien educado labrador llamado *Gavin*.

Juntos, L. A. y *Gavin* entraron en el Programa de la ATF para el Adiestramiento Canino para la Detección de Explosivos. *Gavin* se graduó tras ser capaz de detectar el olor de hasta mil novecientos explosivos diferentes. Su protocolo después de buscar consistía en quedarse sentado donde hubiera detectado el olor sospechoso. Su nueva habilidad situó a *Gavin* en primera línea en la guerra contra el terrorismo.

Después de graduarse, L. A. y *Gavin* se embarcaron juntos en su nueva aventura profesional. «La verdad es que en estos cinco últimos años he pasado más tiempo con *Gavin* que con mi marido», me dijo L. A. Trabajaron en varios actos del Super Bowl y de NASCAR antes de que los enviaran a una misión en Irak.

L. A. afirma: «En Irak jamás se cerró. Cuando había mucho ruido se estremecía y temblaba, pero, bueno, yo también.» Evidentemente *Gavin* estaba estresado por la experiencia, pero se aferró a los protocolos de su adiestramiento y siguió trabajando. Sin embargo, nada más regresar a la casa que compartía con L. A. y su marido, Cliff Abram, en Pompano Beach, Florida, tuvo que enfrentarse al trauma adicional de dos huracanes casi seguidos. El viento, la lluvia, los truenos y los relámpagos, seguidos de los fuegos artificiales de las celebraciones del 4 de julio, acabaron por atacarle los nervios. Como recuerda Cliff: «Iba corriendo de cuarto en cuarto, y no podía dejar de temblar. Ni siquiera comía. Después de aquello era imposible meterlo de nuevo en casa.»

A partir de ese momento cualquier ruido —un contestador automático, un teléfono, una sirena, una alarma de incendios— lo convertía en un tembloroso montón de gelatina. Víctima de lo que para L. A. era una forma canina de estrés postraumático, *Gavin* se vio obligado a jubilarse tras cinco años de condecoraciones y de servicio a su país.

Cuando visité a L. A. y a Cliff en su casa de Florida ella me dijo: «Lo que realmente quiero es que *Gavin* pueda disfrutar de su jubilación y que no esté asustado todo el tiempo.»

Gavin era un perro muy bien adiestrado, pero esto no le había impedido tener un grave problema de conducta, un problema que no sólo amenazaba su propio bienestar, sino también el de su familia. Desde el primer momento tuve la sensación de que se trataba de un perro al que durante mucho tiempo no habían permitido ser él mismo: esto es, ser primero un perro.

«El trabajo que ha estado desempeñando no es instintivo. Olisquear explosivos no es algo instintivo. Olisquear a un pato sí es algo instintivo.

El material explosivo es algo que creó el hombre para el hombre. Ha sido *Gavin,* labrador, de la ATF. No un animal, un perro, una raza, un nombre propio», les expliqué.

Mientras yo hablaba, Cliff asentía, pensativo: «Cuando terminaron el curso de la ATF nos dijeron: "Ya no es una mascota, es una herramienta". Durante todo ese tiempo se te olvida que es un perro.»

Mi objetivo era ayudar a que recuperara su esencia de «perro.» Pregunté a L. A. y a Cliff si podría traerme a *Gavin* al sur de Los Ángeles.

En el Centro de Psicología Canina *Gavin* fue recibido por la manada con nuestro tradicional sosiego: sin tocar, sin ladrar, sin mirar a los ojos. La manada se acercó a él y lo olisqueó, acogiéndolo al instante como uno más. Si observan cómo se saludan los perros, verán que se comunican fundamentalmente en silencio. Primero va el hocico, luego los ojos y después las orejas. Se hablan por el olor, luego por la mirada, el lenguaje corporal y, por fin, por el tacto. Por otro lado, el adiestramiento humano casi siempre comienza por el oído. Ése fue el estilo empleado por la ATF para adiestrar a *Gavin* y convertirlo en un heroico perro trabajador. Durante sus primeros días entre la manada yo delegaba en los otros perros para que lo ayudaran a relajarse y asimilar nuestra rutina. He comprobado cientos de veces que una manada de perros puede hacer más rehabilitación en una hora de la que puedo lograr yo solo en unos días.

Al comenzar su segunda semana entre nosotros era evidente que *Gavin* se había relajado y empezamos a conocernos y a construir una confianza mutua. Nos divertimos, fuimos de excursión, jugamos al escondite, corríamos por la playa: ¡cosas que ayudarían a que *Gavin* recordara la alegría de ser un perro! La verdad sea dicha: ya me estaba enamorando de ese tipo.

El equipo de *El encantador de perros* se trasladó a San Diego, y decidí llevar a *Gavin* con nosotros para poder observar cómo reaccionaba ante situaciones nuevas. Lo hizo muy bien. Incluso le dejé interpretar el papel de un perro tranquilo y sumiso para que ayudara en el programa a otros perros descontrolados. Ya tuvo un flechazo con *Daddy* cuando nos conocimos en Florida, y él y *Gavin* se convirtieron en un gran equipo de asistentes caninos de *El encantador de perros*. Era fácil ver la dulzura y la suavidad del corazón de *Gavin*. Estaba todo el día tranquilo y confiado, y no ofrecía signo alguno del miedo que lo había llevado a rehabilitación. Empezaba a pensar que esta rehabilitación sería pan comido.

Me equivocaba. Aquella noche, cuando volvimos al hotel, entré en el ascensor con *Gavin* y, cuando sonó el aviso de que habíamos llegado a un piso, volvió a asustarse, agachó la cabeza y metió la cola entre las patas. No echó a correr ni trató de esconderse, únicamente se quedó sentado, en la misma postura que aprendió a adoptar siempre que encontrara explosivos. De algún modo, su respuesta adquirida se había convertido en su falta de respuesta ante el estrés. Sabía que tenía que planear una nueva estrategia para eliminar su miedo.

Durante el mes siguiente seguí recurriendo a la manada y a los juegos para crear una relación de confianza con *Gavin* mientras le presentaba poco a poco nuevas experiencias y sonidos. L. A. me había contado que las zanahorias eran la chuchería preferida de *Gavin,* así que le lanzaba una a la vez que le reproducía un ruido que no supusiera una amenaza, como unas pisadas fuertes o una bolsa de papel al arrugarse. Muy lentamente iba aumentando la intensidad del sonido mientras *Gavin* no diera indicios de que fuera a bloquearse. En las primeras fases de la terapia a veces se quedaba sentado o petrificado o evitaba el ruido. Mi respuesta consistía en ignorarlo durante un momento. Poco a poco dejó de huir y venía a mi lado. Aquello fue un gran cambio, porque antes, cuando estaba nervioso, no quería estar con L. A. y Cliff. «Si vienes a mi lado, colega, puedo contagiarte mi energía tranquila», le susurraba. Me resultaba muy gratificante que me mirara esperando un gesto mío para saber cómo comportarse.

El siguiente reto consistía en animar a *Gavin* para que caminara hacia un sonido fuerte, y recompensarlo cuando llegara a él. Me aproveché de su adiestramiento en la ATF y escondí chucherías dentro y alrededor de un altavoz, y le ordené que buscara su recompensa. La mezcla de su arraigado adiestramiento y su amor por las chucherías funcionó, y así superó su aversión a los altavoces y a los sonidos que de ellos salían. Poco después empecé a convertir su hora de comer en una experiencia atronadora. Agitaba la comida dentro de un tazón metálico y lo llamaba y daba de comer. El hecho de asociar la comida con mucho ruido también ayudó a disipar su ansiedad.

Para asegurarme de que *Gavin* no estaba demasiado expuesto antes de tiempo cada ejercicio no duraba más de cinco minutos. Lo exponía durante cinco minutos al estrés y luego corríamos y jugábamos en la piscina. *Gavin* captó enseguida que tendría su recompensa favorita —jugar o estar en la piscina— después de completar cada ejercicio, así que incluso los desafíos se convirtieron en algo que deseaba.

A medida que transcurrían las semanas, seguía trayendo a *Gavin* al plató para distintas historias de *El encantador de perros*. Me parecía tan fascinante que quería estar con él a todas horas. Incluso me lo llevé a casa, donde ensayamos cabriolas en el garaje mientras mi hijo Calvin, que entonces tenía 8 años, ensayaba con su batería nueva. *Gavin* jamás rechistó siquiera por el ruido de Calvin, ¡muy al contrario que nuestros vecinos!

Otra parcela de la rehabilitación de *Gavin* era un tratamiento metódico con acupuntura. La acupuntura estimula las endorfinas —los analgésicos naturales de nuestro cerebro— y otros neurotransmisores que nos producen bienestar[2]. He descubierto que la acupuntura me puede producir increíbles beneficios para tratar el estrés y la ansiedad, y me parece que los animales responden con mucha más facilidad que las personas a este milenario arte chino. Ha sido especialmente útil en casos de miedo extremo, depresión o ansiedad.

El juego seguía siendo un elemento básico en la recuperación del equilibrio de *Gavin*. El cuadragésimo octavo día de su rehabilitación vinieron al Centro de Psicología Canina a visitar a *Gavin* dos amigos de su época de adiestramiento en la ATF: el adiestrador Todd y su labrador negro, el agente de la ATF *Corey*. *Corey* y *Gavin* se reconocieron de inmediato y se arrancaron en una bulliciosa danza de celebración a lo labrador. Su reunión se convirtió en una improvisada fiesta en la piscina para todos los perros del centro; ocupando la pista central, *Corey* y *Gavin* saltaban al agua desde el trampolín, salpicando a todo el que estuviera cerca. Ya había visto muchas veces el lado juguetón de *Gavin,* pero nunca tan despreocupado y desenfrenado como aquel día con *Corey*. Una vez más otro perro había conseguido precipitar la rehabilitación de *Gavin,* justo cuando empezaba a preocuparme que se estancara. Esta visita fue otro hito en el progreso de *Gavin*.

Al trabajar con perros tengo fe ciega en la madre naturaleza, pero ¡no hay motivo para no aprovecharse de la tecnología moderna si nos puede ayudar! El día quincuagésimo por fin presenté a *Gavin* el sofisticado remolque de realidad virtual que había inventado para llevarlo a la siguiente fase de su rehabilitación. Adapté una vieja caravana Airstream con un proyector de vídeo, sonido envolvente y una rejilla de luces, incluso coloqué varias plantas tropicales y un sistema de aspersores para simular una tormenta. Con la ayuda de tres miembros del equipo de *El encantador de perros*, que formaron parte de la manada de *Gavin* en la fiesta de la piscina —Murray Summer, Todd Henderson y Kevin Lublin—, diseñé tres escenarios de realidad virtual basados específicamente en aquello que *Gavin* más temía: una tormenta con truenos, unos fuegos artificiales y un campo de batalla.

Un perro puede centrarse bien en una cosa cada vez y por eso suelo usar una rueda para distraer su ansiedad y obligarlo a centrarse en su energía física. Al final a casi todos los perros les encanta caminar en la rueda: ¡Los hay que incluso se convierten en adictos! Con *Gavin* empecé a un ritmo lento, unos tres kilómetros por hora, y lo puse a prueba con un poco de lluvia y algún trueno. Al estar centrado en la rueda, no había problema, así que añadí un poco más de lluvia y algunos fogonazos que simulaban ser relámpagos. A medida que subíamos el volumen y la intensidad de la tormenta, ordené a *Gavin* que buscara las chucherías en las plantas que había en el remolque y que, cuando las encontrara, hablara. Durante todo el proceso se le vio feliz, tranquilo y motivado. Sin embargo, a pesar de nuestro éxito, me aseguré de que la primera sesión sólo durara unos minutos. Como premio echamos una carrera para chapotear en la piscina.

Estaba muy orgulloso del montaje del remolque de realidad virtual y espero utilizarlo en otros casos de perros con miedos extremos. Con todo, es importante tener en cuenta que no obligué a *Gavin* a enfrentarse a sus peores miedos de cualquier manera. Llevábamos casi dos meses de rehabilitación intensa y diaria antes de aplicarle esa estrategia. Antes de eso me había centrado en restaurar su paz interior permitiéndole ser un perro.

Durante varios días expuse a *Gavin* a los fuegos artificiales y al campo de batalla en el remolque, y lo premiaba con enérgicos juegos cuando conseguía acabar cada una de las breves sesiones. Para su último reto en el remolque hice que Tina Madden disparara una pistola de fogueo. Las dos primeras veces *Gavin* trató de salir de la rueda. Aminoré la velocidad de la misma mientras suavemente lo animaba a seguir como si no hubiera sucedido nada. La tercera vez me miró para tranquilizarse, pero siguió caminando. Al acabar aquella sesión recibió mis mayores elogios y el premio de poder jugar más tiempo que nunca. Los dos estábamos felices por su éxito.

En cuanto estuve seguro de que *Gavin* tenía dominadas las pruebas del remolque de realidad virtual lo llevé al escenario de su verdadero examen final: un campo de tiro auténtico. Para darle cierta ventaja también llevé a *Chipper,* un cruce de boxer y ridgeback que no se alteraba por ningún ruido o alboroto. Sabía que *Chipper* contagiaría su tranquilidad a *Gavin.* Mientras el dueño del campo de tiro disparaba su rifle, *Gavin, Chipper* y yo corríamos de un lado a otro detrás de él. Después de que *Gavin* superara con nota los primeros minutos fuimos corriendo a una piscina para niños que había llevado, de modo que pudiera disfrutar de una pequeña recompensa con lo que más le gusta a un labrador: el agua. Después de unas cuantas vueltas por el campo de tiro me convencí de que mi buen soldado *Gavin* estaba preparado para abandonar la pista de prácticas.

Setenta días después de que *Gavin* hubiera llegado al centro, L. A. y Cliff se lo llevaron a casa. Tardó un momento en reconocerlos, pero en cuanto su memoria olfativa funcionó se lanzó sobre ellos, saltando alegremente. Orgulloso, mostré a los dueños de *Gavin* el remolque de realidad virtual que le había hecho. Pero lo que los dejó boquiabiertos fue ver cómo un extasiado *Gavin* chapoteaba en la piscina con sus nuevos amigos de la manada. «Nunca lo habíamos visto así», dijo L. A. Me gusta decir que no tengo favoritos entre los perros del Centro de Psicología Canina, pero *Gavin* tenía algo tan increíble, tan especial, que se me saltaron las lágrimas al despedirme de él. Sin embargo estaba contento porque la transformación de *Gavin,* el agente de la ATF, en *Gavin,* el despreocupado y feliz labrador, era total.

Su adiestramiento lo había perjudicado a la hora de enfrentarse a una batalla, un huracán o unos fuegos artificiales, porque no sabía ser sencillamente un perro. Hasta un perro con tanto talento como *Gavin* necesita satisfacer sus necesidades como animal, perro y miembro de una raza antes de pretender que cumpla con las obligaciones que le ha impuesto el ser humano.

Viper, el perro del móvil

Viper, el del móvil, es otro ejemplo de perro bien adiestrado y gravemente desequilibrado. Los problemas de comportamiento de *Viper* —miedo extremo y falta de confianza— no sólo le impedían desempeñar las funciones para las que había sido adiestrado, sino también tener una relación íntima y cariñosa con sus dueños, algo que éstos deseaban.

La mayoría no sabe que el contrabando de teléfonos móviles es el más peligroso dentro de una prisión de máxima seguridad. Con un móvil un preso puede organizar un crimen, ordenar que asesinen a un testigo, controlar la violencia entre bandas y supervisar el tráfico de drogas dentro y fuera de la cárcel. En 1995 Harlen Lambert, un laureado oficial de policía ya jubilado, de Fullerton, California, creó la Agencia Multiestatal de Detección K-9, que en 2007 se convirtió en el primer centro en todo el país dedicado a adiestrar perros para la detección del olor específico de los móviles.

Harlen abandonó su retiro para supervisar ese adiestramiento olfativo tan especializado. Según dice: «Es mi forma de devolver a la sociedad todo lo que me ha dado». Los perros de Harlen están tan adiestrados que pueden buscar y encontrar los componentes de un móvil, como la batería o la tarjeta SIM en el caso de que un preso lo haya desmontado y haya escondido las piezas en distintos sitios. Los presos también tratan de despistar a los perros escondiendo sus móviles en contenedores de comida con la idea de disimular el olor de los componentes con otros olores más penetrantes, pero los perros de la ASK-9 no se dejan engañar tan fácilmente. Esos perros tan tenaces están entrenados para encontrar móviles dentro de colchones, congeladores, libros, tarros de crema de cacahuete y cabezas de ajo, e incluso debajo del agua en una cisterna.

Harlen ha adiestrado a cientos de perros durante más de treinta años, pero uno de ellos se ganó un lugar muy especial en su corazón: *Viper,* un pastor belga malinois de 3 años. Según Harlen: «Es el perro más listo de todos los que tengo. Puede encontrar un móvil en un campo de unos noventa metros cuadrados. No parará hasta dar con él.» El único premio que *Viper* busca es un juguete y la alegría y la satisfacción de su adiestrador, Harlen.

El problema es que, a pesar de su inteligencia, le dan miedo la gente y los ruidos repentinos y muy fuertes. Una cárcel es un entorno ruidoso e impredecible. *Viper* no puede utilizar sus espectaculares dones a no ser que esté totalmente relajado. Para que el equipo de *El encantador de perros* viera el problema de *Viper* Harlen nos hizo esperar en una sala y mirar a través de un espejo falso cómo encontraba los móviles que habían escondido en una habitación especialmente preparada. A solas con Harlen movía alegremente el rabo y se le veía juguetón, lleno de energía y alegría. Entonces Todd Henderson, operador de cámara y productor, entró en la habitación y *Viper* se transformó por completo. Encogió el cuerpo, escondió el rabo entre las patas y se bloqueó.

Negando con la cabeza, incapaz de creer que un animal tan bello quedara tan anulado, Harlen me dijo: «Después de que llegara a nosotros supimos que pasó los primeros ocho meses de vida encerrado en una jaula. Así que su nerviosismo no es sólo una manía, es algo mucho más profundo.»

Harlen es un policía duro y corpulento, pero a medida que hablábamos de *Viper* los ojos se le iban empañando cada vez más por la emoción. «Odio verlo triste. Si alguna vez tengo que arrastrarlo u obligarlo de algún modo, creo que me disgusta más a mí que a él. Es tan amable. Sólo quiere complacer. Este perro nunca estará en venta. *Viper* jamás me abandonará.»

Pregunté a Harlen si *Viper* había tenido la menor posibilidad de ser sólo un perro. Me contestó que lo llevaba a un parque para perros, pero siempre estaba solo. Pensé para mis adentros: «Necesita estar en una manada con otros perros. Está totalmente estresado, bajo mínimos. ¡*Viper* realmente necesita unas vacaciones!»

Después de que Harlen y su esposa, Sharron, me dieran permiso para llevarme a *Viper* al Centro de Psicología Canina de Santa Clarita, en California, quise asegurarme de que pasaría tiempo con él antes de darle el alta. Pero incluso después de haber estado sentado con él unos minutos mientras se tranquilizaba y acostumbraba a mi presencia, seguía bloqueándose cuando trataba de sacarlo de debajo de la litera en la que estaba yo sentado, aunque tirara con suavidad de su correa. Así que hice lo que he hecho durante años cuando un caso se me resiste: llamé a un *encantador de perros* más sabio que yo: *Daddy*.

Aun con 15 años y luchando contra su artritis y sus huesos entumecidos *Daddy* se comportó como el profesional que siempre había sido. En cuanto *Daddy* llegó *Viper* asomó la cabeza de debajo de la litera para olisquearlo y entre ellos empezó a surgir una comunicación silenciosa. *Daddy* sólo necesitó cuatro minutos y medio para que un entregado *Viper* lo siguiera hasta el exterior de la habitación. *Daddy* se convirtió en el nexo de confianza entre *Viper* y yo. Una vez más *Daddy* me había salvado.

«No me puedo creer lo que acabo de ver», dijo Sharron ante la rápida y entusiasta respuesta de *Viper* a *Daddy*. «Casi me echo a llorar», afirmó Harlen.

Viper estaba muy mal cuando lo acogí. Cualquier perro que pase sus primeros ocho meses de vida —los más importantes en relación con su crecimiento— en una jaula tendrá mucho que superar en su vida. *Viper* carecía de toda autoestima y confianza. Tenía que sacarlo de su entorno y empezar de cero en un lugar nuevo.

Lo primero que hice fue llevarlo al tráiler de *El encantador de perros*, donde lo recibió la manada. La presencia de un grupo de perros tranquilos, amistosos y equilibrados tuvo un inmediato efecto relajante sobre él. Cuando volvimos al rancho aún era de día. Quería que dejara salir su esencia de perro, así que dejé que correteara con el resto de la manada por la inmensa pradera que yo llamo «zona de pastoreo». Cuando empezaba a oscurecer su olfato empezó a funcionar y vino hacia mí sin necesidad de correas ni de ningún otro método de coacción.

Durante su primera semana conmigo *Viper* se convirtió en un miembro más de la manada. A través de los otros perros de la manada —su nueva familia— poco a poco me fui ganando su confianza. Le encantaba dar largas carreras por las colinas y salir de excursión a la montaña.

Mientras vivía con Harlen *Viper* se asustaba con cualquier herramienta: desde una cadena de estrangulación hasta un collar electrónico o una simple correa. Cualquiera de esos objetos —incluso la presencia de un desconocido— bloqueaba de inmediato a *Viper*. Dado que todas esas herramientas que Harlen había tratado de usar estaban relacionadas con una persona, y dado que vivimos en un mundo en el que hay que controlar mediante correas a los perros, necesitaba transformar esas herramientas en una experiencia saludable para él. Tenía que hacer borrón y cuenta nueva y que fueran algo completamente nuevo para él.

Empecé por lo básico: necesitaba que se familiarizara con una simple correa para que pudiera sacarlo de allí y enfrentarlo a nuevos escenarios que serían parte fundamental de su rehabilitación. A *Viper* le encanta jugar con la pelota, así que en cuanto se ponía a jugar me resultaba más fácil ponerle la correa. Poco después ya asociaba la correa con algo positivo: ¡jugar con la pelota! Al adiestrar a un perro, la mayoría le coloca la correa justo en la base del cuello. Si han visto mi programa, sabrán que me gusta ponerla en lo más alto para que el perro tenga menos oportunidades de controlar la situación tirando de ella. Desde ese momento *Viper* comprendió que si la correa estaba en lo más alto tenía que avanzar. Después se relajaba porque es lo que quería hacer desde el principio. Sencillamente nadie supo cómo ayudarlo a superar ese temible obstáculo.

La semana siguiente, en plena rehabilitación de *Viper,* tenía que volar a Nueva York para unas reuniones de negocios, firmas de libros y entrevistas de televisión. Necesitaba a *Junior* y a *Angel* para mis apariciones en televisión, pero decidí llevarme también a *Viper*. Nuestra confianza mutua aún estaba muy verde y no quería que recayera. Y para un perro que se asusta de las personas y del bullicio, Nueva York podía ser un reto fascinante. Pero ya había visto tal progreso en él que quería subir la apuesta en su rehabilitación. *Angel* y *Junior* ya sabían sentirse cómodos en un lugar como Nueva York, por lo que *Viper* podría seguir su ejemplo y no alterarse. Cuando yo estaba ocupado con mis apariciones en televisión, el productor Todd Henderson se encargaba de mantener ocupados a los perros. Mi relación con *Viper* era cada vez más estrecha y no quería que se sintiera tan unido a mí que me viera como la única persona que podía ayudarlo.

Todd es corredor de fondo, así que en Nueva York se llevaba todos los días a *Viper* y a *Junior* a correr con él por Central Park. «Un día decidí ir hasta Times Square, recorrer a pie más de treinta manzanas hasta el corazón mismo de Manhattan, con todas sus luces y toda esa gente. Conseguir que *Viper* caminara a mi lado hasta el mismo corazón del monstruo y sin asustarse resultó realmente emocionante. Fue la cima de mi viaje.»

Cuando llegó el decimosexto día de la rehabilitación de *Viper* aún estaba en Nueva York. Decidí recurrir a una herramienta que apenas uso —una flexicorrea— para que se sintiera menos atado. Dada su tendencia a ponerse un poco pegajoso con las personas en las que confía, quería que pudiera resolver algunos de sus problemas de ansiedad por sí mismo, que no dependiera constantemente de mí para solucionarlos. Lo hizo de maravilla a través de Central Park hasta llegar al Museo de Historia Natural. Nos cruzamos con corredores, con ciclistas, con patinadores, con paseantes y con el mayor miedo de *Viper,* chicos en monopatín, pero siguió avanzando. Con cada nueva aventura veía que su confianza iba en aumento.

De regreso a Los Ángeles seguí llevando a *Viper* a lugares nuevos: Venice Beach, Hollywood Boulevard, una sesión de fotos con muchos focos y ajetreo. Incluso lo llevé a la grabación algunos episodios de *El encantador de perros*.

Crear buenas vibraciones

A medida que *Viper* recobraba su fuerza y su confianza decidí tratar de reproducir una situación que le había resultado muy traumática en su momento.

Cuando Harlen sacó a *Viper* de su perrera, en nuestro primer encuentro, toda esa resistencia y ese tira y afloja fueron una experiencia muy traumática para los dos. Cada uno trataba de tirar en una dirección y al final *Viper* se bloqueó. A Harlen le entristecía haber disgustado a *Viper*, así que entre ellos había una energía negativa, tensa. La correa y el collar perjudicaron su relación y dañaron su confianza mutua.

Aunque *Viper* ya se había acostumbrado a la correa, no quería arruinar el trabajo que había hecho con él dejando que pensara que la correa era lo único que lo haría salir de la perrera. Decidí usar un collar electrónico vibrador para guiar a *Viper* a distancia y hacerle creer que era él quien tomaba las decisiones sin sentirse atado por la correa a una persona.

Es importante tener en cuenta que cualquier tipo de collar electrónico es una solución a corto plazo, nunca a largo plazo, para un problema de conducta. Si tiene que usarlo a largo plazo es que lo está haciendo mal. No use nunca un collar electrónico para la obediencia de formación o para añadir una nueva conducta. Y siempre que utilice una nueva herramienta asegúrese de que su perro se siente cómodo con ella antes de intentar cambiar su conducta. *Viper* ya se había sentido molesto con el collar electrónico de Harlen, así que me tomé mi tiempo para crearle una asociación positiva, poniéndole el collar de manera ocasional. Cuando ya se sentía cómodo con él, hice que lo llevara de forma habitual durante semanas antes de apretar el botón. Hacía todas las actividades que ya le eran familiares, con y sin el collar electrónico, para acostumbrarse a su peso y a no llevarlo.

Cuando llevábamos unos veintiocho días de rehabilitación, vi que *Viper* estaba cómodo con la nueva herramienta. Ya habíamos pasado lo más difícil para construir una sólida plataforma de confianza mutua. Sólo entonces opté por recrear la situación en la que lo invitaba a salir de su perrera para unirse al equipo de *El encantador de perros*: una manada humana que ahora relacionaba con la familia y los buenos momentos. En el pasado, cuando una situación nueva provocaba nervios, timidez o inseguridad en *Viper*, éste no trataba de huir: se ponía mirando a la pared o buscaba un sitio donde esconderse y encerrarse. Su reacción era peor incluso que una huida en toda regla, porque un animal que huye al menos está realizando una acción positiva, está avanzando. La parálisis de *Viper* era lo contrario a la conducta de un perro equilibrado, que, por cauto que sea, siempre siente curiosidad.

Elegí el collar electrónico para esa situación en concreto en un intento por separar la relación que *Viper* tenía conmigo —o con cualquier otra persona— de su relación con el correctivo (como un tirón de correa) que le decía que no huyera de las personas. También le proporcionaba libertad de elección —es decir, libertad para salir de la perrera y libertad para estar con gente—. Es importante tener en cuenta cuándo usaba el vibrador y cuándo no. Si lo hubiera utilizado cuando echaba a correr, habría relacionado la vibración con la persona o el objeto de los que huía. No era lo que yo quería. Por el contrario, usaba la vibración cuando se detenía y quedaba paralizado, o cuando llegaba a la pared, a la reja o al lugar donde tratara de esconderse. Eso lo impulsaba a olvidarse de sus ganas de esconderse y regresar junto a la persona o el objeto sin vibración. La vibración se convirtió en simple comunicación: un sí o un no, una forma de decir «frío, frío» o «caliente, caliente».

Dado que *Viper* había desconfiado siempre de los seres humanos, era importante crearle un «círculo de confianza» entre los miembros del equipo que, sin hablar, ignoraban a *Viper* para que fuera él mismo quien descubriera la vibración. Al alejarse comprendió poco a poco que esas personas no trataban de agarrarlo ni lo obligaban a hacer nada. Podía elegir por sí mismo apartarse de la pared o del escondite donde la había sentido y acercarse a esas personas que no lo estaban presionando para que actuara. Dejamos que *Viper* se tomara su tiempo para llegar a sus propias conclusiones: «Dentro del círculo de personas hay calor, estoy cómodo y cuando huyo y me escondo ya no lo estoy.»

Por fin, cuando nueve minutos después *Viper* vino hacia mí y se unió a nosotros en el círculo de *El encantador de perros*, lo premié con halagos y caricias. *Junior* se acercó y lo recompensó a su manera, lamiéndole la cara y diciendo: «Relájate, aquí se está bien.» Es otro buen ejemplo de por qué siempre recurro a los perros para ayudarse entre sí. Pueden captar el mensaje de la confianza mucho más rápido que las personas. Como ven, el collar electrónico ni siquiera fue la herramienta fundamental en ese ejercicio con *Viper*. El instrumento más eficaz fue la energía cálida, paciente y tranquila de los miembros del equipo y el apoyo de *Junior,* el amigo canino de *Viper*.

El trigésimo séptimo día decidí enfrentar a *Viper* a su gran reto. Lo llevé a un concurrido parque en Santa Clarita donde mis hijos solían ir a montar en monopatín. Mi objetivo consistía en que perdiera el miedo al ruido de los patines: sin decirle cómo, dejando que él mismo descubriera que no le pasaría nada malo aunque se viera rodeado de extraños sonidos. Una vez más usé la flexicorrea para que tuviera espacio para solucionar sus problemas y para que no me usara como muleta o escondite para huir de lo que lo asustaba.

Primero lo paseé por el parque. Siempre que trabajamos con un perro debemos dejar que conozca el entorno antes de plantearle el desafío.

Quería liberar a *Viper* de sus miedos sumergiéndolo en los sonidos y los movimientos que tanto lo asustaban. Pero, como siempre, es importante tener en cuenta que no empecé a trabajar con él ni lo solté en el parque en medio de los patinadores desde el primer día. Eso sucedió cuando ya había pasado más de un mes, después de haber vivido el caos de Nueva York, el ajetreo de Hollywood y los ensayos nocturnos en casa con un único monopatín gracias a la colaboración de mi hijo Calvin. Para *Viper* aquello era más que un examen final.

A medida que nos acercábamos al parque el ruido era mayor. *Viper* no se bloqueó como antes, pero se le veía alerta y nervioso. Para ayudarlo me llevé a mi manada humana: mis hijos Calvin y Andre. Siempre se relajaba con ellos. Siempre que expongamos a un perro a algo nuevo es útil llevar personas, perros u objetos que identifique con estar relajado. A continuación los cuatro nos sentamos junto a la pista de patinaje y contemplamos la escena durante unos cinco minutos.

Me sentía orgulloso de *Viper*: estaba alerta, pero no demasiado ansioso. Al cabo de unos minutos lo devolví a la tranquilidad del césped que rodeaba el parque para que descansara; luego regresamos otra vez a la pista de cemento. En nuestro tercer paseo por el parque caminaba delante de mí, relajado, confiado, con la cola en alto, a pesar de que la gente seguía patinando alrededor. Fue un día muy productivo: un día en el que la confianza venció al miedo irracional.

El quincuagésimo quinto día llevamos a *Viper* a casa de Harlen y Sharron Lambert. Ya no estaba bajo mínimos. Aún era un perro dubitativo, cauto, pero había renovado su confianza y respondía de forma mucho más moderada a las cosas que le provocaban ansiedad. La manada viajó con él en la camioneta para darle apoyo moral.

Cuando llegué a casa de Harlen y abrí la portezuela, *Viper* saltó de inmediato y echó a correr doblando la esquina de las oficinas de la ASK-9, seguido por la manada. En cierto modo había tenido una regresión al estado huidizo en que se encontraba cuando vivía en la ASK-9. Llamé a la manada y *Viper* la siguió.

Al principio se acercó a Todd, el productor, y a Mercer, el encargado de exteriores y adiestrador, porque con ellos se había sentido seguro los últimos dos meses. Harlen estaba muy disgustado. Pensaba que *Viper* ya no lo reconocía o no mostraba interés. Le dije que *Viper* se había acostumbrado en su antiguo entorno a ser de una manera muy concreta, y que teníamos que darle tiempo para adaptarse a la nueva situación. Era importante que todos nos tranquilizáramos y no lo presionáramos. Cuando *Viper* se giró y fue hacia los rincones donde solía esconderse antes de pasar por la rehabilitación, usé el collar vibrador para recordarle que estaría más seguro entre nosotros. Ordené a Todd y a Mercer que lo ignoraran. De ese modo estaba entregando a Harlen una correa invisible.

A los doce minutos de nuestra llegada *Viper* reconoció a Harlen: saltó sobre él y lo cubrió de lametones celebrando su vínculo de cariño. Harlen estaba increíblemente emocionado. «Notaba cómo me brotaban las lágrimas porque ése es mi chico. Su conducta ha cambiado por completo.»

Entonces ¿cómo pasó *Viper* de ser un perro asustadizo, bajo mínimos, a ser un animal equilibrado, cauto pero cariñoso? Creo que su inseguridad provenía de su atormentada infancia, pero por desgracia Harlen había tratado de rehabilitarlo mediante el adiestramiento en lugar de la psicología canina. Todo aquel que sepa entrenar a un perro para que encuentre teléfonos móviles tiene que ser un adiestrador de perros excepcional, pero lo que Harlen no sabía era cómo rehabilitar a un perro tan descontrolado como *Viper*. Mi rehabilitación no se basaba en herramientas, aunque me resultaba útil emplearlas de vez en cuando. Se basaba en los propios cimientos de la relación entre el ser humano y el perro: los cimientos de la confianza.

Lo bonito de la rehabilitación de *Viper* fue que todo el equipo de *El encantador de perros* se involucró: desde los productores hasta el equipo, pasando por mis hijos y mi fiel manada de perros del Centro de Psicología Canina. Cuando al cabo de tres meses visité de nuevo a Harlen y Sharron, *Viper* estaba mucho mejor. Iba a todas partes con Harlen, incluso en salidas a la ciudad y al concurrido supermercado, y además se había vuelto mucho más amable con los desconocidos. Harlen me dijo que hasta dormía al lado de su cama.

El cambio más notable era que *Viper* se había vuelto mucho más equilibrado en la tarea para la que había sido adiestrado. Antes de su paso por el centro se ponía nervioso si estaba con alguien que no fuera Harlen. Cuando el equipo de *El encantador de perros* fue a grabarlo para ver su evolución, *Viper* localizó los ocho móviles que estaban escondidos mientras todo el equipo estaba en la habitación con él.

Cuando un perro está bajo mínimos, como era el caso de *Viper*, y puede volver a vivir plena y felizmente, tengo la sensación de que hay esperanza para todos nosotros en este mundo.

Las normas de César para que un perro asustado recupere el equilibrio

1. Tómese su tiempo para ganarse la confianza del perro. La primera vez que esté ante él no lo toque, no le hable, evite mirarlo a los ojos. Yo suelo sentarme al lado del perro y lo ignoro hasta que la curiosidad puede con él y es él quien se acerca. No debemos precipitar el proceso de ganar su confianza, sobre todo con un perro asustadizo.

2. Si el perro se muestra asustado, no sienta lástima de él ni lo acaricie. Eso sólo alimenta sus miedos. Por el contrario, permanezca sereno y firme. Su propia conducta le dirá al perro que está en un entorno seguro. Como siempre, tal vez tenga

que repetir este proceso muchas veces antes de que su energía influya en el perro, pero al final lo logrará.

3. Antes de adiestrar formalmente a un perro demasiado asustadizo es necesario que éste recupere la alegría de ser un perro. Utilice la piscina del jardín, su juguete favorito, un juego, otros perros que sean buenos amigos suyos o recompensas en forma de comida para distraerlo y ayudarlo a que disfrute siendo él mismo, incluso cerca del objeto que lo asusta.

4. No invada su espacio demasiado pronto. Deje que el perro se acerque y reclame su cariño antes de irrumpir en su espacio personal. Para no intimidar al perro, acaríciele la barbilla y la cara en lugar de la cabeza.

5. Enfréntelo poco a poco a las cosas que lo asustan. Empiece muy suavemente, en tandas de entre tres y cinco minutos, luego recompénselo con lo que más le guste, ya sea comida, la piscina o una sesión de *frisbee*. Premie cada logro por pequeño que sea. Asegúrese en todo momento de que le está transmitiendo serenidad y equilibrio con su energía. Vaya alargando las sesiones y complicando los retos cuando el perro ya domine las sesiones más cortas. Para que el proceso sea más agradable añada algo que le guste, como chucherías o su juguete favorito.

6. Si el perro puede estar con otros perros bien educados y equilibrados, no hay nada en el mundo que supere el poder de la manada. Un perro es capaz de influir sobre otro asustadizo mucho antes que cualquier persona.

En el capítulo siguiente trataremos cómo puede preparar a su perro para que se convierta en el acompañante obediente con el que siempre soñó sin perder el equilibrio natural y la esencia canina que le otorgó la madre naturaleza.

NOTAS

[1] Carl Zimmer, «The Secrets Inside Your Dog's Mind» [Los secretos del cerebro de su perro], *Time*, 21 de septiembre de 2009.

[2] Bruce Pomeranz y Daryl Chiu, «Naloxone Blockade of Acupuncture Analgesia: Endorphin Implicated» [La analgesia por acupuntura y el bloqueo de la naxolona: implicación de la endorfina], *Life Sciences* 19, n° 11 (1 de diciembre de 1976), páginas 1757-1762.

3
Recompensas, castigos y todo lo demás

¿Hay una forma correcta de educar a un perro?

Siempre trabajo a partir de mi instinto —ese don que de entrada me permite entender a los perros— pero también he podido añadir un montón de novedades a mi caja de herramientas. Los perros son mis profesores, pero en estos últimos años, en mis viajes por el mundo desde que empecé mi programa de televisión en 2004, también he conocido profesores muy interesantes, algunos de los más prestigiosos en su especialidad.

De los expertos en zoología y en perros —veterinarios, adiestradores, académicos que estudian la conducta animal o la teoría del aprendizaje— a los que he tenido el placer de conocer se encuentran algunos que han estado en profundo desacuerdo conmigo, muchos me han desafiado, pero de alguna manera todos han contribuido gracias a su conocimiento a mi desarrollo como hombre y como profesional de los perros. Algunos han aportado generosamente su experiencia y su sabiduría para este libro y espero que mis propias ideas y experiencias también hayan ayudado a algunos de ellos.

Teorías sobre el adiestramiento canino

Hay docenas de teorías e ideas sobre cómo adiestrar un perro. Hay un dicho en nuestro mundo según el cual, si hay dos adiestradores y se les pide que se pongan de acuerdo en algo, sólo coincidirán en que un tercer adiestrador lo está haciendo todo mal. Sin embargo, al documentarme para este libro he descubierto que esto no es del todo cierto. Aunque hay muchos desacuerdos y de vez en cuando alguna agria discusión, casi todos los grandes adiestradores están dispuestos a compartir información e ideas. Es evidente que a estos adiestradores les mueve su amor por los perros, no su ego. Jamás criticaría a otro profesional porque me gusta aprender de todo el mundo. Y me gusta pensar bien de los demás, porque normalmente están a la altura de mis expectativas.

Casi todos los adiestradores coinciden en que podemos dividir de varias maneras los métodos de adiestramiento. La primera división enfrenta las técnicas basadas en teorías sobre el aprendizaje y las técnicas basadas en la conducta natural del perro. Estoy empezando a estudiar las teorías sobre el aprendizaje, por lo que mis técnicas se basan sobre todo en la experiencia adquirida y en la observación del comportamiento de los perros. Luego están las distintas escuelas de adiestramiento canino, que algunos dividen de un modo simplista entre «tradicional» (basado en el castigo), «positivo» (basado en la recompensa) y «equilibrado» (que incorpora elementos de ambas escuelas).

Lo cierto es que las cosas no son tan simples. Si repasamos la historia del adiestramiento de perros, veremos que las técnicas y los estilos de adiestramiento no siempre han evolucionado en línea recta.

Algunos hitos en la historia del adiestramiento de perros

Edad de Piedra (alrededor del 8000 a.C.). Los perros viven con los seres humanos, dándoles calor y ayudándolos a cazar y pastorear. A medida que son domesticados, van desarrollando genéticamente la capacidad de comprender las órdenes del ser humano. Al mismo tiempo la dependencia del ser humano respecto de los perros puede estar alterando el curso de la evolución humana. «Por ejemplo, un perro de caza capaz de olisquear una presa reducía la necesidad del hombre de agudizar su olfato. Los grupos de personas que aprendieron a adiestrar y a trabajar con perros contaban con una ventaja selectiva sobre otros grupos. Así pues, al igual que el ser humano ha ejercido una presión selectiva sobre la evolución del perro, parece muy probable que el perro haya ejercido a su vez una presión selectiva sobre la evolución del ser humano.»[1]

Alrededor del 3500-3000 a.C. En muros del Egipto predinástico aparecen dibujos de perros con collar.

Hacia el 2600-2100 a.C., en el Imperio Antiguo egipcio diversos murales, collares y estelas revelan a los arqueólogos los nombres de los perros favoritos de sus dueños, como *Valiente, Leal, Buen pastor, Viento del Norte, Antílope*l, incluso *Inútil*. Algunos nombres surgen del color del perro, como *Negrito,* mientras que en otros casos el perro es bautizado con un número, como *Quinto*.

Alrededor del 350 a.C. Alejandro Magno cría a *Peritas* —tal vez un mastín o un galgo— desde que era un cachorro y lo lleva consigo en todas sus campañas. Se cuenta que cuando el rey cayó en una emboscada que le tendió el persa Darío III, *Peritas* saltó y mordió a un elefante en el labio, salvando así la vida de Alejandro y su imperio. Según la leyenda, Alejandro quedó tan desolado tras la muerte de *Peritas* que levantó numerosos monumentos en su honor e incluso bautizó una ciudad con su nombre.[2]

Hacia el 127-116 a.C., el granjero romano Marcus Varro deja escritos varios consejos sobre adiestramiento y cría de cachorros para el pastoreo. Esa y otras pruebas escritas nos indican que ya los romanos entendieron el valor de un temprano adiestramiento.

En el año 55 a.C. las legiones romanas conquistan Europa acompañadas de sus «perros guía», probables antepasados de los mastines y rottweilers modernos. Aquellos perros desempeñaban labores de vigilancia y pastoreo para los militares y su séquito.

Alrededor del año 700, los antiguos adiestradores y criadores chinos gozan de un gran prestigio y respeto debido a los avances que han logrado en la miniaturización de perros y en el desarrollo de las primeras razas enanas. Los perros enanos chinos, que en principio fueron creados para hacer compañía y como calentadores para los pies, viven dentro de los palacios y sólo pertenecen a los miembros de la familia.

Siglo XIV. Por toda Europa, y en todas las clases sociales, empezando por los reyes, se extiende la popularidad del perro como animal de compañía y no sólo como cazador y pastor. Los perros desempeñan funciones tan diversas como ir a la guerra enfundados en una armadura o andar dentro de una rueda para que gire un asado en el fuego.

Siglo XVIII. Los buscadores de trufas aprenden a premiar con pan a sus perros cuando éstos encuentran una. Esta técnica resulta más económica que utilizar cerdos, a los que es imposible impedir que se coman todas las trufas que encuentran.

1788. En el hospital para ciegos de Quinze-Vingts, en París, Francia, se crea la primera instalación para el adiestramiento de perros guía.

1865. El general británico W. N. Hutchinson publica *Dog Breaking: The Most Expeditious, Certain and Easy Method, Whether Great Excellence or Only Mediocrity Be Required* [Cómo domesticar un perro: el método más expedito, seguro y sencillo, da igual que se busque la excelencia o la mediocridad], que básicamente trataba del adiestramiento de perros de caza, como el pointer o el setter. A pesar del título el autor aboga por una forma primitiva de adiestramiento positivo: «[El] brutal empleo de un valeroso perro [por parte de] hombres de fuertes brazos y duro corazón: pero ni carácter ni cabeza para adiestrar hizo que me hirviera la sangre». Y añade Hutchinson: «Es difícil imaginar que un perro jamás pueda aprender algo, siempre que la consecución del objetivo deseado recompense suficientemente los esfuerzos del adiestrador.»[3]

1868. Sir Dudley Majorbanks, primer barón Tweedmouth de Escocia, se propone crear el «perro de caza definitivo»: acompañante y cobrador de presas. Inicia una línea de reproducción de la que saldrá el perro favorito de Norteamérica: el golden retriever.

1882. S. P. Hammond, escritor de la revista *Forest and Stream*, aboga en sus columnas y en un libro *Practical Training* (Adiestramiento práctico) por que cuando un perro haga algo bien se lo elogie y premie con carne.

Década de 1880. Montague Stevens, un célebre cazador de osos y amigo de Theodore Roosevelt y del escultor Frederic Remington, adiestra a sus bear dogs de Nuevo México premiándolos con trozos de pan en lugar de golpearles y darles patadas, como hacen normalmente otros dueños de la época.

1899. Se abre en Ghent, Bélgica, la primera escuela para perros policía, usando pastores belgas, que recientemente había adquirido el estatus de raza.

1901. Los alemanes crean el Schutzhund, una competición dedicada a la obediencia, la protección, el rastreo y el ataque.

1903. Ivan Pavlov publica los resultados de sus experimentos sobre el perro y la digestión en los que afirma que se puede adiestrar a un animal para que tenga una respuesta física, relacionada con la comida, ante diversos estímulos no alimenticios. Pavlov denomina a este proceso de aprendizaje «reflejo condicionado». En 1904 fue galardonado con el premio Nobel por sus investigaciones.

1907. La policía comienza a patrullar las ciudades de Nueva York y South Orange, Nueva Jersey, con pastores belgas y wolfhounds irlandeses.

1910. En Alemania el coronel Konrad Most publica *Dog Training: A Manual* (Adiestramiento de perros: manual) y así, por defecto, se convierte en padre del adiestramiento tradicional de perros. Mediante el uso recurrente de los tirones de correa y los castigos, los métodos de Most seguirán vigentes en muchos centros de adiestramiento policiales y militares un siglo después. Irónicamente las teorías de Most se basan en los mismos principios de condicionamiento operante que más tarde darán paso al adiestramiento mediante el *clicker*.

1911. Edward Thorndike escribe un libro en el que presenta su teoría de la «ley del efecto» basada en estímulos y respuestas. Thorndike muestra que la «práctica crea la perfección» y que un animal, si se le refuerza con recompensas, puede aprender con rapidez. Sus estudios sobre recompensas y consecuencias influirán en el profesor B. F. Skinner, de la Universidad de Harvard, en su desarrollo del conductismo.[4]

1915. La policía de Baltimore empieza a utilizar airedales de Inglaterra para patrullar las calles. El empleo de airedales será suspendido en 1917 al comprobar que los perros no sirven a la hora de detener a alguien. Sin embargo, lo que se le escapa a la policía es que mientras esos perros estaban patrullando no se produjo robo alguno.

El inglés Edwin Richardson quiere retomar el uso de los perros en la guerra, siguiendo el ejemplo de griegos y romanos. Hombre aparentemente muy espiritual —Richardson describe el alma de un perro y su sexto sentido cuando muere alguien querido—, durante la Primera Guerra Mundial adiestró perros, sobre todo collies, airedales y cobradores para el ejército. Sus métodos incorporan juegos y otras formas de refuerzo positivo, y los perros aprenden rápido. Muchos son empleados durante la guerra en tareas de comunicación y vigilancia.

1917. Los alemanes empiezan a usar perros guía para los soldados que han quedado ciegos por ataques de gas mostaza. Los franceses no tardan en imitarlos.

1918. Lee Duncan, cabo del ejército norteamericano, encuentra cinco cachorros en la perrera de una guarnición abandonada en Lorena, Francia. Duncan coge uno y le pone el nombre de *Rin Tin Tin,* como las muñecas que los niños franceses regalaban a los soldados. El perro viaja a California, donde su adiestramiento es muy sencillo y no tarda en ser contratado para el cine con tal éxito que salva de la bancarrota a los estudios Warner Brothers.

El perro morirá en 1932, entre los brazos de su vecina Jean Harlow, y será enterrado en París. Sus descendientes seguirán trabajando en películas hasta la década de 1950 y mucha gente seguirá su ejemplo y tratará de adiestrar a sus propios perros para que hagan sencillas cabriolas.

1925. Hellen Keller recibe uno de los primeros perros guías alemanes para ciegos.

1929. Dorothy Harrison Eustis crea la American Seeing Eye Foundation para adiestrar perros guía para invidentes.

1930. Cerca de cuatrocientos perros son empleados como actores en Hollywood, la mayoría de ellos mongrel terriers que, al ser más pequeños que otros, son ideales para rodajes en estudio, duros para los rodajes en exteriores y tremendamente listos.

1933. Helen Whitehouse Walker crea las competencias de obediencia del American Kennel Club, en las que quiere demostrar que sus caniches son algo más que una cara bonita.

1938. En Harvard B. F. Skinner publica *El comportamiento de organismos: un análisis experimental (The Behavior of Organisms),* basado en sus investigaciones sobre el condicionamiento operante como modelo de aprendizaje científico para los animales y los seres humanos. Se centra especialmente en enseñar a palomas y ratas.

1940. La Motion Picture Association of America (siguiendo el Código Hays de censura) otorga a la American Humane Association la potestad de supervisar el trato que reciben los animales en las películas a causa del escándalo público creado en 1939 por el filme *Jesse James*, en el que un caballo muere al caer por un acantilado.

1942. El ejército de Estados Unidos afirma necesitar 125.000 perros para la guerra y solicita la donación de ejemplares grandes. El ejército sólo consigue adiestrar a 19.000 perros entre los años 1942 y 1945. Al parecer los alemanes tienen 200.000.

1943. Marian Breland y su marido, Keller Breland, crean una empresa llamada Animal Behavior Enterprises (ABE) para adiestrar perros para espectáculos. Los Breland fueron alumnos de B. F. Skinner y en sus comienzos enseñaron a animales a hacer cabriolas para espectáculos y para publicidad, como el perro cocinero de General Mills. Fueron pioneros en el uso del *clicker* para adiestrar animales a distancia y para acelerar las afirmaciones y los premios. Los Breland también serán los primeros en adiestrar delfines y aves usando los principios de condicionamiento operante aplicado de Skinner.

Se rueda la película *La cadena invisible (Lassie Comes Home)*. El papel de la protagonista lo interpreta un macho collie de pura raza. Los perros son adiestrados por Rudd Weatherwax y su hijo Robert, que pronto se convertirán en los primeros adiestradores de perros «famosos» de Hollywood.

1946. William R. Koehler se convierte en adiestrador jefe de animales para Walt Disney Studios, donde permanecerá durante más de veintiún años. Koehler, que fue entrenador del Cuerpo K-9 del ejército norteamericano, publicó una exitosa serie de manuales de adiestramiento, desarrolló programas eficaces para el entrenamiento de perros receptivos y diseñó métodos para corregir a animales problemáticos que, de otro modo, habrían sido exterminados. Popularizó el uso de las cadenas de estrangulación, las cadenas de tiro, las cuerdas largas y las correas ligeras. Aunque los métodos correctivos de Koehler serían criticados posteriormente por su innecesaria dureza y contundencia, entre las décadas de 1950 y 1970 serían el pilar principal del adiestramiento canino.

1947. Los Breland empiezan a usar pollos como modelos de adiestramiento porque son baratos, fáciles de obtener y porque «no se puede ahogar a un pollo» (o sólo aprenderá a salir corriendo).

1953. El científico austriaco Konrad Lorenz publica *Cuando el hombre encontró al perro (Man Meets Dog)* y *El anillo del Rey Salomón*, libros que popularizan el conductismo animal.

1954. Blanche Saunders, autora de *The Complete Book of Dog Obedience*, recorre el país para difundir el evangelio de la obediencia de formación para mascotas. No es partidaria de usar la comida como refuerzo principal (o «soborno», como lo llama ella) y aboga por los elogios y las caricias en la cabeza como formas más eficaces de aprobación.

1956. Baltimore restablece su programa de perros policías, que a día de hoy es el más antiguo del país.

Finales de la década de 1950 y década de 1960. Frank Inn, que fue ayudante de Rudd Weatherwax durante el adiestramiento del *Lassie* original, se independiza y en un refugio adopta un perro llamado *Higgins*. Después de que un accidente lo obliga a usar una silla de ruedas, Inn tiene que adiestrar a *Higgins* recurriendo únicamente a su voz, las chucherías y el refuerzo positivo. *Higgins* interpretará poco después al mundialmente famoso *Benji*.

1960. Marian y Keller Breland son contratados por la marina norteamericana y conocen a Bob Bailey, primer director de adiestramiento de la marina para su Programa de Mamíferos Marinos. Se asociarán con él y, tras la muerte de Keller Breland en 1965, Marian se casa con Bob Bailey en 1976.

1962. William Koehler publica *The Koehler Method of Dog Training* (Método Koehler de adiestramiento canino), que se convertirá en un clásico entre los participantes del concurso de obediencia de la ACK y en la guía de adiestramiento canino más popular de la historia. Entre las técnicas de Koehler figuran el uso generoso del elogio ante un buen comportamiento y el concepto básico de «comprobación» del perro: el adiestramiento será más eficaz si nos aseguramos de realizarlo en todo tipo de entornos y en condiciones muy variadas. Junto a su hijo, Dick Koehler, utilizará métodos para salvar de la eutanasia a muchos perros desahuciados. A pesar de la polémica reputación de Koehler entre los adiestradores actuales, algunas de sus técnicas siguen siendo la base de muchos sistemas de adiestramiento canino tan eficaces como vigentes.[5]

1965. Los doctores John Paul Scott y John Fuller publican *Genetics and the Social Behavior of the Dog* (Genética y comportamiento social del perro), que para algunos sigue siendo el estudio definitivo sobre conducta canina. Entre otras muchas cosas el libro identifica los periodos críticos en el desarrollo social y del aprendizaje de los cachorros.

1966. Basándose en la Primera Enmienda, el Tribunal Supremo de Estados Unidos disuelve la Oficina del Código Hays de la Motion Picture Association. Uno de los efectos secundarios será la pérdida, por parte de la American Humane Association, de la potestad de supervisar la participación de animales en los rodajes cinematográficos.

1970. El servicio aduanero de Estados Unidos empieza a utilizar perros para la detección de drogas; poco después también los emplearán para localizar explosivos y armas químicas.

1975. Leon F. Whitney, veterinario (y criador de perros de caza) norteamericano, publica *Dog Psychology: The Basis of Dog Training.* Incluye las investigaciones de Scott y Fuller, así como otros datos que respaldan la teoría de que comprender cómo ve el mundo un perro es algo básico para adiestrarlo de forma correcta. (Whitney se convertiría en una figura polémica por su implicación en el movimiento eugenésico).

1978. Barbara Woodhouse publica *No Bad Dogs,* uno de los primeros éxitos de ventas sobre adiestramiento canino básico. Confía en el uso recurrente de los paseos y del empleo adecuado de la correa de estrangulación. Woodhouse dice que la mayoría de los «perros malos» tienen dueños inexpertos que no adiestran bien a sus perros, de una forma constante, firme y clara. Ese libro y su programa de la televisión británica la convirtieron en la primera adiestradora de fama mundial.

Los Monjes of New Skete, criadores y adiestradores de élite de pastores alemanes en Cambridge, Nueva York, publican *How to Be Your Dog's Best Friend: A Training Manual for Dog Owners* [Cómo ser el mejor amigo de su perro: manual de adiestramiento para mascotas] del que se venden más de medio millón de ejemplares. Defienden la filosofía de que «la comprensión es la clave de la comunicación y la compasión con nuestro perro, ya sea un cachorro nuevo o un antiguo compañero», y emplean un método que combina el adiestramiento tradicional con técnicas de refuerzo positivo. Años después los compasivos monjes serán muy criticados por su dureza.

1980. La explosión intencionada de un caballo durante el rodaje de la película *Las puertas del cielo (Heaven's Gate)* enfurece a varios miembros del reparto y del equipo técnico. Consiguen que el sindicato de actores incluya en los contratos con los productores una cláusula que proteja a los animales actores y que devuelva a la American Humane Association la potestad de supervisar el trato que reciben los animales en los rodajes.

El veterinario y especialista en conductismo animal Ian Dunbar queda consternado al descubrir que la mayoría de adiestradores no trabaja con cachorros hasta que éstos tienen seis meses, mucho después de que hayan pasado la fase de crecimiento más receptiva al aprendizaje. Promueve el adiestramiento de cachorros sin correa y escribe varios libros y dirige seminarios sobre las ventajas del adiestramiento sin correas, con premios no sólo para profesionales, sino también para los propietarios de mascotas en general.

1984. El Departamento de Agricultura de Estados Unidos empieza a usar beagles para que patrullen los aeropuertos para evitar el contrabando de comida y otros artículos perecederos.

1985. La entrenadora de delfines Karen Pryor publica *Don't Shoot the Dog! The New Art of Teaching and Training* [¡No lo mates... enséñale! El arte de enseñar y adiestrar], centrado en la coordinación temporal, los refuerzos positivos y la formación del comportamiento. A partir del éxito que obtuvo trabajando con mamíferos marinos vuelve a introducir el concepto de adiestramiento a distancia —mediante silbatos y *clickers*— como un paso más respecto al trabajo anterior de los Breland (véanse 1943 y la década de 1960).

1987. En Phoenix el adiestrador y especialista en conductismo Gary Wilkes combina el condicionamiento operante y el reflejo condicionado de Pavlov con un profundo conocimiento del comportamiento instintivo del perro, obtenido tras años de trabajo en refugios con decenas de millares de perros. El resultado es el Click and Treat Training (adiestramiento con *click* y chucherías): la primera fusión de refuerzo y castigo en el contexto del comportamiento instintivo del perro, diseñada para propietarios de mascotas.

1990. El veterinario Bruce Fogle publica *The Dog's Mind: Understanding Your Dog's Behavior* [El cerebro del perro: comprender el comportamiento de nuestro perro], que resalta la importancia de comprender la biología y la psicología de un perro para comunicarse bien con él.

1992. Gary Wilkes y Karen Pryor se unen para enseñar a analistas conductistas y adiestradores de perros lo que pronto bautizará un adiestrador anónimo en Internet como «adiestramiento por *click*». Más que una revisión de métodos anteriores, el adiestramiento por *click* incluye el uso recurrente de la orientación para aplicaciones prácticas para el perro, como «retroceder», movimientos dirigidos e identificación de objetos/detección de olores. Este original método del «adiestramiento por *click*» incluía además control aversivo.

2001. Pocas horas después del atentado del 11 de septiembre de 2001 el World Trade Center de Nueva York se llena de perros de rescate especialmente adiestrados; entre ellos, pastores alemanes, labradores e incluso unos cuantos teckels. Por desgracia no encontraron supervivientes.

Desde 2000 hasta hoy. Multitud de programas de televisión por cable ofrecen distintos métodos de adiestramiento y rehabilitación para perros. La idea de que existen métodos de adiestramiento nuevos y viejos eclipsa el hecho de que todo método de adiestramiento canino implica alguna forma de condicionamiento operante, algo que, de hecho, es bastante antiguo (tanto como los propios perros).[6]

Mi coautora y yo estamos muy agradecidos por la ayuda que nos brindaron varios adiestradores mientras preparábamos este libro. Curiosamente encontramos más gente que prefería no encasillarse en un bando o en otro y menos profesionales que mostraran una lealtad casi religiosa hacia uno de ellos. Por el contrario, lo que hacían era quedarse con los mejores y más eficaces elementos de cada método, además de crear soluciones originales ellos mismos.

Kirk Turner, especialista en conductismo canino que ahora es adiestrador en el proyecto de Pine Street Foundation sobre la detección del cáncer mediante el olfato de los perros, ha desarrollado su propio método de trabajo durante veinte años. «Por mi pasado, en el que toqué todos los tipos de adiestramiento, puedo improvisar a medida que trabajo. Creo que cada perro es un mundo. En mi tarjeta de visita digo que mi enfoque es equilibrado. No me gusta usar la palabra *sólo*. Ni me gusta usar la palabra *nunca*. Ni me gusta usar la palabra *siempre*».

Barbara De Groodt, propietaria de From the Heart Animal Behavior Counseling and Dog Training en Salinas, California, se considera una adiestradora positiva con base conductista. «Hay sitio para todos estos métodos. Ahora cuando se oye positivo, se dice: "Ah, si eres un adiestrador positivo, los atiborrarás a galletitas". No, no es eso; puede tratarse de un elogio, o de jugar con la pelota, o de dar un paseo. Un adiestrador positivo puede usar cualquier recompensa que ofrezca la vida.»

Bonnie Brown-Cali lleva adiestrando perros desde 1989. Trabajó como voluntaria para CARDA (Asociación de Perros de Rescate de California), las oficinas del sheriff y el Departamento de Emergencias de California, adiestrando y utilizando perros para rastrear desaparecidos y cadáveres tanto en la ciudad como en el campo. Es colaboradora de Paws With a Cause, donde adiestra perros para personas discapacitadas, y de Working Dogs for Conservation, que adiestra perros para la búsqueda de especies exóticas o amenazadas. Hace todo esto, además de ganarse la vida como adiestradora de obediencia.

Con un currículum tan variado Bonnie es miembro tanto de IACP, que aboga por métodos equilibrados entre los que se incluye el correctivo con correa, y del APDT, que prefiere métodos positivos de adiestramiento basados en la recompensa. «Me gusta pertenecer a diversas organizaciones para mantenerme libre de prejuicios. Pero mi filosofía sigue siendo la misma: sacar lo mejor del perro mediante las técnicas de adiestramiento más adecuadas para el temperamento del perro y para el objetivo último.» Para adiestrar a sus perros de rescate prefiere el *clicker* y otros métodos de condicionamiento operante basado en la recompensa, pero no es partidaria de utilizarlos en casos de perros antisociales.

¿Cuáles son los métodos de César?

Mi coautora me ha contado que de vez en cuando alguien le dice: «No apruebo los métodos de adiestramiento de César.» Cuando le cuenta a esa persona que lo que yo hago no es adiestramiento sino rehabilitación canina, lo normal es que admita a regañadientes que sólo ha visto un par de capítulos o un clip de un minuto en YouTube, y seguro que no ha leído ninguno de mis libros ni ha visto mis vídeos. Cuando Melissa le pregunta: «¿Qué métodos cree que utiliza?», invariablemente la respuesta es algo así como: «Bueno, eso de las correas de estrangulación, los collares electrónicos y los alpha rolls.»

Cualquier espectador habitual de *El encantador de perros* sabe que esas herramientas no representan lo que ese crítico llamaba «mis métodos». Movidos por la curiosidad, nuestros productores analizaron uno a uno todos los programas. Para ello visionaron cientos de horas de televisión y anotaron las veces que una técnica concreta se utilizaba en un episodio. En el momento del análisis ya habíamos grabado 140 programas, en los que cubrimos un total de 317 casos de perros con un comportamiento problemático.

He aquí los resultados:

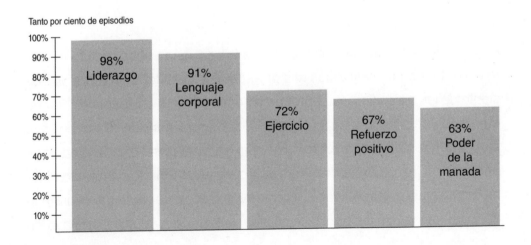

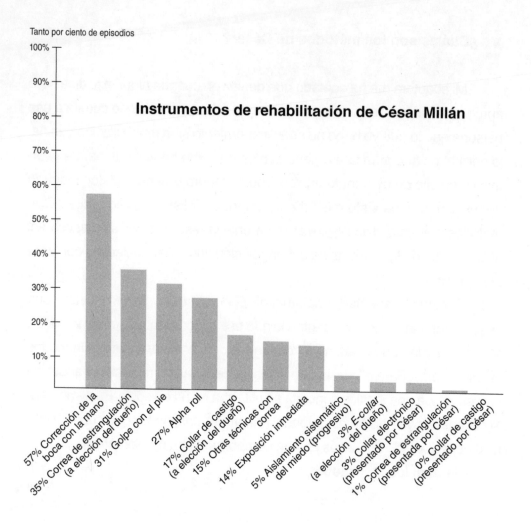

Tanto por ciento de episodios

Instrumentos de rehabilitación de César Millán

- 57% Corrección de la boca con la mano
- 35% Correa de estrangulación (a elección del dueño)
- 31% Golpe con el pie
- 27% Alpha roll
- 17% Collar de castigo (a elección del dueño)
- 15% Otras técnicas con correa
- 14% Exposición inmediata
- 5% Aislamiento sistemático del miedo (progresivo)
- 3% E-collar (a elección del dueño)
- 3% Collar electrónico (presentado por César)
- 1% Correa de estrangulación (presentada por César)
- 0% Collar de castigo (presentado por César)

A quien desapruebe mis métodos quizá le sorprenda saber que lo primero que defiendo en casi todos mis programas es el liderazgo (en el 98 por ciento de los episodios), que presento como la energía serena-autoritaria que todo líder, profesor, padre o cualquier figura con autoridad positiva proyecta sobre sus seguidores. He empleado el término «dominación» para describir la energía del liderazgo, pero en el mundo animal dominación no significa «brutalidad», y firme no significa «agresivo». El buen liderazgo jamás implica acoso o intimidación; por el contrario, se basa en la confianza, en saber qué queremos y en mandar mensajes claros y constantes sobre lo que queremos.

Mi segundo método, según el análisis de los productores, es el lenguaje corporal (91 por ciento), que es una forma básica de proyección del liderazgo en casi todas las especies animales. Mi tercer «método» es el ejercicio: que su perro dé un par de paseos diarios (72 por ciento). ¿Y cuál es el «método» que ocupa el cuarto lugar entre los que he empleado en *El encantador de perros*?

Esto tal vez sorprenda a más de uno. En los primeros 140 episodios he recurrido a alguna forma de refuerzo positivo el 67 por ciento del tiempo. Según nos recuerda Barbara De Groodt, refuerzo positivo no significa dar galletitas. Puede ser todo aquello que le guste a un perro y que sea para él una motivación o una recompensa.

Personalmente, no creo tener un «método» o un «sistema» específicos para alterar o mejorar la conducta de un perro. Para mí no existen fórmulas mágicas. Creo en guiarme por mi instinto y en tratar a cada perro como un individuo. Sobre todo baso mi filosofía en este principio básico: para que un perro se convierta en nuestro mejor amigo, antes tenemos que ser el suyo. Si queremos un perro obediente y bien educado hemos de satisfacer sus necesidades antes de pedirle que satisfaga la nuestra.

Las normas de César para la realización básica

1. Deje que su perro sea un perro. Piense en él en este orden: animal, perro, raza y nombre, y satisfaga sus necesidades en consecuencia.

---

2. Satisfaga las necesidades de su perro con mi fórmula triple en este orden: ejercicio, disciplina (normas, fronteras y límites) y luego cariño.

3. Sepa qué necesita su perro. Un enérgico terrier jack russell tiene diferentes necesidades que un bulldog inglés, de energía muy baja, o que un pastor alemán, de energía media. Yo divido a los perros por su nivel de energía: baja, media, alta y muy alta, y he observado que la mayoría de los problemas entre un perro y su dueño surgen cuando su nivel de energía no coincide.

4. Proyecte un liderazgo claro y constante usando una energía serena-autoritaria, que es otra manera de decir «relajada y confiada».

5. Base la relación con su perro en dos principios básicos: confianza y respeto. Debe poseer ambos y han de ser recíprocos: usted respeta y confía en su perro, y su perro lo respeta y confía en usted.

6. Recuerde siempre que su perro es un espejo de su estado de ánimo. Si está tenso, ansioso o estresado, es probable que su perro le devuelva esas emociones.

Una de las cosas que aprendí de mi abuelo es a trabajar siempre con la madre naturaleza, nunca contra ella. Lo cierto es que cualquier modificación de conducta — y, por definición, cualquier técnica de adiestramiento— surgió del modo en que un animal aprende a sobrevivir en la naturaleza.

Las reglas de César Millán

Condicionamiento operante: recompensa y castigo

«Un animal es un animal es un animal», dice Bob Bailey. Les sonará el nombre de Bob por la breve historia del adiestramiento de páginas anteriores, porque realmente es uno de los pioneros. Caballeroso y muy juvenil a sus setenta y tantos años, Bob aún sigue recorriendo el mundo y enseñando a personas y gobiernos a trabajar más eficazmente con los animales, y ha adiestrado desde babosas y mapaches hasta orcas. Por sus más de sesenta años de experiencia directa con los animales, así como su exhaustivo bagaje como adiestrador e investigador, mi coautora pidió entrevistar a Bob para este libro. Aunque él no me conocía personalmente, y le habían llegado opiniones encontradas sobre mi programa y sobre mi libro, aceptó con generosidad desempeñar el papel de profesor e historiador neutral a la hora de explicar la historia y los aspectos científicos del condicionamiento operante. Bob Bailey es un auténtico número uno, apasionado y comprometido con el tema al que ha dedicado su vida: los animales.

«Bueno, cuando digo que un animal es un animal no estoy diciendo que no admita que hay situaciones evolutivas. Sí, una babosa es muy diferente de una orca. Pero la naturaleza lleva dos mil millones de años trabajando en estos animales. Y la verdad es que ha tratado a la babosa del mismo modo que a la orca. En eso es absolutamente neutral. Y el proceso evolutivo ha sido el mismo para todos ellos, y el refuerzo, en general, funciona igual para todos, igual que el castigo. Un animal tiende a evitar las cosas que suponen un castigo y se acerca a las que no lo suponen o que les resultan favorables.»

Cuando llegué a Norteamérica, e incluso cuando empecé a trabajar con perros, no tenía ni idea de lo que significaba el término «condicionamiento operante». Para mi inexperto oído sonaba como algo muy complicado e intimidatorio y que para entenderlo se necesitaba un doctorado.

Imaginen mi sorpresa cuando supe que, en resumidas cuentas, el condicionamiento operante —término acuñado por el psicólogo B. F. Skinner a mediados de la década de 1930— es la ciencia del aprendizaje a partir de las consecuencias. ¡Es algo que los propios animales llevan haciendo sin nuestra ayuda desde el principio de los tiempos! Los animales hacen cosas que acarrean consecuencias positivas y dejan de hacer cosas cuyas consecuencias son negativas. Muchos de ustedes recordarán la caja Skinner de la clase de biología en el instituto o en la universidad. B. F. Skinner inventó un mecanismo de adiestramiento que premiaba al animal con comida cuando bajaba una palanca o tocaba una tecla iluminada. Skinner analizaba y cuantificaba cómo funciona un sistema de adiestramiento basado en la recompensa.

El condicionamiento operante es un principio del comportamiento animal tan importante que también se ha convertido en un pilar de la psicología humana. Le pedí a mi amiga, la doctora Alice Clearman Fusco, psicóloga y profesora de universidad, que me definiera el concepto como si fuera uno de sus alumnos de primero. Alice me dijo: «En pocas palabras, con el condicionamiento operante el perro actúa en el mundo —hace algo— y eso acarrea unas consecuencias. Por otro lado, existe el condicionamiento clásico, que se da cuando el perro no hace nada y en su entorno sucede algo que lo lleva a relacionar varias cosas.»

Todos hemos oído hablar del perro de Pavlov. Lo que Pavlov hizo fue hacer sonar una campana y darle al perro carne en polvo. Poco después el perro asoció la campana con la comida. Enseguida empezó a salivar en cuanto oía la campana: una conducta anormal. Así funciona el condicionamiento clásico. Muchos de los perros que seleccionamos para mi programa sufren con lo que parecen ser miedos o fobias irracionales cuando en realidad desarrollaron ese miedo mediante el condicionamiento clásico. Por ejemplo, *Gavin,* el agente de la ATF, había sido condicionado clásicamente para temer los ruidos estruendosos. *Gavin* no pensaba

Las reglas de César Millán

en el pasado y está claro que no racionalizaba; tan sólo sabía que un estruendo era una experiencia muy mala y peligrosa, y su respuesta para sentirse a salvo era bloquearse. Yo describiría a *Gavin* como víctima de un estrés postraumático originado por los fuegos artificiales y los truenos del 4 de julio. Le puede pasar lo mismo a una persona. «Casi todos los trabajos que he visto sobre estrés postraumático en relación con el condicionamiento citaban el condicionamiento clásico como una teoría vigente», dice la doctora Clearman.[7]

En el condicionamiento operante, mientras un animal hace algo —adopta una conducta— sucede algo bueno o algo malo. La lección que obtiene es que esa conducta es deseable o no. He pasado toda mi vida observando cómo los perros se relacionan entre sí y con su entorno. El condicionamiento operante es el modo en que funciona el aula de la propia naturaleza. Si un perro acerca el hocico a un puercoespín, será condicionado de forma operante (castigado) por las púas. Si vuelca un cubo de basura y se encuentra los restos de una hamburguesa, es condicionado de forma operante (recompensado) por la comida.

Muchas personas no son conscientes de lo fácil que resulta usar el condicionamiento operante en su vida diaria y que el perro acabe haciendo justo lo contrario de lo deseado. Barbara De Groodt afirma: «Siempre digo a mis clientes que, con intención o no, en todo momento están reforzando determinados comportamientos. Aunque no le guste ese comportamiento, probablemente lo haya reforzado usted sin querer. El ejemplo más clásico es el de un perro que corre ladrando hacia la puerta, perseguido por su dueño que grita: "¡Cállate, cállate, cállate!". Para el perro es como si toda la manada corriera junta hacia la puerta, ladrando, y el animal piensa: "¡Esto es genial!"».

Con el condicionamiento operante los castigos y los refuerzos pueden ser positivos y negativos. El castigo disminuye el comportamiento y el refuerzo lo aumenta.

Hay que tener en cuenta que los términos «positivo» y «negativo» sólo se refieren a añadir o quitar. No tienen nada que ver con que algo sea agradable o no.

«No soy un adiestrador que sólo sea positivo», me dijo en su día Kirk Turner. Kirk usa el método del *clicker* en el adiestramiento y en clases de obediencia. El método del *clicker*, que trataremos a fondo más adelante, es calificado a menudo como únicamente positivo. Según dijo: «Yo creo en las relaciones y éstas no siempre son positivas. Se puede intentar.» A Kirk le gusta que las consecuencias surjan del entorno para que no se las pueda asociar al ser humano y parezcan naturales. «He estado en África con animales salvajes, y por supuesto que sus acciones acarrean consecuencias que, a veces, no son tan agradables.»

La filosofía de Kirk a la hora de adiestrar tiende a recurrir a la recompensa más que al castigo siempre que le es posible, motivo por el cual el *clicker* le resulta útil como herramienta. Aquí es donde interviene su metáfora de las relaciones. Él mismo me lo contó: «Las relaciones entre el ser humano y el perro se basan en las emociones. Al utilizar el condicionamiento operante anulo toda emoción hasta que el perro ofrece el comportamiento que estoy buscando.» De este modo, al no reaccionar ante el perro, Kirk ha convertido en recompensa la consecuencia de la que aquél extrae una lección. «Cuando se da el comportamiento y puedo celebrarlo, utilizaré esa relación emocional para que el perro sepa qué es lo que quiero. Forma parte de la recompensa.»

La siguiente tabla es conocida entre los estudiosos de la conducta animal como el cuadrante de +C/–C o +R/–R.

	Castigo	Refuerzo
Positivo	Añadir algo no deseado o querido. Las púas se añaden al hocico del perro cuando olisquea muy de cerca al puercoespín.	Añadir algo deseado o querido. Chucherías, un masaje, elogios, juegos, lanzar una pelota para que la recoja el perro: todo esto es refuerzo positivo.
Negativo	Quitar algo deseado o querido. Si el perro se muestra agresivo con la comida, que el dueño reclame la comida como suya es un castigo negativo.	Quitar algo no deseado o querido. El perro acude al dueño y éste le quita las púas, lo que elimina el dolor[8].

Es importante conocer estas definiciones al hablar de refuerzo y castigo. A veces se me critica por usar el castigo al rehabilitar un perro, pero en la naturaleza el castigo es algo cotidiano. Ése es uno de los motivos por los que suelo usar el término *correctivo:* porque vi que en Norteamérica la gente se disgusta sólo con oír la palabra *castigo* y la relaciona con cosas horribles. Por supuesto, como recordaba Bob Bailey a mi coautora, el término *correctivo* no deja de ser un sinónimo del concepto científico de *castigo.*

Ian Dunbar, veterinario, especialista en conductismo animal y adiestrador canino del que se habla mucho en este libro, dice: «El castigo disminuye la conducta inmediatamente anterior de modo que sea poco probable que se repita en el futuro. Punto. No habla en absoluto de que el castigo sea aterrador o doloroso. Sin embargo, por definición, el castigo ha de ser eficaz para reducir una conducta no deseada; de otro modo no es castigo. En otras palabras: las consecuencias modifican la conducta. Las consecuencias pueden ser buenas o malas. Desde el punto de vista del perro, las cosas pueden mejorar o empeorar. Podemos enseñar a nuestro perro a hacer muchas cosas animándolo a hacerlo bien y premiándolo por hacerlo bien. Preparándolo para que no fracase, incitándolo y premiándolo por hacerlo bien. Pero dejará de ser fiable si no castiga al perro cuando lo hace mal. Ésta es la mayor equivocación al adiestrar un perro. Todo el mundo da por supuesto que el castigo tiene que ser aversivo. Y el motivo es que los cientos de miles de experimentos sobre teoría del aprendizaje fueron realizados por computadoras con ratas y palomas en una jaula de laboratorio. ¿Cómo puede recompensar a una rata una computadora? Es muy sencillo, ¿no? Un *click*, y sale una chuchería de una bandejita. ¿Cómo puede castigar a una rata una computadora? No puede decir: "Disculpa, rata, mira, no me gusta lo que estás haciendo". Así que suelta una descarga eléctrica. Es decir, en aquellos laboratorios donde se creaba la teoría del aprendizaje los castigos siempre eran aversivos. Siempre provocaban dolor. Sin embargo, cuando adiestramos a otras personas o a perros, nos damos cuenta de que, por supuesto, el castigo no tiene por qué ser doloroso ni aterrador.»

¿Aversivo o no aversivo?

El diccionario define *aversivo* como «tendente a evitar un estímulo nocivo o punitivo». *Nocivo* significa algo que causa daño o dolor. Así pues, al preguntarnos cómo podemos detener una conducta no deseada, lo que en realidad queremos preguntar es ¿cómo podemos hacerlo sin provocar dolor o miedo? Ian Dunbar propone un nuevo cuadrante para tratar esto. «Si en un lado escribimos "¿Es punitivo esto que estoy haciendo? Es decir, ¿reduce o elimina la conducta no deseada? Sí o no". Y "¿Es aversivo? Sí o no". Traducido: ¿es doloroso?, ¿es aterrador? Vemos que dos de estos cuadrantes están demasiado llenos: "no castigos no aversivos" y "no castigos aversivos", mientras que los otros dos están prácticamente vacíos: "castigos aversivos" y "castigos no aversivos"».

Tal vez muchas de las cosas que un dueño dice a su perro para que obedezca no sean aversivas, pero tampoco son punitivas, lo que significa que no modificará su conducta. Ian nos dice: «Por ejemplo, repetirse insistentemente. Alguien dice: "No hagas eso, *Rover. Rover,* por favor, ¿quieres sentarte? *¡Rover, Rover, Rover!* ¡Siéntate!" Y lo deja si el perro no hace caso. No ha sido algo aversivo, pero tampoco ha modificado su conducta, por lo que no ha sido punitivo. El perro se lo ha pasado en grande: "Me encanta cuando me habla así."

Y prosigue Ian: «Por otro lado, solemos ser aversivos sin reducir eficazmente una conducta no deseada, por lo que eso tampoco es un castigo. Tendemos a dar tirones de la correa, a gritar al perro y aturdirlo, pero ¿saben una cosa? Seguirán haciéndolo la semana que viene. El perro no aprende y, por tanto, por definición esos estímulos aversivos tampoco son punitivos.»

Ian Dunbar describe todo esto en términos científicos, pero yo lo explicaría de un modo ligeramente distinto. El hecho es que ningún animal responde de forma positiva a una energía furiosa, frustrada o aterradora. Si intentamos corregir a nuestro perro y nuestro estado de ánimo no es sereno-autoritario, el perro reaccionará ante nuestras emociones inestables y será incapaz de entender lo que queremos comunicarle. Al mismo tiempo, si repetimos una y otra vez una orden sin éxito, no sólo nuestra energía será desagradable, negativa e inútil, sino que probablemente tampoco estemos dispuestos a modificar su conducta.

Ian puntualiza: «La verdad es que el empleo del castigo aversivo es muy poco frecuente. Si un adiestrador usa correctamente la voz, un correctivo con la correa o incluso un collar electrónico, verá cómo sólo necesita hacerlo una o dos veces. No necesita hacerlo más porque el perro no volverá a salir corriendo. Una o dos veces con el collar y no volverá a perseguir a las ovejas. El castigo aversivo sólo hay que usarlo una o dos veces. Sin embargo, no es eso lo que solemos ver. Por el contrario, lo que vemos es gente que no deja de tirar de la correa, que grita todo el tiempo y que nunca le quita el collar al perro. Esto no es castigar. Según el grado de dureza, es maltrato o abuso. El cuadrante que está casi vacío es castigo no aversivo. De todos modos, en realidad resulta sorprendentemente fácil y eficaz eliminar una conducta no deseada con reprimendas instructivas dichas con suavidad.»

Ian Dunbar enseña a dar órdenes con la voz como castigos no aversivos y eficaces, un método que describe con detalle en el capítulo 6. Según esta definición, yo también podría describir mi manera de usar el lenguaje corporal, la energía y el sonido (algo como «¡Chssst!» o «¡Eh!») como formas de castigo no aversivo. Podría incluir en esta categoría el contacto, si es firme pero no duro ni doloroso, aunque los hay que no están en absoluto de acuerdo con esto. Creo que el contacto físico es un componente importante de la forma en que los perros se *hablan*. El tacto es el primer sentido que desarrolla un perro.[9] Mi impresión es que los perros usan entre sí el contacto firme —autoritario, no violento ni agresivo— después de una advertencia hecha con la mirada o con el lenguaje corporal y la energía, y para hablar su lenguaje, si yo también lo uso me resulta útil. Si el contacto no es severo ni va acompañado de ira o frustración —por ejemplo, un contacto repetido en el hombro de nuestra pareja para llamar su atención en la oscuridad de un cine— para mí es tan sólo un método de comunicación, no un castigo aversivo. Por supuesto, quitar a un perro algo que le gusta es también una forma de castigo no aversivo (técnicamente, un castigo negativo): como

Las reglas de César Millán

puede ser retener la atención de alguien, un premio, una actividad favorita o reclamar como propio un espacio o un objeto que le guste al perro.

La regla práctica en cuanto al condicionamiento operante es que el refuerzo positivo, y no el castigo, no sólo es la forma más humana, sino también la más eficaz, de crear o modelar cualquier conducta nueva.

Bob Bailey afirma: «Jamás he tenido que recurrir al castigo para modificar una conducta. Jamás. No sirve de nada. He recurrido al castigo para eliminar una conducta que no me gustaba. Pero sólo si se trataba de una conducta de alto riesgo, o alguien podía resultar herido, o el propio perro podía sufrir algún daño o destrozaba un objeto, o algo así. En lugar de castigar he tratado de modificar el entorno de modo que el animal no pueda hacer nada malo. Y mediante el refuerzo adecuado he conseguido la conducta que quería, y he hecho que al perro le mereciera la pena seguirme el juego. De ese modo no surgía la cuestión del castigo.»

Bob añade: «En el caso de que recurra al castigo será uno que me garantice por completo que va a cortar de inmediato esa conducta. Si tenemos que usar un castigo más de tres veces para detener una conducta, es que no lo estamos haciendo bien.»

La moraleja es que el castigo aversivo no es un juego. Si no funciona de inmediato, no lo use. Si tira de su perro o le golpea más de un par de veces y él sigue sin captar el mensaje, no puede culparle. Tiene que parar en seco y recapacitar sobre su estrategia, por no hablar de su estado de ánimo, que, por experiencia, casi siempre es la base del problema.

¿En qué lugar deja esto los tirones de la correa? Los hay que se oponen totalmente a ellos y lo respeto. Pero muchos adiestradores los emplean. Yo los empleo y enseño a los dueños a que los usen de forma correcta, pero sólo como un medio para conseguir un fin, no como un recurso habitual y diario durante toda la vida del perro. Usado adecuadamente, el tirón de correa —que proporciona una sensación física que no ha de doler ni sacudir al perro, sino llamar su atención— comunica al perro que tiene que modificar algo que está haciendo. Si lo hacemos coincidir con la conducta no deseada y ofrecemos a la vez la solución correcta (aquello que queremos que haga el perro), un tirón de correa puede ser una herramienta de aprendizaje, no un recurso de por vida para que el perro aprenda buenos modales a base de insistir.

La enseñanza con recompensas: los pioneros

En realidad no fue B. F. Skinner quien inventó la técnica moderna del adiestramiento animal basado en la recompensa. Fueron sus dos jóvenes ayudantes, Marian y Keller Breland. Bob Bailey amablemente nos entregó a mi coautora y a mí una copia de su vídeo educativo *Patient Like the Chipmunks,* que narra la historia del condicionamiento operante de Skinner y la fascinante historia de Animal Behavior Enterprises, fundada por los Breland en 1943. Por aquel entonces, según Bob, Marian y Keller ni siquiera estaban seguros de que el adiestramiento de animales fuera un medio de vida. Pero tenían claro que sabían hacerlo. Empleando métodos de condicionamiento operante, los Breland descubrieron el concepto de *moldear*. En lugar de esperar todo el día a que un animal actuara de un modo concreto y captarlo con una recompensa, empezaron a premiar al animal por cada pequeño paso que daba en la dirección deseada: un poco como ese juego de Caliente y Frío al que jugábamos de niños. Al final el animal acertaba y hacía exactamente lo que los adiestradores deseaban.

Su siguiente gran descubrimiento data de 1945. Patrick Burns, adiestrador de terriers jack russell de trabajo, escribe en la revista *Dogs Today:* «Al moldear cabriolas, los Breland observaron que los propios animales parecían prestar atención al ruido que hacían los interruptores manuales con los que daban las recompensas de comida. Keller y Marian Breland descubrieron poco después que un refuerzo acústico secundario, como un *click* o un silbato, podían comunicar al animal qué acción en concreto era recompensada y que lo podían hacer a distancia.»[10]

Los Breland lo llamaron *bridging stimulus (estímulo de puenteo)*, término que su colega Bob Bailey abrevió al de *bridge (puente)* cuando era director de adiestramiento para el Programa de Mamíferos Marinos de la Marina de Estados Unidos. Normalmente, ese puente era un *clicker* o un silbato. De ese modo, los Breland y Bailey en realidad pusieron en práctica una forma primitiva de adiestramiento por *clicker* mucho antes de que la adiestradora de delfines Karen Pryor la popularizara a finales de la década de 1980 y principios de la de 1990.

Según explicó Bob Bailey a Melissa Jo: «Lo único que hace el *clicker* es decir al animal que ha hecho bien lo que queríamos y que pronto habrá un refuerzo básico, comida o un juguete. Pero tenemos que hacer que al animal le merezca la pena. Es una de las cosas que intento transmitir. Tiene que ser apetecible para que el animal nos siga el juego. Da igual cuál sea el juego, es muy probable que el animal no lo hubiera hecho de haber vivido hace dos millones de años en el monte. No estaría sentado delante de una persona, o trayéndole un juguete a un niño, ni nada por el estilo. Estaría buscándose la vida. Pero en esa época el animal también tenía refuerzos secundarios.

»Cuando hacía algo, sucedía algo, y el resultado es que al final conseguía comida, por lo que modificaría su conducta para hacerlo más a menudo y solucionar de ese modo sus problemas. Por tanto, en realidad la primera en utilizar el puente fue la naturaleza. Los demás sólo somos seguidores e imitadores».

Durante treinta años los Breland y Bailey enseñaron a cientos de animales para que hicieran todo tipo de actuaciones, desde exhibiciones para empresas hasta parques temáticos, pasando por anuncios, programas de televisión y películas. También adiestraron a otros entrenadores de animales que posteriormente trabajarían en Busch Gardens, Disney World y Sea World. Animal Behavior Enterprises ha sido contratada por los principales parques de atracciones, como Marineland de Florida, Marineland del Pacífico, Parrot Jungle y Six Flags.

Cada sesión de adiestramiento de ABE nunca duraba más de veinte minutos —normalmente duraban menos, dice Bob— y se realizaban entre una y tres veces al día, dependiendo del tiempo de que disponga la empresa para preparar un espectáculo. El secreto del éxito de ABE radicaba en el control del tiempo y en la tasa de refuerzo. Curiosamente, al final Bob y su equipo no trabajaban casi nunca con los animales que habían adiestrado. Los contrataban para preparar y producir un espectáculo y para adiestrar a los animales de modo que cualquiera pudiera trabajar con ellos.

«Nuestros adiestradores trabajaban con los animales entre dos y seis semanas, según lo que tuvieran que hacer. Rotaban constantemente para que el animal trabajara con mucha gente y repetían siempre el mismo protocolo. Todos nuestros adiestradores siguen las mismas pautas. Teníamos un método que fue evolucionando con el tiempo. Si alguien nos propusiera una forma mejor, la usaríamos, pero tendrían que demostrar que realmente es mejor.»

Bob nos explicó que cree que un adiestrador que realmente está dedicado a su trabajo se guía tanto por la filosofía como por el procedimiento, y su filosofía es elegir siempre que sea posible la recompensa sobre el castigo. «Creo que lo mejor para el adiestrador y para el animal es usar el procedimiento menos molesto para lograr o eliminar una conducta; lo cual no me impide emplear la fuerza o el castigo que sea necesario para detener una conducta peligrosa. Creo que un adiestrador orientado por su filosofía hacia el «correctivo», u otros eufemismos para castigo, puede caer debido al estrés en procedimientos coercitivos que, en mi opinión, a menudo crean más problemas de los que solucionan.»

Y añadía Bob: «No creo mucho en la ideología. Si encontrara un método ético más rápido que el análisis de conducta o el condicionamiento operante, si alguien me enviara un correo electrónico que me abriera una nueva puerta, abandonaría lo que estoy haciendo sin echar la vista atrás. No me caso con ideología alguna. Es ciencia. Es tecnología.»

La revolución del *clicker*

Desde principios de la década de 1990 el *clicker* se ha convertido en una de las herramientas más populares entre los adiestradores de perros. Nunca he usado un *clicker* porque siempre lo he considerado como una herramienta para crear nuevas conductas y no tanto como un elemento de rehabilitación. Sin embargo, al preparar este libro he visto a gente hacer cosas increíblemente creativas con ese instrumento tan sencillo. Se ha utilizado para todo, desde enseñar obediencia simple o modificar una conducta hasta adiestrar perros de trabajo para realizar tareas específicas o detectar el cáncer de mama. En el capítulo 8 encontrarás más detalles. Muchos de los profesionales que entrevistamos para este libro se mostraron entusiasmados con los múltiples usos del *clicker.*

Kirk Turner lleva más de veinte años adiestrando perros y llegó al *clicker* por su deseo de no usar la fuerza física con los animales. Nos explicó con detenimiento por qué prefiere emplear este instrumento tan versátil: «Me gusta porque básicamente lo que hago es expandir el cerebro del perro. Hago que el perro piense en positivo sin que entre en juego nada negativo. Tiene que pensar en qué es lo que le va a hacer llevarse alguna recompensa. Lo que hay que entender del *clicker* es que significa tres cosas: "Eso es justo lo que estoy buscando"; significa que la recompensa pronto llegará, y el *click* significa que el ejercicio ha acabado.» Además, el *clicker* funciona muy bien a distancia. «Recuerdo ejercicios con familias. Hacía que formaran un círculo. Señalaba a uno de los miembros de la familia y le decía: "Haga lo que sea para que el perro vaya hacia usted."» El resto de la familia debía ignorar por completo al perro. Kirk se colocaba fuera del círculo y apretaba el *clicker*. De ese modo, cuando el perro iba hacia la persona que lo llamaba, la conducta quedaba señalada de inmediato desde cierta distancia.

También podemos usar el *clicker* para ir eliminando de forma paulatina la comida si se trata de un perro obsesionado con ella. «Tras haber trabajado esa conducta nos interesa entrar en una dinámica de recompensas intermitentes para no tener que estar premiándolo constantemente», dijo Kirk. Primero premia al perro con una chuchería siempre que actúa del modo deseado, luego le pedirá esa conducta tres veces antes de darle otra chuchería, y después tal vez siete veces. «Durante unos días puedo ir disminuyendo esas recompensas hasta acabar por no darle ninguna».

Bonnie Brown-Cali afirma: «El *clicker* es una herramienta maravillosa para modelar conductas en cuanto a obediencia, cabriolas, discriminación olfativa y tareas de perro guía. Enseño al perro que el *click* significa que la comida está en camino. Una vez que el perro entiende eso, puedo usar el *click* para modificar conductas. Es fundamental apretar el *click* en el momento oportuno, ya que eso le dice al perro que su última conducta va a ser recompensada. Por ejemplo, si quiero modificar la aversión que muestra un perro hacia un olor, puedo usar el *click* para cambiar su perspectiva. Ahora ese olor representa algo bueno. A partir de ahí puedo modelar una alerta para que el perro actúe siempre que localice ese olor. Si ya conoce la orden "sentado", puedo decirle que se siente cuando perciba ese olor y apretar el *click* cuando lo haga. Como el *click* significa que la comida está de camino, puedo apretarlo a distancia para decirle al perro que lo que ha hecho está bien y que pronto tendrá su recompensa. Luego, cuando haya modelado la conducta, eliminaré la orden de "sentado" y el *clicker*.»

La adiestradora de la corriente conductista Barbara De Groodt dice: «No soy una adiestradora de *clicker per se*. Lo uso para los perros muy activos o si quiero enseñar a un perro guía que haga algo especial para una persona discapacitada. También uso el *clicker* para quienes se exceden en sus elogios o en sus correctivos. Puedo devolverlos a un nivel de normalidad en lugar de seguir diciendo "¡buen perro!" todo el rato. El *clicker* los coloca en un registro más normal. El *clicker* no tiene emociones y siempre tiene el mismo significado.»

Como señala Barbara, a menudo un excesivo elogio o entusiasmo puede hacer que nuestro perro se bloquee y no aprenda lo que tratamos de enseñarle. Siempre recomiendo una energía serena y autoritaria. En su informativo y a veces polémico blog Terrierman's Daily Dose el escritor Patrick Burns sostiene que el *clicker* funciona para tanta gente porque ayuda a crear un estado de ánimo sereno y autoritario que prepara el terreno para una comunicación clara.

Escribe Burns: «Cuando Millán habla de ser "sereno y autoritario", de lo que en realidad está hablando es de mandar menos señales, pero más claras. Fijémonos en un adiestramiento con *clicker*. ¿Qué hace un aprendiz de adiestrador con el *clicker*? Si el adiestrador está concentrado en que el *clicker* suene en el momento justo, ¿acaso juguetea con él? No. ¿Acaso habla? No. De hecho se supone que no debe moverse en absoluto. En el adiestramiento con *clicker* es éste el que habla, no la persona. ¿Acaso el *clicker* es autoritario? ¡Por supuesto! El *clicker* sólo manda una señal muy clara, una señal que dice: "Sigue por ahí, vas muy bien."»[11]

 ## ¿Hacer *click* o no hacerlo?

Para algunos de los adiestradores entrevistados el *clicker* resulta demasiado opresor para modelar la conducta de un perro. Joel Silverman, que empezó como adiestrador con *clicker* de mamíferos marinos en Sea World antes de pasarse a los perros como presentador de *Good Dog U* en Animal Planet, dice: «Yo ya casi no uso el *clicker*. Los que piensan que el *clicker* puede solucionar cualquier problema de comportamiento en cualquier situación se engañan. Un perro muy agresivo que sólo quiere ir detrás de alguien no va a dejarlo sólo con chucherías, *clickers*, galletas o besos.»

Mark Harden lleva treinta años como adiestrador profesional y ha trabajado prácticamente con todas las especies animales del cine y la televisión. «Con los perros no uso *clickers*. No me gustan nada. Pero soy un mago del *clicker* con los gatos, los monos, las aves, los loros, todo eso. Por ejemplo, el *clicker* funciona muy bien con los gatos porque no están muy pendientes de mí. Están más centrados en la comida. Quieren su comida y el ritual. No están leyendo mi cara. Quizá uno de cada cien gatos me esté mirando. Y cuando lo hacen es escalofriante.»

Sin embargo, al trabajar con perros Mark opina que el *clicker* puede bloquear la fluidez en la comunicación con el animal. «El *clicker* supone desperdiciar algo tan perfecto como una mano. Es decir, cuando trabajo puede que tenga en la mano un palo, una bolsa con señuelo y trato de conseguir comida. Intento sincronizar mi remuneración. Mi teoría es que los perros con los que trabajo se encuentran muy en sintonía conmigo. Los perros saben interpretar mi cara a su manera. Mis sonidos. Mi lenguaje corporal. Son capaces de descifrar todo lo que hago. Por eso, para mí el *clicker* se convierte en un ruido anónimo que tienen que aprender a comprender. Y puedo hacer muchas más cosas con la voz. Creo que muy pocos usan de forma correcta el *clicker* y eso destroza toda sincronización.»

Bob Bailey recuerda: «Los Breland fueron pioneros en el uso del refuerzo secundario como metodología, pero luego la noción del *clicker* cuajó y me temo que muchos decidieron que el *clicker* hace magia. Por supuesto, no es verdad.»

El instinto: una verdad incómoda

Los Breland fueron los primeros que vieron que la ciencia del condicionamiento operante tenía determinados inconvenientes intrínsecos que había que superar y entender para que su empresa de adiestramiento de animales saliera adelante. De hecho, aquellos invonvenientes surgían de la propia madre naturaleza. En un artículo de 1961 titulado «The Misbehavior of Organisms» [El mal comportamiento de los organismos] Keller y Marian Breland describían su primera experiencia con el fracaso del condicionamiento operante basado en la recompensa: «Parece que, al trabajar con cerdos, pollos y mofetas, a menudo los animales aprendían una cabriola y luego empezaban a apartarse de la conducta aprendida para dirigirse hacia un comportamiento más instintivo, no reforzado y primario.»[12]

Los dos investigadores quedaron sorprendidos al descubrir este síndrome, que denominaron «desvío instintivo», porque se enfrentaba a las leyes de la teoría del refuerzo positivo de la década de 1950. Los Breland habían basado sus trabajos previos en lo que para ellos era una regla inflexible: que aquellas conductas a las que seguía el refuerzo con comida deberían ser fortalecidas mientras que las que impiden dicho refuerzo deberían ser eliminadas. Pero algunos animales se atrevían a romper dichas reglas cuando reaparecía su viejo instinto. Los Breland descubrieron que determinadas conductas instintivas incluso podían hacer que un animal hambriento rechazara un refuerzo con comida.

Patrick Burns escribe: «Los Breland no exageraron el problema. Sencillamente expusieron un hecho: el instinto existía y a veces energía y anulaba conductas aprendidas.» En su célebre artículo los Breland dieron el primer paso hacia la incorporación de conceptos de los etólogos animales —especialistas en el estudio de los animales en su entorno natural— en su trabajo sobre el condicionamiento operante y el adiestramiento, lo cual hizo que sus métodos fueran aún más eficaces. En ese sentido, estaban años luz por delante de su mentor, B. F. Skinner. Temple Grandin escribe en *Animals in Translation:* «Nos enseñó que sólo había que estudiar la conducta. No hacía falta que especuláramos sobre qué hay dentro de la cabeza de una persona o de un animal... no se podía hablar de ello. Sólo se podía medir la conducta; por tanto, sólo se podía estudiar ésta.»

La ahora célebre Grandin no era más que una estudiante universitaria en la década de 1960, cuando B. F. Skinner era Dios y la ciencia del conductismo, el Evangelio. «Los conductistas creían que esos conceptos básicos lo explicaban todo sobre los animales, que básicamente sólo eran máquinas que respondían a estímulos. Quizá a la gente le cueste imaginar la fuerza que esta idea tenía entonces. Era prácticamente una religión.»

Cuando Grandin pudo por fin visitar a su ídolo en su despacho de Harvard, tuvo una conversación muy reveladora con él. Según relata Grandin: «Al final le dije: "Doctor Skinner, si pudiéramos aprender cómo funciona el cerebro". Él respondió: "No necesitamos aprender nada sobre el cerebro, tenemos el condicionamiento operante". Recuerdo que, mientras regresaba en coche a clase, no dejé de pensar en ello, hasta que me dije: "Me parece que no me creo eso."»[13]

Resulta que los Breland tampoco se lo creían ya. Escribieron: «Tras catorce años de condicionamiento operante y de observar miles de animales, a nuestro pesar hemos llegado a la conclusión de que no se puede entender, prever o controlar la conducta de especie alguna sin conocer las pautas de su instinto, su evolución y su relación con el medio ambiente.»

Adiestramiento canino contra psicología canina

Lo que los Breland descubrieron mediante repeticiones, estadísticas y métodos científicos refleja mi propio mensaje, nada científico, de que el adiestramiento de perros es algo que inventó el ser humano, pero la naturaleza inventó la psicología canina. Por eso mi insistencia en que piense en su perro en el orden correcto: animal, especie perro, raza, nombre. Los primeros conductistas sólo pensaban en el animal. Los primeros etólogos pensaban principalmente en la especie y la raza. Muchos miembros del Kennel Club piensan primero en la raza. Y la mayoría de los norteamericanos que tienen una mascota piensan en raza y nombre o sencillamente en el nombre; por ejemplo: «Mi perra se llama *Fluffy,* y *Fluffy* es mi hija». El artículo de los Breland fue el punto de partida para empezar a entender que hemos de honrar y respetar al perro o a cualquier animal como un todo antes de poder comunicarnos con él.

Supe que otros pensaban igual cuando leí *Dog Psychology: The Basis of Dog Training,* de Leon F. Whitney, veterinario, criador y adiestrador de perros de caza, y *The Dog's Mind: Understanding Your Dog's Behavior,* de Bruce Fogle, veterinario británico y miembro fundador de la Society for Companion Animal Studies en el Reino Unido y la Delta Society en Estados Unidos. Dieciséis años después de leer su libro por primera vez tuve la oportunidad de comer en Cannes, Francia, con el venerable doctor Fogle y de agradecerle en persona que me dijera que mis ideas y mis observaciones sobre los perros no eran una locura. El buen doctor es como un héroe para mí, y nos encantó descubrir que compartimos muchas opiniones, sobre todo que podemos encontrar el origen de muchos de los problemas de conducta de un perro —incluso determinados problemas médicos psicosomáticos que el doctor Fogle trata en su clínica veterinaria— en la enfermiza relación del perro con su propietario.

Kirk Turner, fiel seguidor del condicionamiento operante, el adiestramiento con *clicker* y el refuerzo positivo, dice: «Mira, el condicionamiento operante es una forma de adiestramiento muy válida. Para muchas personas que tienen perro la vida es el obstáculo. César, como sabrás por tu programa de televisión, normalmente el perro no es el problema. Es pan comido. Normalmente es al dueño al que tienes que descifrar.»

Al igual que Kirk, he descubierto que, antes incluso de pensar en normas para adiestrar a nuestro perro, necesitamos mejores normas para adiestrarnos a nosotros.

NOTAS

[1] Randall Parker, «Dogs Evolved to Read Human Cues» [Perros desarrollados para interpretar las señales de las personas], *Future Pundit*, http://www.futurepundit.com/archives/001944.html.

[2] E. Bougerol, «Ten Dogs That Changed the World» [Diez perros que cambiaron el mundo], CNN.com, http://www.cnn.com/2007/LIVING/wayoflife/11/01/ten.dogs.

[3] W. N. Hutchinson, *Dog Breaking: The Most Expeditious, Certain and Easy Method, Whether Great Excellence or Only Mediocrity Be Required* [Cómo domesticar un perro: el método más expedito, seguro y sencillo, da igual que se busque la excelencia o la mediocridad], 6ª ed., Londres, John Murray, Albemarler Street, 1876, páginas 11 y 237.

[4] Edward L. Thorndike, *Animal Intelligence: Experimental Studies,* Nueva York, Macmillan, 1911, http://www.archive.org/details/animalintelligen00thor (recuperado el 2 de junio de 2010).

[5] Mary R. Burch y Jon S. Bailey, autores del prestigioso libro de consulta sobre condicionamiento operante *How Dogs Learn* (Howell Book House, 1999), escribieron sobre Koehler: «Conocimos a Bill Koehler y observamos su trabajo con los perros y los estudiantes en la década de 1980. Por aquel entonces parecía un hombre amable y bondadoso, y era evidente que le encantaban los perros. En la época en que desarrolló sus métodos era uno de los pocos especialistas del país reconocido por su capacidad para rehabilitar perros. Koehler representaba la última esperanza para muchos perros» (página 17).

[6] Cronología adaptada de un blog original de Patrick Burns con permiso del autor. Terrierman's Daily Dose, http://www.terrierman.com/.

[7] A. Arakani, S. Mathew y D. Charney, «Neurobiology of Anxiety Disorders and Implications for Treatment» [Neurobiología de los trastornos de ansiedad e implicaciones para su tratamiento], *Mount Sinai Journal of Medicine* 73, n° 7 (2006), páginas 941-949.

[8] Cuadro diseñado por Alice Clearman.

[9] Deborah L. Wells y Peter G. Hepper, «Prenatal Olfactory Learning in the Domesticated Dog» [Aprendizaje olfativo prenatal en perros domesticados], *Animal Behavior* 72, n° 3 (septiembre de 2006), páginas 681-686.

[10] Patrick Burns, «Biting the Hand That Clicks Us!» [¡Mordiendo la mano que tiene el *clicker!*], *Dogs Today* (junio de 2010), página 14, disponible en http://www.dogstodaymagazine.co.uk/.

[11] Patrick Burns, «Calm and Assertive Clicker Training» [Adiestramiento sereno y autoritario con *clicker*], *Terrierman's Daily Dose* (1 de marzo de 2010), http://terriermandotcom.blogspot.com/2010/02/calm-and-assertive-clicker-training.html.

[12] Keller Breland y Marian Breland, «The Misbehavior of Organisms» [La mala conducta de los organismos], *American Psychologist* 16 (1961), páginas 681-684, http://psychclassics.asu.edu/Breland/misbehavior.htm.

[13] Temple Grandin y Catherine Johnson, *Animals in Translation: Using the Mysteries of Autism to Decode Animal Behavior* [La traducción del animal: Cómo descifrar el comportamiento animal mediante los misterios del autismo], Nueva York, Scribner, 2005, página 11.

4
Las normas de César para enseñar a un perro y educar a una persona

El veterano adiestrador Joel Silverman afirma: «Suelo decir que todos tenemos un bagaje, y algunos perros también. Ningún perro es perfecto. No dejan de decirme: "Joel, ya sabes que quiero tener un perro, pero no quiero tener que aguantar los ladridos, las embestidas y las carreras hasta la puerta. Quiero decir que no sé si quiero tener que pasar por todo eso." Yo les contesto: "Mira, tengo una gran idea para ti." Eso les anima. "¿Cuál?" Entonces digo: "Necesitas una planta. Pon una planta en un rincón, riégala, crecerá y será preciosa y te prometo que no se moverá de allí." Un perro, igual que una persona, viene con su bagaje, y necesitamos entenderlo y estar preparados para ello.»

El perro es un ser social, vivo —un animal cuyas historia y evolución están tan ligadas a la nuestra que puede interpretar nuestra expresión y nuestros gestos mejor que nuestro familiar de género más cercano, el chimpancé[1]. Pero no debemos olvidar que se trata de una especie distinta con su propia psicología. Al igual que no podemos esperar que un perro sea tan predecible como una planta, tampoco podemos esperar que sea un animal peludo con cuatro patas. Y realmente no podemos esperar que el perro lea nuestra mente. Para que el perro aprenda algo, desde lo más simple hasta las más complicadas tareas o cabriolas, tenemos que construir una relación con él que satisfaga al animal/perro que es.

Y, sobre todo, siempre que trabajemos con un perro tenemos que mirar en nuestro interior y seguir ciertas normas básicas.

Primera norma: actúe con serenidad y autoridad

Como cualquier espectador habitual de *El encantador de perros* sabe, para mí el poder de la energía serena y autoritaria suele ser la clave del éxito de mi relación con un perro problemático. Aunque puede que fuera idea mía llamar a esta forma de ser firme, confiado y relajado «serena-autoritaria», no es uno de esos conceptos New Age que me haya sacado de la chistera. Durante años profesionales de distintas especialidades —desde biólogos y psicólogos hasta médicos, científicos administrativos y agentes de policía— me han hecho saber que lo que digo tiene una verdadera base científica.

Sung Lee, médico del BrainWell Center de Sedona, en Arizona, una clínica especializada en terapias de retroalimentación innovadoras e informatizadas, escribe: «La serenidad y la autoridad son las energías de las dos ramas principales de nuestro sistema nervioso autónomo. La energía autoritaria es la energía de nuestro sistema nervioso simpático. Es la energía de nuestra respuesta lucha/huida, que acelera nuestro ritmo cardiaco y nuestra presión sanguínea, libera la energía almacenada y nos prepara para actuar o para enfrentarnos a una amenaza. La energía serena es la energía del sistema nervioso parasimpático. Es la energía de nuestra respuesta reposo/digestión. Este sistema construye nuestros almacenes de energía y regula y ajusta nuestra respuesta lucha/huida. Nos permite administrar apropiadamente nuestra energía autoritaria ante una situación determinada.

»Muchos investigadores han llegado a la conclusión de que el desequilibrio entre las ramas simpática y parasimpática incrementa el riesgo de enfermedad entre los seres humanos: dolencias cardiacas, desórdenes digestivos, dolor crónico, disfunción inmunológica, desórdenes psicológicos y neurológicos, entre otras. Podríamos añadir "mayor probabilidad de tener una mascota inestable" a la lista de los retos asociados al desequilibrio en el sistema nervioso autónomo.»[2]

Para proyectar energía serena-autoritaria a nuestro perro hemos de ser conscientes de cómo nos sentimos y de qué energía estamos proyectando en cada relación con él. Todo aspecto de la relación con nuestro perro queda determinado por nuestra integridad y nuestra conexión con nuestro yo verdadero, porque el perro es el mejor detector de mentiras de la naturaleza. Nuestro perro nos observa en todo momento, advierte hasta el cambio más sutil en nuestra expresión y huele cada alteración en la química de nuestro cuerpo. Nuestro perro sabe quiénes somos realmente, débiles y fuertes, buenos y malos.

Ian Dunbar coincide: «Un perro puede leer a su dueño como si fuera un libro. Si el dueño se levanta del sillón, el perro sabe enseguida si va al baño o a coger su correa. Interpreta la conducta y dice: "¡Oh! Nos vamos de paseo" o "va a hacer pis de nuevo". Entonces no se pone de pie. Y es muy importante comprender que el cerebro del perro es muy diferente del nuestro. Porque eso crea una gran frustración, y cuando un perro se porta mal el dueño se siente frustrado, y es entonces cuando el perro es maltratado.»

Puede que Bob Bailey haya entrenado a miles de animales en su vida, pero ha tratado de evitar tener que trabajar con uno en concreto. Según contó a mi coautora: «Muy pocas veces he trabajado con dueños de mascotas. Me quito el sombrero ante todo el que quiera malgastar su tiempo y sus esfuerzos trabajando con dueños de mascotas, porque no siempre dicen la verdad. Durante años he trabajado con bastantes adiestradores de mascotas caninas. Y siempre sucedía lo mismo: que el problema no lo tenía el animal, sino el adiestrador que trabajaba con el perro, porque carecía del tiempo necesario para analizar de verdad la conducta y lo que iba a hacer para responder a esa conducta.»

La moraleja de la historia es: si queremos que nuestro perro aprenda algo o influir en su conducta de algún modo, adiestrador, adiéstrate a ti mismo antes.

Segunda norma: sea consciente de cómo es usted

Al igual que un niño, un perro siempre nos observa y aprende de nuestras acciones y nuestras reacciones. Si gritamos a nuestra pareja o a nuestros hijos, nuestro perro aprenderá de nosotros a actuar desde esa conducta, aunque los gritos no fueran para él. Si estamos irritables o mareados y lo pagamos con nuestro perro, éste recordará el lenguaje corporal y las repercusiones.

Martin Deeley nos dice: «Cuando estamos con un perro es importante comprender que siempre está aprendiendo. Observa nuestros movimientos, escucha nuestros sonidos y, estoy seguro de ello, percibe nuestras emociones. Así pues, si estamos enfermos o algo irritados, lo mejor es dejar a nuestro perro en un lugar donde no corra peligro y no sea el receptor de nuestro estado de ánimo. O en caso de que él sea el único que puede tranquilizarnos, lo mejor es que nos sentemos con él, respiremos profundamente y busquemos juntos la serenidad.»

Ian Dunbar insiste: «Para mí la ira no tiene cabida en absoluto en el adiestramiento del perro. Si estamos furiosos es mejor que golpeemos o mordamos un cojín o que le demos un puñetazo a la pared o algo parecido. Pero no lo paguemos con nuestro perro, porque eso hará que retrocedamos en el avance del adiestramiento.»

Es importante que sea usted mismo cuando está con su perro, sobre todo si trata de influir en su conducta. No podemos mentir a un perro sobre quiénes somos o cómo nos sentimos. Así pues, no intente copiar mi forma de ser o la de alguien a quien haya visto en televisión o incluso en el parque. Aprenda de los mejores profesores, tantos como pueda, y practique esas enseñanzas a fondo, pero cuando las ponga en práctica sea usted mismo. En palabras del adiestrador de Hollywood Mark Harden: «Sea usted en su mejor versión.» Piense en ello de este modo: ¡la posibilidad de compartir su vida y su trabajo con un animal que puede sacar lo mejor de usted es algo maravilloso!

Tercera norma: el refuerzo positivo empieza en usted

No deja de sorprenderme la actitud de ciertos adiestradores que sólo utilizan el refuerzo positivo y que en la prensa dicen cosas odiosas sobre aquellos con los que no están de acuerdo, ¡entre ellos, y a veces especialmente, yo! La verdad es que me esfuerzo por no tomármelo como algo personal porque creo que en Norteamérica tenemos derecho a opinar, pero ¿acaso esa gente no es la misma que aboga por la modificación de conducta mediante recompensas y no mediante castigos? ¿Acaso eso no sirve para las personas igual que para los perros? Creo que cuando usamos con nuestro perro un refuerzo positivo o cualquier método modificador de la conducta, la clave del éxito siempre radica en nuestro propio estado de ánimo. Para influir en la conducta de nuestro perro hemos de empezar siempre por ser alguien positivo, confiado, sereno y autoritario. Ésta es la definición del verdadero liderazgo.

Una de las cosas más importantes que quiero que entiendan mis clientes es que deberían pensar que el auténtico refuerzo positivo no consiste únicamente en premiar con comida. También se trata de tener el estado de ánimo apropiado —positivo, sin prejuicios— siempre que trabajemos con un perro. Hemos de ser muy conscientes de nuestros propios sentimientos y energía, así como de las emociones del perro. Sólo debemos tocar a nuestro perro cuando esté sereno y receptivo, y reforzar su estado positivo con el nuestro. Si al empezar sentimos alguna frustración o rabia o negatividad, si ponemos un cronómetro al perro cuando está tratando de aprender algo, no estamos ofreciendo un verdadero refuerzo positivo por muchas chucherías que le demos.

El refuerzo positivo y las distintas cosas que motivan a un perro surgen de cualquier punto de su entorno, no sólo de una tartera con albóndigas o de un juguete. En el capítulo 6 Ian Dunbar habla de su concepto de las «recompensas de la vida», que me encanta. Si al perro le gusta mucho explorar un árbol o un arbusto, podemos usarlo como recompensa para modelar su mente. Si optamos por ver su potencial, un árbol no será sólo el lugar donde el perro orine. Un simple palo del jardín puede convertirse en el juguete favorito del perro, ser nuestro refuerzo y su motivación en ese momento. De ese modo estamos satisfaciendo la esencia del perro y lo que quiere y necesita en realidad, y no sólo estamos tratando de manipularlo o sobornarlo para cubrir nuestras propias necesidades.

El refuerzo positivo definitivo es utilizar otros perros —el poder de la manada— para reforzar o crear una conducta. En el caso de *Viper* usé a *Daddy* para que convenciera y lograra que un aterrado malinois belga saliera de su escondite y se uniera a mi manada. Luego, además de la manada canina de *Viper,* también usé su provisional manada humana —mis hijos— para que superara sus miedos recreando situaciones aterradoras. En un episodio de *El encantador de perros* empleé un loro para influir en Maxwell, un agresivo sealyham terrier galés, y en su dueño, ya que el loro era el único de toda la manada animal y humana que emanaba una energía serena-autoritaria. Si recurrimos a la creatividad y encontramos ideas en nuestro entorno, reforzamos nuestra fe en que podemos influir en nuestro perro, da igual dónde estemos o lo que tengamos que hacer con él; aunque hayamos olvidado en casa el *clicker*, la bolsa de chucherías o todas sus correas y collares.

Nuestro perro puede enseñarnos un par de cosas sobre cómo funciona el verdadero refuerzo positivo. He aquí un ejemplo con el que se identificarán la mayoría de las personas con perro. El perro quiere salir a la calle a hacer pis. Se sienta junto a la puerta. La abrimos. El perro sale, pero al pasar junto a nosotros levanta la vista y nos mira a los ojos.

Nos acaba de recompensar, pero no nos ha dado una galletita.

Para mí el refuerzo positivo significa que la unión entre la persona y el perro es tan fuerte que cada uno de nosotros hace algo para contentar al otro sin que haya que darle una galletita.

 Cuarta norma: empiece por la unión

Aunque no es necesario que estemos unidos emocionalmente con un perro para enseñarle algo, el hecho es que nuestra íntima conexión con él puede ser una ventaja enorme y una motivación por sí misma. Crear esa unión requiere tiempo y paciencia, y para el adiestrador Joel Silverman algunos de los propietarios que acuden a sus seminarios no están dispuestos a incluir eso en sus apretadas agendas. Según dice: «Se puede llegar a ser muy impaciente. Te dicen: "Necesito ser el líder", y quieren que sea enseguida, pero yo les digo que los adiestradores que más éxito tienen en Norteamérica son aquellos que entienden que lo mejor que puedes hacer para construir una gran relación con tu perro es llegar a un punto en el que éste quiera agradarte y hacerte feliz. Entonces el adiestramiento es mucho más fácil. Sugiero entre dos y cuatro semanas. Y el proceso tiene tres pasos. El primero es conocer a nuestro perro como si fuera una persona. Nadie se hace íntimo amigo de su novio, novia, esposo o esposa en un día. Tendremos que vivir con nuestro perro y exponerlo a multitud de situaciones, lugares, juguetes y chucherías. ¿Tiene un instinto agresivo porque se vuelve loco con sus chucherías? ¿Le gustan determinados juguetes? ¿Le gusta salir de paseo? ¿Le gusta la gente? ¿Le gustan otros perros? En ese primer periodo, de entre cuatro y siete días, también descubriremos lo que no le gusta a nuestro perro. Tal vez se asuste con los objetos que se mueven, por ejemplo. Hay que observar y tomar nota. El segundo paso consiste en desarrollar la relación. Es muy sencillo. Iremos incorporando las cosas que le gustan a nuestro perro. Seleccionamos todo lo que le gusta, actividades, chucherías, juguetes y personas, pero en un plazo de una semana y media o dos eliminamos lo que no le gusta. Lo cual nos lleva a la última fase: construir la confianza. Es entonces cuando empezamos a enfrentarnos a algunos de esos problemas, tal vez esas situaciones aterradoras, como los objetos que se mueven o las personas. Empezamos poco a poco: durante veinte minutos nos situamos a unos diez metros del objeto en movimiento, pero mañana será a unos ocho metros y pasado mañana a seis. Esto nos va preparando para poder empezar el adiestramiento real de nuestro perro.»

Como escribí en el capítulo 2, para un perro es más importante el equilibrio que el adiestramiento, y un perro equilibrado será adiestrado más fácilmente.

Martin Deeley nos dice: «Muchas veces, cuando me entregan un perro para su adiestramiento, los primeros días los dedico a averiguar qué tiene mi "alumno canino", y muchas veces veo que es un absoluto lío de emociones e interpretaciones. El perro no sabe cómo, cuándo ni ante quién reaccionar. Normalmente esto se debe a la mezcla de la personalidad del perro y cómo aprendió a relacionarse con las personas y con otros animales. Durante cuatro días me dedico a crear rutina, entendimiento, relación y claridad en las órdenes. Lo hago para limpiar su cerebro de todo lo que aprendió mal. Después de cuatro días sonrío y digo: "Ahora tenemos un auténtico perro. Podemos empezar a crear un perro de verdad". Los perros nerviosos se vuelven más seguros; los agresivos se tornan más receptivos y confían más en su capacidad para afrontar una situación sin recurrir a la agresividad. Pero, sobre todo, confían en mí como guía y líder. La constancia es esencial, y un acercamiento sincero y paciente, comprendiendo sus problemas de equilibrio, es el camino que hay que seguir.»

Quinta norma: empiece de joven y evite problemas

En la década de 1970 el veterinario y especialista en conductismo Ian Dunbar cursó sus estudios de posgrado con el doctor Frank Beach en la Universidad de California-Berkeley. Allí, Dunbar observó cómo un cachorro llamado *Sirius,* muy agresivo cuando estaba con otro cachorro, se mostraba despreocupado y social en compañía de un grupo más numeroso de cachorros y una docena de perros adultos. La transformación de *Sirius* enseñó a Dunbar que lo que en principio podrían parecer rasgos fijos de personalidad en realidad pueden ser bastante maleables en un cachorro. Esto significa que un temprano adiestramiento del temperamento puede ser una gran ayuda para crear un perro sociable con las personas y con otros perros, y seguro (aprende a no morder), además de con el don de gentes para convertirse en un perro relajado, confiado y bien educado.

En 1981 Ian tuvo su primer cachorro, un malamute de Alaska llamado *Omaha Beagle*. Siendo un experto en conducta canina, buscó un curso para su cachorro. Le horrorizó descubrir que cada escuela de obediencia que visitaba se negaba a adiestrar cachorros de menos de seis meses. Ian se propuso cambiar ese absurdo y diseñó su propio curso en colaboración con la Marin Humane Society. Así nació SIRIUS® Puppy Training, el primer curso de conducta para cachorros sin correa.

Para todo perro el llamado periodo de socialización —desde las primeras tres semanas hasta la duodécima— es una ventana crucial para el aprendizaje. Durante ese tiempo el juego social con la camada y los consejos y la disciplina aprendidos de la madre (o del líder humano de la manada) ayudan a modelar las conductas apropiadas para un perro adulto bien educado. Los perros que durante sus ocho primeras semanas de vida son acariciados a menudo por sus dueños se convierten en las mejores mascotas y desarrollan las mejores relaciones con las personas. Aquellos adiestradores que rechazaron a Ian Dunbar se equivocaban por completo: un cachorro puede aprender órdenes y cabriolas incluso con ocho semanas de vida.

Según Ian Dunbar, hay tres razones de peso para los cursos para cachorros:

1. Para que aprendan a no morder, o lo hagan suavemente; de ahí las sesiones de juego con otros cachorros y la socialización perro-perro.
2. Para que el cachorro aprenda a relacionarse y a ser manejado por personas, sobre todo niños, adultos y desconocidos, lo que hace más segura la socialización personas-perro.
3. Para que aprenda una obediencia fiable y sin correa, de modo que responda de forma inmediata y voluntaria a órdenes verbales incluso cuando no está atento; de ahí todos los paréntesis de adiestramiento integrados en las sesiones de juego.

A diferencia de tantos cursos comerciales para cachorros en los que todo vale —una mezcla de cachorros y propietarios, cada uno de su padre y de su madre, se juntan en un aula y juegan sin orden ni disciplina—, los cursos de Ian Dunbar para cachorros son sesiones de juego de cincuenta y cinco minutos, interrumpidas regular y constantemente por breves paréntesis para el aprendizaje. El objetivo es que el cachorro aprenda a responder de forma rápida, fiable y alegre a las peticiones de su dueño. Cada vez que se interrumpe la sesión —quizá con una secuencia de sentado-tumbado-sentado o diez segundos de tumbado-quieto— se recompensa al cachorro diciéndole que «vaya a jugar». De este modo, el hecho de que juegue con otros perros se emplea una y otra vez como recompensa por aprender en lugar de convertirse en una distracción que actúa contra el aprendizaje. Ian es contrario a esa tendencia que tiene tanta gente de dejar que sus cachorros jueguen delante de ellos sin orden alguno; cree que eso hará que su obediencia no sea fiable cuando se convierta en un perro adolescente o adulto.

«Lo que hago con los cachorros es muy simple. Es un millón de veces más fácil prevenir que curar. Prevengamos el problema cuando el perro aún sea un cachorro», me explicó Ian Dunbar.

Bonnie Brown-Cali nos dice: «El periodo que va desde las siete semanas hasta los primeros doce meses, según la raza, es crucial para el desarrollo mental del cachorro. Ese periodo moldea las respuestas del cachorro para su supervivencia. Lo que aprenda durante ese tiempo le afectará para el resto de su vida. Yo imparto un curso de aprendizaje temprano para cachorros de entre diez y veinticuatro semanas. Hay un cierto riesgo calculado, ya que los cachorros aún no han completado su vacunación, si bien reciben atención veterinaria. Los cursos de adiestramiento se imparten bajo techo, sobre una lona limpia, y los cachorros pueden socializar con libertad durante breves periodos. Eso me permite enseñar a los clientes lenguaje corporal: cuándo ignorar al cachorro y que éste descubra las cosas por su cuenta o cuándo intervenir y modificar una conducta. Es crucial que un cachorro aprenda a hablar como perro, a relacionarse con una gran variedad de personas y de animales, y a sentirse cómodo en distintos entornos. Durante años he adiestrado a muchos perros con conductas demasiado reactivas y potencialmente peligrosas. Un perro que ha mordido a alguien ha aprendido que puede controlar una situación mordiendo. Es gratificante, y cuando se repite, se convierte en un comportamiento formado. ¿Ese perro es un caso perdido? No. ¿Puedo ignorar el hecho de que sabe que ha ahuyentado a las personas con sus mordiscos? No. Pero sí he conseguido que los perros aprendan qué conductas son aceptables y cuáles los apartarán de la manada. Al enseñar al perro que su dueño es quien tiene el control y que es menos estresante portarse de otro modo, puedo conseguir que la probabilidad de que reaccione y muerda sea menor. Pero no puedo ignorar el hecho de que sabe que es capaz de morder. Habrá que controlarlo siempre.»

Historia de un adiestramiento triunfal: campamento de reclutas

Catherine Stribling, vicepresidenta económica de MPH Entertainment —y guionista de *El encantador de perros*— siempre se consideró una buena adiestradora de perros hasta que tuvo a *Duncan*. Este hiperactivo labrador rubio, que ahora tiene 5 años, ha sido todo un reto desde que Catherine lo recibió cuando sólo tenía nueve semanas de vida. Salir a pasear con correa nunca fue un problema hasta que apareció *Duncan*. Testarudo y un auténtico manojo de nervios, *Duncan* sigue avanzando aunque no sepa hacia dónde, ajeno a toda indicación o correctivo, agotando a Catherine mental y físicamente sin que él se canse en absoluto.

Catherine probó con todo: le lanzaba el *frisbee*, lo hacía caminar en la rueda, lo llevó a una guardería canina. Puede que *Duncan* se cansara con tanta actividad, pero seguía sin entender las reglas de su dueña, sus fronteras y sus límites. Catherine dice: «*Duncan* tenía muchas ganas de complacerme, pero era incapaz de averiguar cómo hacerlo. Fallaba la comunicación entre nosotros.»

Avancemos seis meses. «Todos en las oficinas de *El encantador de perros* han visto que *Duncan* es mucho más tranquilo y obediente. Cuando me preguntan cómo lo he hecho, les digo: "¡Thank Dog! Bootcamp!"»*. Propiedad de Jill Bowers, que además lo dirige en Burbank, California, el Thank Dog! Bootcamp combina el entrenamiento de un campamento de reclutas y la obediencia canina. Jill está titulada como entrenadora de personas y de perros: en sus ejercicios cardiovasculares incorpora órdenes de obediencia básica, como «sentado», «quieto», «ven» y «vete a tu sitio»; los perros aprenden a sentarse en silencio junto a su dueño mientras éste se dedica a la sesión de pesas. «En cuanto adapté la actividad al nivel de energía de *Duncan* empezó a escuchar.»

Catherine es la primera en admitir que es más tranquila ahora que puede dar salida a su energía nerviosa. «Realmente

---

* N. del T.: juego de palabras entre *Thank God*, gracias a Dios, y *Thank Dog*, gracias al perro.

la energía se transmite a través de la correa.» Como en Thank Dog! Bootcamp los grupos de perros y dueños van rotando, es el lugar ideal para que *Duncan* aprenda a socializar adecuadamente con otros perros. Y, sobre todo, *Duncan* y Catherine han forjado una unión al compartir esa actividad. «Siempre que sacaba a pasear a *Duncan*, mi otro perro, *Rupert,* se nos unía. Thank Dog! Bootcamp es especial para nosotros. Es donde aprendimos a funcionar como una unidad.»

 Sexta norma: un perro mayor también aprende

Por supuesto, lo ideal es coger a un perro cuando es un cachorro y convertirlo en el perro perfecto, pero ¿qué pasa con los perros de más edad, sobre todo aquellos que acaban en refugios u organizaciones de rescate? ¿También pueden aprender?

«¡Un perro mayor puede aprender lo mismo que una persona mayor!», dice Kelly Gorman Dunbar, adiestradora y fundadora de Open Paw[3], programa para educar a los seres humanos para que haya menos perros abandonados en los refugios y para ayudar a los perros de refugio a ser más adoptables. «La conducta está en constante movimiento, adaptación y cambio. Quizá un perro mayor tenga hábitos adquiridos o determinadas asociaciones que haya que superar para avanzar, pero si entendemos cómo aprende un perro, es posible modificar su conducta.»

A Kelly le apasiona hablar de los problemas específicos de los perros de refugio. «Hay muchas razones por las que podrían rechazar a un perro de refugio: quizá no sea tan guapo o tan dinámico como un perro más joven o esté deprimido por encontrarse en un refugio a esas alturas de la vida, podría estar asustado por el entorno y ocultar su verdadera personalidad, podría no haber sido adiestrado para vivir en un hogar y por ello permanece sentado en la perrera, sobre sus propios excrementos, o podría enfrentarse al estrés desfogándose: ladrando, yendo de un lado para otro, gruñendo. Todas estas trabas para la adopción y otras se pueden tratar mediante el condicionamiento clásico y el adiestramiento básico. Un refugio puede resultar sobrecogedor tanto para el perro que vive en él como para la persona que va a visitarlo. Si los perros del refugio están limpios y se muestran serenos, tranquilos, accesibles y sociables, el refugio será más agradable para todos. Siendo realistas, un perro sólo tiene entre quince y treinta segundos para causar una buena impresión en la persona que tal vez lo adopte, para llamar su atención, ¡así que más le vale saber cómo causar una impresión inmejorable! En Open Paw lo primero que hacemos es reducir el estrés de nuestros perros tanto como sea posible para que puedan aprender. A un perro con un exceso de energía acumulada o estresado y en actitud de lucha/huida le costará mucho aprender, ya que en esas condiciones es prácticamente imposible asimilar nueva información. Enseñar al perro, mediante el adiestramiento por recompensa, a ofrecer una conducta sociable y atractiva para las personas, como acercarse a la puerta de la perrera, mover la cola, mirar a los ojos sin agresividad, sentarse correctamente, saludar agachando la cabeza, ofrecer la pata con suavidad levantándola hacia la verja, todo eso reduce el estrés del perro —un perro de refugio no necesita más estrés ni presión en su vida— y hace que aumente la probabilidad de que atraiga la atención del visitante».

He visto docenas de casos en los que un perro mayor sorprende a todo el mundo con su capacidad y su disposición para aprender. Mi íntimo amigo *Daddy,* ya fallecido, aprendió cosas nuevas y me ayudó con perros problemáticos hasta el día de su muerte, con 16 años. Cuando

Daddy empezó a padecer los problemas típicos de la edad, me preocupé por documentar cada fase por la que pasaba para aprender a ayudar en el futuro a otras personas con perros muy mayores. El Senior Dogs Project es una organización maravillosa que educa y asesora a la gente sobre las necesidades específicas de los perros mayores y, en especial, todas las cosas maravillosas que nos pueden ofrecer.[4] El Senior Dogs Project sostiene que un perro puede aprender conductas nuevas y complejas a cualquier edad y lo demuestra compartiendo muchos casos.

Un ejemplo de ello fue *Autumn,* un cruce de husky y pastor alemán que ya tenía 10 años cuando fue adoptado por Laura Eland en Ontario, Canadá. En 2001 Laura escribió al Senior Dogs Project: «Cuando me entregaron a *Autumn,* me dijeron que no había sido adiestrado, que nunca había llevado un collar o una correa y que su apodo era *Estúpido*. Al principio, cuando vino a vivir con nosotros, se pasaba casi todo el tiempo sentado en un rincón, de cara a la pared. También gruñía cuando lo acariciaba o tocaba su plato. Llamé a un adiestrador de la zona, que diseñó un programa para que *Autumn* y yo lo siguiéramos en casa. Nada más acabar la primera sesión, vi que empezó a cambiar la personalidad de *Autumn*. Dejó de mirar a la pared y empezó a confiar en mí como líder. Dejaron de llamarle *Estúpido* y a decir cosas como: *"Autumn* es el perro más listo de la manada". A sus 14 años *Autumn* se comporta como si tuviera 6. Es el más viejo de su clase, pero también el mejor.»

 Séptima norma: el aprendizaje no es una carrera

Al igual que las personas, no todos los perros tienen la misma capacidad para aprender. Los hay que aprenden rápido, otros despacio, y algunos lo hacen a distinto ritmo dependiendo de muchos factores, entre ellos, qué estamos tratando de enseñarles.

Jamás debemos comparar a nuestra mascota con otra de su edad. Aunque sean de la misma camada, su capacidad de aprendizaje puede variar mucho. Lo mejor que podemos hacer es pasar tiempo con nuestra mascota y observar cómo aprende y cómo evoluciona. Tenemos que estar pendientes de si está dispuesto a trabajar con nosotros y de si se muestra independiente y terco. Busque sensibilidades e identifique qué es lo que le gusta y le resulta gratificante tras mostrar una conducta.

Martin Deeley afirma: «En ocasiones su perro se distraerá y decidirá no obedecer al no entender lo que para usted es una orden familiar. No lo dude, su perro realmente quiere ser bueno y hacer lo que se le pide, así que ayúdelo. Hasta el perro más listo puede encontrarse con dificultades que ralentizan el proceso de aprendizaje. El motivo puede ser una interrupción, o la actividad que le está enseñando, o los instrumentos que utiliza, o que no esté familiarizado, o que esté asustado o frustrado, o las simples distracciones que hacen que el perro ya no esté atento. Hasta los perros que captan rápidamente determinadas órdenes pueden tener problemas con otras.»

El secreto radica en la constancia. Aunque no estemos adiestrándolo de manera formal, podemos ver cada actividad como una oportunidad para enseñar. Martin promete: «Si lo convierte en una rutina, algún día alguien dirá: "Qué perro tan bien educado". y usted responderá: "Sí, tiene un talento innato."»

 Octava norma: tenga en cuenta la raza

A veces se oye alardear de un perro con frases como: «Es un collie, que es la raza más lista de todas.» A todos nos gusta pensar que nuestro perro es más listo que los demás, pero ¿qué queremos decir con «listo»? ¿Cómo sabemos qué es lo que hace que un animal sea más listo que otro? A un animal no podemos hacerle un test para saber su cociente de inteligencia ni pedirle las notas de selectividad. Aunque fuera posible sentar en pupitres a una mofeta, un cerdo y un cuervo, cada uno con un lápiz, y les hiciéramos preguntas, no podríamos comparar sus respuestas porque, en realidad, cada uno necesitaría un test diferente. Por naturaleza, la mofeta tiene una finalidad y unas relaciones con el medio ambiente totalmente distintas a las del cuervo o el cerdo.

Con los perros pasa lo mismo. Aunque todas las razas de perro pertenecen a la misma especie, *Canis familiaris*, la ingeniería genética del ser humano también ha creado a cada perro para un fin específico. Por ello, en realidad no podemos comparar los resultados de un imaginario test de inteligencia de un galgo con los de un beagle o un labrador retriever. Estas tres razas están diseñadas genéticamente para desempeñar distintas tareas en el mundo, por lo que tienen habilidades y debilidades intrínsecas que, en general, poco tienen que ver con la inteligencia. ¿Acaso un mecánico de coches es más listo que un poeta premiado con el Nobel? Tal vez sobre el papel el poeta tenga un cociente de inteligencia más alto, pero si se nos avería el coche no lo llamamos a él para que nos lo arregle.

La inteligencia es cuestión de percepción y la pregunta es: ahora mismo ¿qué significa listo para usted y para lo que quiere que se haga? Tal vez le parezca que su ágil y vivaz boyero australiano es el perro más inteligente del mundo, pero si se pierde en el monte y lo rescata un sabueso lento y tristón le prometo que querrá darle un doctorado honorífico mientras su boyero australiano sigue dando vueltas, tratando de encontrarlo. Se trata de averiguar qué necesidades y percepciones tiene usted.

Por supuesto, si hablamos de obedecer y de aprender cabriolas, los perros de pastoreo suelen hacerlo sin problemas y se los considera más listos por el modo en que manifiestan su inteligencia. Son perros que pueden aprender combinaciones: como si un dedo fuera un ladrido, dos fueran dos, y así. Pero los perros de pastoreo llevan en sus genes la capacidad de entender las combinaciones. El pastoreo es una tarea increíblemente compleja que requiere ser consciente de los movimientos y las distancias, conocer el espacio, poder responder al segundo e incluso ser capaz de planear una estrategia. Un perro de pastoreo se orienta sobre todo por la vista y siempre está pendiente de las señales visuales y los movimientos del ser humano y de los animales que lo rodean. Cuando me dicen: «Los perros de pastoreo son las razas más listas», también están diciendo que la inteligencia de dichos perros es la que más se asemeja a la del ser humano. Para mí lo que está por ver es si la inteligencia humana es para tanto.

Por supuesto, adiestrar es sobre todo ayudar a nuestro perro a florecer y a alcanzar su plenitud, usando todas las habilidades y la sagacidad de su ADN. Por ejemplo, un grupo de boyeros australianos manejando un rebaño de ovejas es un espectáculo cuya complejidad coreográfica supera en perfección al mejor ballet jamás representado. Pero nunca veremos a un collie de la frontera buscando bombas. Su mayor valor no es su nariz sino sus ojos, su aguda percepción del movimiento y sus reflejos. Como raza, no tiene el olfato de un sabueso, un basset, un pastor alemán, un belga malinois o un labrador.

Del mismo modo, cuando volvimos para ver cómo evolucionaba *Viper,* el perro del móvil —un belga malinois—, después de sus dos meses de rehabilitación con nosotros, Helen Lambert nos ofreció una demostración de lo bien que trabajaba el nuevo y equilibrado *Viper*. Mientras veía cómo encontraba aquellos minúsculos y escondidos componentes electrónicos, me parecía estar viendo la mejor película de policías jamás rodada en Hollywood. Tal vez no envíe a un terranova a localizar drogas por el olfato, pero si quiere ver una de las mayores hazañas del mundo fíjese en un terranova durante un rescate en el agua. Es como una película de acción. Contemplar a un perro mientras despliega sus mejores artes al trabajar es mejor —al menos para mí— que cualquier forma de entretenimiento creado por el ser humano. Y eso es lo que puede conseguir usted al adiestrar a un perro equilibrado: un pase gratuito de por vida al multicine de la naturaleza.

La elección de una raza equivocada para determinada tarea será un obstáculo para el adiestramiento que queremos. Bob Bailey recuerda entre risas: «Les contaré una anécdota bélica. Estábamos trabajando para un grupo militar, y uno de los animales que nos dieron era un basset americano. Su agotadora tarea consistía en localizar minas, y tuvo que entrenarse en la pista de obstáculos. Si conocen al basset americano, bueno, te miran con esos ojos tristones y con gesto lastimero. El caso es que nos parecía increíble que lo hubieran elegido, y desde el principio lo dejamos claro: "No es una buena elección. Seguro que se referían al basset inglés". Hay una diferencia abismal: el basset inglés es un perro de trabajo. Realmente ése era el problema. Pero trabajamos durante seis meses con aquellos bassets americanos y estábamos felices, porque acabaron haciendo lo que queríamos, aunque nos llevó mucho tiempo.»

Sin embargo, un adiestrador experimentado puede superar esos obstáculos, según Bob: «Mucha gente diría: "Es un animal muy lento", así que ellos mismos se mueven despacio. Entonces el perro va más despacio, y la persona aún más, y el perro... y esto no debería ser así. Si aceleramos nuestro ritmo de trabajo, casi siempre lograremos que un perro supuestamente lento acelere el suyo. Si no lo conseguimos en un plazo de tiempo determinado, no hay nada que hacer. Al principio no debemos esperar grandes logros, pero al cabo de un tiempo el animal cambiará lo que podríamos denominar su ética laboral.»

Más allá de las habilidades concretas de cada una de ellas, todas las razas de perro pueden aprender obediencia básica. Todas pueden aprender a responder a una orden e incluso a hacer cabriolas, dependiendo, claro está, de sus limitaciones físicas.

Bonnie Brown-Cali adiestra perros para rescates y para la detección de olores en el medio ambiente. A la hora de seleccionar candidatos para su adiestramiento, tiene en cuenta los rasgos de cada raza. Dice: «Para las labores de rescate busco perros algo obsesivos. Que les guste la repetición, con algo de instinto lúdico y cazador, pero con mucha capacidad de trabajo y que les guste relacionarse con su dueño. Una prueba muy sencilla es ver si un perro tiene el instinto de buscar una chuchería o un juguete, primero sin distracciones y luego con ellas. Prefiero trabajar con labradores por su instinto recuperador. Les encanta hacer tareas repetitivas. Sin embargo, hay muchos perros, incluidos los cruces de razas, que hacen el mismo trabajo una y otra vez. No se trata de la raza, sino del comportamiento instintivo y de la tarea que han de realizar. Un perro con instinto lúdico pero que se distrae fácilmente con su presa no se centrará en su trabajo.»

En otras palabras, hay un ejercicio de adiestramiento e incluso una tarea para cada perro: incluido el suyo.

Historia de un adiestramiento triunfal: la agilidad de *Angel*

SueAnn Fincke, productora y directora de *El encantador de perros,* nos cuenta: «César me regaló un schnauzer miniatura, *Albert Angel,* de unos ocho meses. *Angel* había sido criado para el libro *¿Cómo criar al perro perfecto?* y era como un sueño. Pero al cabo de dos meses quise encontrar una actividad para *Albert* que no sólo fuera un reto para él, sino que además fortaleciera nuestra unión.» Cuando SueAnn me habló de agilidad, le dije que era una gran idea. Los terriers como *Angel* pueden ser muy ágiles y al haberlo criado desde que era un chachorro sabía que necesitaba muchos desafíos físicos y mentales para sentirse feliz y satisfecho.

SueAnn llamó a Cara Callaway, dueña de Jump City Agility en Van Nuys, California, y se inscribió en un curso para principiantes. Se reunían una vez a la semana en un parque cercano.

SueAnn recuerda: «Las instalaciones se parecen un poco a una pista de circo: con túneles, estructuras con forma de A, neumáticos y balancines. El adiestramiento de la agilidad depende totalmente del refuerzo positivo. Cada vez que *Albert Angel* completa uno de los obstáculos de la pista recibe una recompensa. Sólo hay que insistir con el obstáculo hasta conseguirlo, y al final siempre hay recompensa. Como *Albert* y yo aún somos principiantes, lo recompenso con comida. Pero no le doy chucherías para perros. Albert tiene lo mejor: trocitos de carne o tal vez salmón. Y como recibe tantas recompensas en las dos horas que dura el entrenamiento, Cara me recomendó que no le diera de cenar después.»

El adiestramiento de la agilidad depende básicamente de que nuestro perro y nosotros progresemos como equipo. La clave es la paciencia. Cada vez nos centramos en un obstáculo: una y otra vez, sin dejar de motivar y animar al perro hasta que termine la tarea. SueAnn afirma: «Aprendes a dar órdenes verbales, de modo que cuando se trata de recorrer toda la pista, el perro sabe qué obstáculo queremos que complete. César tenía razón: a *Albert Angel* le encanta la agilidad. Y resulta que se le da muy bien. Aún estamos en la etapa de principiantes, pero me muero de ganas por que llegue el día en que recorra con él toda la pista.»

Novena norma: un éxito pequeño crea grandes recompensas

El cerebro de un cachorro, incluso el de un perro maduro, se cansa antes que su cuerpo. Entrenar y practicar nuevas conductas puede ser una forma excelente de quemar energía, por lo que adiestrar a nuestro perro es una manera estupenda de mantener su vida satisfecha y llena de retos. Pero para que el aprendizaje tenga una base sólida es mejor trabajar paso a paso, aumentando poco a poco, con sesiones cortas y suaves. Martin Deeley confirma: «A menudo esperamos que nuestro perro estudie en la universidad cuando ni siquiera ha acabado el jardín de infancia. Es mejor triunfar lentamente, con pasos cortos, que tratar de dar grandes zancadas y fracasar.»

Nada tiene tanto éxito como el propio éxito. No sólo es importante acabar cada sesión de adiestramiento con buena nota: además tenemos que estar constantemente anticipando nuevas formas de conseguir que nuestro perro triunfe. Hacer algo que no sea conveniente puede resultar gratificante o quizá podamos estar recompensándolo sin saberlo. Martin opina: «Un buen ejemplo de ello es que nos encanta que los cachorros vengan corriendo y salten sobre nosotros; entonces los cogemos en brazos y los achuchamos. Antes de darnos cuenta pesan veinticinco kilos y hacen lo mismo con todo el mundo. Lo que para un cachorro estaba bien ya no lo está tanto para un perro de gran tamaño, incluso uno más pequeño que esté demasiado nervioso.»

Ian Dunbar está de acuerdo: «¿Qué delito ha cometido el perro? Crecer.» Es mucho más fácil inculcarle buenas costumbres inmediatamente que corregir las malas después, da igual qué edad tenga el perro.

Décima norma: sea constante

El objetivo de este libro es ofrecer al lector una amplia gama de técnicas y trucos para criar un perro bien educado. Una vez hayamos elegido la forma más adecuada y factible, lo mejor es ceñirnos a esa estrategia hasta que funcione. Bonnie Brown-Cali confirma: «Cuando empecé a adiestrar perros, había un patrón: el método Koehler. Al progresar los estudios sobre conducta animal comprendemos mejor cómo aprende un perro. Viajo por todo el mundo para colaborar con adiestradores muy diversos y de todos aprendo algo. He descubierto que si elegimos una filosofía sólida de adiestramiento que encaja con nuestro perro y nuestros objetivos, y nos ceñimos a ese programa con repeticiones y constancia, los resultados serán positivos. Pero si empezamos a saltar de idea en idea acabaremos hechos un lío y nuestro perro también.»

NOTAS

[1] Christopher Reed, «Best Friend Bests Chimp» [El mejor amigo supera al chimpancé], *Harvard Magazine* 105, marzo-abril de 2003, página 4.

[2] Sung Lee, «The Brain Well: To Lead, Be Balanced» [El manantial del cerebro: Para guiar se requiere equilibrio], *The Brain Well,* 9 de enero de 2010, http://www.sedona.biz/brainwell-center-sedona012910.php.

[3] Véase la página web de Open Paw en http://www.openpaw.org/.

[4] Véase la página web de Senior Dog Project en http://www.srdogs.com/index.html.

5
Respeta al animal

Lecciones de los adiestradores de animales de Hollywood

Éste no es un libro para adiestradores profesionales de animales; es para quienes quieren que su perro tenga una vida más sana, feliz y satisfactoria. No es necesario que nuestro perro vaya a una audición en Hollywood para que aprenda de los adiestradores de animales que trabajan allí en la actualidad. Un gran adiestrador de animales no sólo soluciona los problemas, también entiende que lo mejor para conseguir que el perro se comporte como queremos es respetarlo como animal concentrándonos antes en lo que lo hace feliz.

Siempre hay polémica cuando se trata el tema de los animales y los espectáculos. Incluso la American Humane Association, que desde 1980 incluye entre los créditos finales el ya célebre lema «Ningún animal ha sufrido daños durante el rodaje de esta película», ha sido criticada. Pero en manos de un gran adiestrador, y siguiendo las directrices de la AHA, un rodaje puede constituir un brillante y emocionante desafío para el perro adecuado. Aunque un perro necesite pautas y rutina en su vida, también necesita su dosis de aventura. Los perros son una especie muy curiosa y si se los trata bien el estímulo diario que supone un rodaje puede ayudarlos a realizarse psicológicamente y a ser los mejores perros.

En la actualidad Karen Rosa es presidenta de la división hollywoodiense de No Animals Were Harmed® de la American Humane Association, y lleva dieciocho años trabajando en su departamento de cine y televisión. «Cuando me dicen: "Es una vergüenza que esos perros estén en el mundo del espectáculo", yo les contesto: Viajan. Su enriquecimiento mental es increíble. Hacen ejercicio. Son tratados con mucho cariño. Son recompensados por hacerlo. Se divierten mucho, francamente, mucho más que esa pobre mascota que se queda doce horas sola en el apartamento mientras su dueño está trabajando. Además nos encanta el hecho de que muchos de los animales que trabajan en cine y televisión habían sido abandonados, sobre todo perros y gatos. Nuestro principio es repetir y repetir. Recompensa la conducta deseada y repítela para fomentarla. En un rodaje cualquier animal tiene que repetir las cosas muchas veces, así que esta fórmula es la que mejor funciona.»

Pocos son conscientes de que un adiestrador de animales hace lo mismo que yo: comprueban el nivel de energía de un perro —o su personalidad— y se aseguran de que encaja antes de ofrecerle un papel. Y como posiblemente en una película un perro tenga que mostrar una personalidad más compleja que uno de verdad, a veces se necesitan varios ejemplares para que den vida a un único personaje. ¡Cuando llegué a América, recuerdo mi sorpresa al enterarme de que había más de una *Lassie*!

Según nos explica Karen: «Normalmente el protagonista es interpretado por varios perros. Así que podría haber hasta cinco *Lassies*. Un *Lassie* pastor, otro que corre, otro para las escenas de acción, otro más glamouroso y luego quizá uno para posar en la alfombra roja si tiene que ir a algún estreno: cada uno con un temperamento diferente. Por eso, cuando un adiestrador lee un guión, piensa: "Vaya, tengo un perro que puede hacer eso. Y otro que puedo hacer eso otro." ¿Cómo hacemos para cubrir los huecos? Es alucinante que consigan esas intrepretaciones de cinco animales y, además, con humanidad. Disfruto observándolos.»

Desde niño siempre he soñado con ver cómo trabajaban esos adiestradores de animales de Hollywood. Esos profesionales, capaces de crear nuevas conductas y de eliminar otras con sus soluciones tan creativas, cuentan con un arsenal de secretos que nos pueden ayudar a encontrar nuevas e ingeniosas maneras de convertir nuestro perro en un alumno feliz y obediente.

 Ofrece lo mejor de ti

Una tempestuosa tarde de sábado en mi rancho en el valle de Santa Clarita invité al adiestrador de animales para películas Mark Harden para que me mostrara cómo enseña a sus perros a hacer cosas a una señal suya. La American Humane Association me había recomendado a Mark como uno de sus adiestradores más profesionales, compasivos y experimentados, y nada más conocerlo entendí por qué es tan respetado. Es un hombre ágil, enjuto y vitalista, enamorado de sus animales y que, después de treinta años de carrera, sigue apasionado con su trabajo. Al igual que yo, podría pasarse todo el día hablando de perros. Mark trajo a cuatro de sus mejores perros para que viera cómo trabaja con distintos animales. Quería que me contara cómo consigue que los animales hagan esas cosas tan alucinantes en las películas, pero también quería averiguar si cualquier persona podría aplicar esos secretos a su perro.

Una de las primeras cosas que Mark me dijo fue un consejo que yo también les doy a mis clientes. «En primer lugar sé tú mismo, pero ofrece lo mejor de ti. Si no eres tú mismo, el perro se dará cuenta. Yo soy un tipo pequeño, silencioso. Conozco adiestradores que hablan muy alto, que son muy teatrales y expresivos. Si yo lo intentara, mis perros se reirían de mí.

Pero si eres un tipo enorme, que habla alto, y al que le funciona usar la voz y gesticular mucho, y tratas de imitarme, el perro no te creerá. Mientras que si sigues adelante, eres tú mismo y adaptas tus técnicas a tu personalidad, el perro aprenderá, "Muy bien, es con éste con quien voy a trabajar", y se adaptará también. Pero tienes que ser constante. No puedes ser de una manera un día y de otra al día siguiente. Sé tú mismo, pero sé constante.»

Nunca he estado en un estudio de cine o televisión donde no hubiera mucha presión e intensidad. Siempre se va contrarreloj, el contador no deja de correr y siempre hay alguien que mete prisa a otro. Cuando pregunté a Mark por su estado de ánimo cuando entra en el plató, me dijo: «Tengo que mantenerme sereno. A veces sé que va a resultar muy estresante, y me pongo nervioso al saber lo que quiere el director, pero tengo que llegar a un punto en el que pueda relajarme y respirar. Respiro, me tranquilizo y digo: "Muy bien, el perro no va a hacer nada si soy yo quien se pone histérico." Tengo que estar sereno, centrado y controlar mis emociones.»

Las herramientas de oficio de Mark Harden

Bolsa de incentivos: es la bolsa donde meto las chucherías que uso y que llevo sujeta al cinturón.

Chucherías: uso todo tipo de chucherías. Ahora mi favorita es el Natural Balance Rollover. Una dieta completa y nutritiva en un rollito muy manejable. Puedo trocearlo y dárselo a lo largo del día, sabiendo que no es comida basura. No me opongo a las galletitas o los perritos calientes de vez en cuando. Normalmente, si necesito un impulso extra, hiervo hígado o aso un poco de pollo. A menudo mis animales trabajan para ganarse la vida. Raciono su dieta diaria e intento que trabajen para ganársela.

Saquitos para marcar: son esos pequeños saquitos con forma de disco que usamos para enseñar al perro a quedarse en su marca. Uso unos pequeños discos de nailon porque son más manejables. Siempre los encargo con colores específicos para no perderlos ni confundirlos con las marcas de otros adiestradores. En los rodajes normalmente nuestras marcas de entrenamiento son sustituidas por rocas, palos, hojas de árbol, cajas de cerillos, platos de papel o cualquier cosa que encaje en el decorado.

Cajas de manzanas: una caja de manzanas es una herramienta cinematográfica que nos apropiamos para el adiestramiento de animales. Con las cajas de manzanas comienzo su entrenamiento para colocarse en la marca y les enseño el concepto de dirección. En el estudio uso las cajas fuera de cuadro para que mis animales sepan exactamente dónde empezar o terminar su escena.

Barra de atención: utilizo una barra de Lucite con un juguete Kong* en un extremo. La idea consiste en que el perro se fije en el juguete, no en la chuchería. Enseño este truco porque normalmente no puedo estar en el sitio al que tiene que mirar el perro. Si el adiestramiento ha sido eficaz, puedo colocarme en un sitio y dirigir su mirada (o campo de visión) a otro lugar.

---

* N. del T.: Juguete para perros, uno de los más populares en todo el mundo.

Clicker: es una cajita de plástico con una lengüeta metálica. Lo uso para comunicarme con animales que no entienden muy bien las inflexiones de mi voz o mi lenguaje corporal, como los gatos, las ratas y los monos. Nunca lo utilizo con los perros.

Recompensas con juguetes: algunos perros se sienten más recompensados si usan su juguete favorito. Un rodaje puede ser monótono y aburrido, por lo que es importante ir cambiando de recompensa, y los juguetes son lo mejor para muchos perros con mucha energía.

El primer perro que Mark me mostró pertenecía a una raza turca: un majestuoso pastor de Anatolia llamado *Oscar*. Con su perfecto pelo de color crema, sus reflejos negros en las orejas y su hocico de mastín, me resultaba un poco embarazoso, dada mi corta estatura, estar al lado de *Oscar,* que prácticamente me llegaba a los hombros. Con sus setenta kilos de peso era un ejemplar impresionante. La primera cabriola de *Oscar* que me mostró Mark fue de pie: aquel inmenso animal saltó y me abrazó poniendo las patas delanteras sobre mis hombros. Aquello me cogió desprevenido y solté una carcajada.

Mark recordaba: «*Oscar* cuidaba de una manada de caballos enanos. Fue como si me hubiera caído en el hoyo del conejo, porque su dueña tenía unos seis perros como éste y una docena de caballos enanos, y los perros eran más grandes. Ella y su marido eran ya ancianos y se iban a retirar, así que me regalaron a *Oscar* para la película *Como perros y gatos: la venganza de Kitty Galore* (*Cats and Dogs 2: The Revenge of Kitty Galore*, 2010)».

Mark y el trabajo con la marca: controlando que se quede quieto

Mark quería usar a *Oscar* para mostrarme cómo enseña el trabajo con la marca: adiestrar al perro para que vaya hasta una marca determinada en el suelo y se quede ahí para hacer algo en concreto o hasta que lo dejen marchar. Debido a la complejidad de los movimientos de cámara, el foco y la iluminación, a veces un perro tiene que ir de una marca a otra en un solo plano o toma. Si no se pone en la marca exacta, estropea el plano. No hay mucha gente que necesite dirigir tan minuciosamente los movimientos de su perro, pero la fórmula de Mark para trabajar las marcas con sus perros incluye varias sugerencias muy inteligentes para conseguir que se queden quietos hasta que los suelten. «El trabajo con las marcas nos enseña a controlar a nuestro perro a distancia. Nuestro objetivo es siempre la distancia, porque tenemos que colocarnos en algún lugar tras la cámara y no siempre podemos estar cerca cuando haga la cabriola. Es un gran reto para un perro, sobre todo cuando, hasta ese momento, lo has estado adiestrando de cerca, con incentivos y recompensas.»

Mark trajo una caja blanca de manzanas y la dejó en el suelo. Luego guió a *Oscar* hacia ella. Acto seguido éste puso las patas delanteras sobre la caja.

«Empiezo con algo grande y obvio, como esta caja. Luego iré concretando más y le pediré que se suba a una parte en concreto». Mark lanzó al centro de la caja un disco redondo, de unos diez centímetros de diámetro, y de inmediato *Oscar* puso las patas sobre la marca. «Empiezo por pedirle que se coloque sobre su marca y lo premio por quedarse allí. Luego le pido que siga en su marca mientras yo me alejo. Necesito poder estar a cierta distancia y moverme mientras él se queda sobre la caja. Pero también está lo que yo llamo el yin y el yang del adiestramiento. Pocos recuerdan que si un perro aprende a quedarse quieto necesita una orden para echar a andar.

Si le enseñas a tumbarse, tienes que darle la orden para que se levante en la caja. Si sólo le enseñas media conducta, nunca responderá con constancia.»

Cabriolas captadas contra cabriolas forzadas

Se capta una cabriola cuando un adiestrador ve una conducta natural en un perro y la premia, reforzando que la repita cuando se le pida. Una cabriola forzada no implica el uso de la fuerza: en manos de un adiestrador cuidadoso es más una cabriola guiada. Un ejemplo sería la forma en que Mark enseñó a *Oscar* a sentarse. Suavemente dirigió el trasero de *Oscar* hacia el suelo, y en cuanto se sentó lo recompensó. Entonces asoció el momento a la orden verbal. Mark quería que yo lo entendiera: «No enseño a mis mascotas a sentarse. Creo que es algo que surge de nuestra relación: cómo nos movemos, cómo vivimos. Con un perro es un poco diferente, así que necesito que lo haga cuando se lo pido, que lo haga aunque yo esté apartado».

El yin y el yang de sentarse

Mark nos dice: «Luego está el yin y el yang de sentarse. Digo: "De pie". Para ello le pongo la punta del pie entre las patas con suavidad y eso lo impulsa a levantarse. Así controlo las dos cosas: cuándo se sienta y en qué momento se levanta. Quiero que aprenda la orden y su contraria. "De pie, quieto" al mismo tiempo. De ese modo le enseño las dos conductas a la vez».

Mark me dijo que al cabo de dos días de trabajo con un perro en una marca grande, como una caja, empieza a reducir el tamaño de la marca, hasta que llega a algo tan pequeño como una moneda. En un decorado de cine normalmente la marca no es más grande que una piedra o al menos lo bastante pequeña como para que no se vea en cámara. Por lo que respecta al condicionamiento operante este proceso se conoce como "modelado": «El paso siguiente ya no consiste en que yo lo dirija a la marca, sino en enseñarle a que la encuentre él solo. Y luego le doy su recompensa. Así que poco a poco empieza a pensar dónde puede estar la marca. Quiero que el perro aprenda a pensar.»

Mark empieza con un refuerzo positivo constante: en este caso lo premia con chucherías. «Pero poco a poco hay que suprimir ese refuerzo constante, porque en un rodaje no siempre se puede controlar cuándo va a recibir una recompensa. Por ello tiene que pasar a un refuerzo mixto y variable que significa que, en cuanto sepa colocarse sobre su marca, pospongo la recompensa. Me limitaré a decir: "Bien". Eso ya es un refuerzo, ¿no? Tal vez luego premie su segunda cabriola con comida, añadiendo el estímulo puente de mi "bien". Y puedo decir "bien" de muchas maneras, variando el tono de mi voz. Puede ser un "bien" en plan: "Vale, lo has conseguido, pero por los pelos" o "¡alucinante, muy buen trabajo!". Uso mi cuerpo para comunicarme. Los perros tienen una intuición alucinante.»

Paga por lo que quieres, no por lo que no quieres

Un adiestrador experto como Harden enseña a sus animales desde la marca a responder a sus señales y a que obedezcan las llamadas microórdenes. Se trata de conductas que el animal expresa ante la cámara. Asombrado, observé cómo Mark dirigía a distancia a *Oscar* para que se girara sobre su marca, como las agujas de un reloj, diciendo: «*Oscar,* date la vuelta.» Harden nos cuenta: «Cuando era joven, solía adiestrar elefantes. Por eso, cuando empecé a trabajar con perros grandes a los que no podía mover físicamente, pensé que tendría sentido enseñarles las órdenes igual que lo haría con un elefante.» Cuando *Oscar* se giraba, a veces

Mark le decía que mirara a otro lado, una orden importante en el cine, ya que a veces tiene que parecer que el animal está mirando algo que ocurre al otro lado de la pantalla. Ver cómo *Oscar* hacía un giro de 360 grados justo cuando se le ordenaba me dejó realmente boquiabierto. ¡Me parecía mucho más interesante que ver una película!

Mientras trabajaba con *Oscar,* Mark me mostró que el premio es igual de importante que el momento en que se da. «Yo suelo decir que hay que ser muy específico con la cabriola, y jamás premiar algo que no queremos.» Y me puso un ejemplo de un error muy extendido: tras pedir a *Oscar* que fuera a su marca, retrocedió y, como lo siguió de modo instintivo, le grité: «No, no, no», hasta que volvió a su marca; entonces lo felicité: «Buen chico», y premió a *Oscar* con una chuchería.

«¿Qué acabo de enseñarte? Te saliste de tu marca, avanzaste, retrocediste y luego te premié. Lo que has aprendido es a dar tres pasos hacia delante y luego uno hacia atrás para conseguir mi premio y mi felicitación. Es un error muy extendido. Así que yo suelo decir que hay que ser específicos con la cabriola y luego recompensarla, y no al revés. Así que tendré que repetirlo. Lo repetiré cien veces. Al final sabrá exactamente qué es lo que le va a hacer ganarse su recompensa.»

Arruinar la cabriola

Si grita «¡buen chico!» cada vez que su perro hace algo y éste aprende a asimilarlo, estará muy bien. Pero cuidado con arruinar la cabriola. Si quiere que su perro se siente y no se mueva, si grita «¡buen chico!» justo cuando su trasero toca el suelo, será una recompensa que reciba antes de acabar la tarea. Acaba de arruinar la cabriola.

Mark prosigue: «En mi caso, cada vez que me voy animando, y mi voz lo refleja, mis animales reciben la señal de que el día ha acabado, que hemos terminado el trabajo y que empieza el momento del juego. Por eso me mantengo sereno, sin mostrar tanto mis emociones, durante las horas de trabajo.» Los perros reconocen la diferencia entre trabajar y no trabajar: así es como lo hacen los perros guía y los de seguridad. Por eso normalmente llevan una placa que dice que no acaricien ni jueguen con este perro: está trabajando. Reserve su entusiasmo para cuando toque jugar; no lo fastidie cuando está intentando enseñarle algo. Un entusiasmo excesivo puede crear demasiada excitación y el resultado es que echará a perder la lección.

Mark insiste en que el trabajo más duro radica en enseñar lo básico, los ladrillos sobre los que se asientan las cabriolas. «Empiezo enseñándole a ir a su marca y a quedarse en ella, y que todo esto tiene un sentido: que no soy un loco que le pide que haga cosas por capricho. Una vez que entiende eso, las cabriolas salen enseguida. El perro tiene que aprender a aprender. Por tanto, hay que empezar con cabriolas de causa y efecto: cabriolas en las que ocurre algo después de que ellos hayan hecho algo. Una muy buena es "dame la pata". Se empieza con la semilla de una conducta y se va modelando hasta conseguir la cabriola deseada, como sentarse, después sentarse y quedarse quieto, más tarde sentarse y quedarse quieto a distancia, y a continuación sentarse y quedarse quieto cuando pueda ponerme detrás de ti.»

Es una lección muy importante para toda persona que enseñe una orden a su perro. Empiece por lo básico y asegúrese de que asimila esas lecciones. Una vez conseguido eso, ya tiene una base sólida para cualquier adiestramiento que quiera hacer en el futuro.

 ## Los perros malos son los triunfadores

El siguiente perro de Mark, *Finn,* tenía el hocico desaliñado y el cuerpo robusto del típico terrier. Mark apunta: «Fíjate en él. Es como si hubiera salido de una película de Disney. Tal vez estuviera condenado a muerte, pero con ese aspecto, si no le consigo un trabajo, es que no hay nada que hacer». *Finn* era un perro desahuciado que había sido devuelto en tres ocasiones al refugio de Agoura, en California.

Pregunté a Mark qué es lo que buscaba en un perro abandonado como *Finn*, al que no habían sabido tratar muchos dueños anteriores. «En el refugio busco lo que yo llamo perros triunfadores. Puede que la gente del refugio no los considere así. Los ven como perdedores, y lo siento por ellos. Para mí es un perro que ha triunfado en todo lo que se ha propuesto. Triunfó al huir del jardín. Triunfó al destrozar la habitación. Se considera un triunfador. Está en un entorno desconocido, el refugio, y aun así sigue feliz. Yo lo veo como un perro con mucha personalidad, que no se detiene hasta lograr algo. Mi trabajo consiste en desafiarle a que triunfe en cosas nuevas y luego recompensarlo por lo que quiero.»

Cuando Mark se llevó a *Finn* a casa, éste, que estaba acostumbrado a morder, saltó directamente a la cara de Mark. «Al cabo de tres meses ya estaba en los estudios, totalmente feliz y trabajando. Hasta los niños lo abrazaban. Sólo tuve que enseñarle qué era aceptable y qué no. No estaba nada bien que mordiera una parte de mi cuerpo. Es un terrier con muchísima energía y se trataba de canalizar toda esa energía en su favor, no en contra.»

Observé que cuando Mark salió con *Finn,* el terrier marrón y blanco se mostró nervioso y saltarín hasta que Mark cambió su actitud relajada por la de trabajo. Me alucinó la rapidez con que *Finn* captó el cambio. «Vale, ahora nos vamos a poner serios.» Fue impresionante ver cómo Mark tardaba una décima de segundo en cambiar su energía, de lúdica a seria. Quería que Mark me desglosara lo que estaba haciendo.

Mark confirma: «Prácticamente crecí entre animales salvajes y una de las cosas que aprendí fue que el hombre es el único animal que juega para divertirse. Casi todos utilizan el juego como un medio para alcanzar un fin. Yo también lo uso así. Juego con ellos, luego lo dejo. Entiendo que los perros se quejen. Son así, es su forma de comunicarse. Pero sería estúpido por mi parte si no les dijera cuándo se están pasando. Así que lo controlo, empiezo, paro. Me permite ser quien domina la situación sin forzarlos a hacer nada.»

Cuando Mark usó el término *dominación* lo corté de inmediato: es una palabra que siempre me ha traído problemas. Quise que me explicara exactamente a qué se refería. «La mejor dominación no se ve, es un aura, y cuanto mejor líder seas, menos se verá. He pasado casi toda mi vida entre animales salvajes y todo esto forma parte del comportamiento social. En las manadas de lobos con las que trabajé los verdaderos líderes no eran los que hacían muchas cosas. Podían controlar a todo el mundo con una mirada o un gesto. Eso demuestra que el auténtico líder es el tipo más frío del grupo.»

El término *control* es otra palabra incómoda para algunas personas. Creo que siempre deberíamos tener a nuestros perros controlados, pero tendría que ser un control voluntario en el que los seguidores de la manada quieran complacer por voluntad propia al líder. Mark lo ve de una forma ligeramente distinta: «Bueno, sí, en el rodaje quiero tener controlado al perro. Pero lo que en realidad quiero es su atención. Necesito que me preste atención y me mire esperando mis señales para saber qué tiene que hacer. Pero somos compañeros. Trabajamos juntos en esto. Tengo que ganarme el control que pueda ejercer sobre él.»

A veces los únicos animales que Mark no puede controlar son las personas que trabajan en los ajetreados y caóticos estudios. Tiene un gran consejo para aquellos que no saben cómo podría reaccionar su mascota ante personas o animales desconocidos. «Cree una burbuja de seguridad alrededor de su perro, sobre todo si aún está aprendiendo. Asegúrese de que el perro está sereno y lleva puesta la correa, y de que usted está preparado para cualquier reacción. Como propietario del perro es asunto suyo mantenerlo a salvo.»

El reclamo del cine

Mark prosigue: «Nunca le quito la correa a un perro hasta que tenemos una relación y un reclamo consistente. Lo aprendí a la fuerza. Me regalaron un briard que había sido abandonado, me lo llevé a casa, lo solté en el jardín y pensé: "Qué perro más bonito". De repente era como si hubiera un coyote en mi jardín: no pude acercarme a él en cinco días. Mis hijos estaban aterrados. Me pregunté: "¿Por qué lo habré hecho? No hace ni cinco minutos que conozco al perro y éste es un entorno totalmente desconocido para él". En ese momento lo comprendí: "La libertad hay que ganársela. Este perro no tiene referencia alguna sobre cómo debe comportarse en mi entorno."»

En esto coincido con Mark. A menudo lo primero que hace alguien que se lleva un perro abandonado es dejarlo suelto por la casa. Lo hacen con la mejor intención, pensando: «Quiero que sepas que no pasa nada, que te quiero y que éste es ahora tu hogar, y que eres libre.» Pero esas personas se olvidan del hecho de que el perro no ha recibido instrucciones sobre cómo comportarse en ese nuevo entorno. El perro desea recibir señales de su dueño, pero éste no le está mandando ninguna. Por supuesto, el perro tiene que improvisar: normalmente su solución pasa por no tener en cuenta que el sillón de la abuela es una reliquia y que acabamos de limpiar la alfombra.

«En un rodaje, un reclamo es una chuchería. Los perros acuden por comida. Con mis mascotas es cuestión de modales. Vienen porque los llamo, tenemos una relación y les he enseñado a venir cuando se los llama. Pero para un perro actor tengo que estar seguro de que va a cruzar una calle o un prado corriendo o de que va a saltar por una ventana; siempre que lo llamo tiene que venir hacia mí sin fallar.»

El reclamo del cine es un gran ejercicio que toda familia puede practicar en casa como un juego, algo que fortalezca el deseo de su perro de responder siempre que se lo llame. Normalmente se hace con dos adiestradores, uno de los cuales lo llama y el otro lo suelta. Mark confirma: «Se llama de A a B.»

Al empezar el ejercicio yo sujetaba a *Finn,* que no llevaba correa, como A, y Mark corría por todo el prado. Entonces gritó: «¡*Finn,* ven!», y éste salió disparado como un cohete hacia él. *Finn* corrió de la A a la B y recibió una chuchería. Por supuesto *Finn* ya conocía a Mark. Para enseñarle que volviera hacia mí, un perfecto desconocido, Mark me acercó a él, me dio un incentivo y dejó que yo lo llamara. Cuando llegó a mi lado, lo recompensé. Repetimos una y otra vez ese ejercicio, alejándonos cada vez más. Mark me explicó: «Lo haremos todo el día, empezando siempre desde el principio.» Al final del ejercicio *Finn* venía a mí cuando lo llamaba desde la otra punta del prado.

«El siguiente paso para crear un reclamo consistente podría ser que uno de nosotros se colocara en un ángulo muerto y lo llamara, de modo que no pudiera vernos y acudiera al oír la voz. Una vez conseguido, correríamos por el rancho para escondernos y hacer el de A a B desde varios escondites por todo el rancho para que me busque. Empezaré recompensándolo a cada momento y luego pararé. Sólo lo hago cuando veo que dominan la cabriola. *Finn* no necesita golosinas porque le encanta correr. He de admitir que a veces la chuchería de la recompensa en realidad es para mí, no para el perro, porque me siento bien dándoles algo.»

El perro inaccesible

Nada más hablarme de la importancia de crear relaciones profesionales con los animales con los que trabaja, Mark admitió que tenía un secreto. Tímidamente, mientras le ponía un collar de semiahorque a uno de los ejemplares más majestuosos de akita que he visto en mi vida, dijo: «Éste es mi perro favorito. Uso un collar de semiahorque para no tener que hacer el bucle cada vez que se lo pongo. Puedo acercarme a *Chico* en el estudio, ponerle el collar, llevarlo adonde sea, ponérselo y quitárselo. Recibí este perro cuando tenía 2 años, trabajé con él seis meses, luego hice con él la película *Siempre a tu lado, Hachiko (2009, Hachiko: A Dog's Story)*. Ya han pasado casi tres años desde entonces. Al principio no funcionaba como actor porque era muy tímido. ¿Por qué era tímido? Una vez más la verdad es que me da igual. Por mí como si se debía a su posición en la camada. Se dice: "Vaya, ese perro habrá sufrido malos tratos", pero fue criado por un excelente profesional, y creo que la posición en la camada puede influir tanto en la personalidad de un perro como cualquier otra cosa. ¿Qué puesto ocupaba en aquella primera manada? ¿Fue acaso el último en nacer? ¿Lo alejaban constantemente de la tetilla? ¿Lo arrollaban los otros cachorros? No lo sé, pero aunque lo supiera no me sería de gran ayuda. Tengo que ayudarlo a superar esos problemas ahora, no en el pasado.»

En este sentido Mark piensa como yo. A menudo, cuando voy a rehabilitar a un perro, sus dueños se empeñan en contarme con pelos y señales la terrible vida que tuvo antes de que ellos intervinieran y lo salvaran. Tal vez sea cierto o tal vez sean imaginaciones suyas. Pero, al pertenecer al pasado, es historia. Y la historia es, por definición, otra cosa. Yo tengo que trabajar en el presente, que es la realidad. Quiero mirar al perro que tengo ante mí tal como es hoy en día y averiguar: ¿quién es en este momento y cómo puedo ayudarlo?

El relato de cómo Mark llegó hasta ese increíble akita para, además de adiestrarlo, crear una unión duradera con él es preciosa. Me puso un nudo en la garganta. Aclara una de las lecciones que espero que obtengan de este libro: para enseñar a un perro a obedecer nuestras órdenes hemos de devolvérselo compartiendo algo que sea importante para él. Mark me lo dijo: «Quizá quiera tanto a *Chico* porque realmente me lo tuve que ganar. Cuando me lo entregó el criador dijo: "Realmente le gustas", porque lo saqué a pasear y vino junto a mí. "Nunca lo hace", añadió el criador. Y *Chico* vino hacia mí y lo llevé de paseo. Me lo llevé a casa. Salió de la jaula y vino hacia mí: es fundamental que sea yo el primero en abrirle la portezuela de la jaula. Salió al instante. Todo salió muy bien.»

Entonces Mark intentó dar de comer a *Chico*. Pero el perro no sólo se negó a comer de su mano, ¡incluso se negaba a comer delante de él! «Era casi una humillación. Estaba prohibido. "No, soy un akita. No como de tu mano." Y yo, en plan, "Venga, tienes que comer." No encontraba nada que pudiera proporcionar placer o alegría a ese perro y pensaba: "Bueno, esto no va a funcionar. Si no disfrutas con esto, no." Pero no tenía elección, porque íbamos a hacer una película sobre un akita, y él era el protagonista, y vivíamos de eso. Quiero decir, si podía hacer que un leopardo se colocara en su marca, podía conseguir que ese perro también lo hiciera. Sólo tenía que descubrir cómo comunicarme con él.»

Su relación por fin dio un giro cuando Mark empezó a trabajar la agilidad con *Chico*. «Poco después ya estaba recorriendo la pista de agilidad sin chucherías ni recompensas. Al principio ni me miraba, pero lo logró. Su adiestramiento tenía un propósito. "Ah, quiere que vaya desde aquí hasta allí y luego desde allí hasta allá. Ahora lo entiendo." Para él tenía sentido. Sobre todo estaba disfrutando. Después de eso empezó a encontrar sentido a otras cosas y enseguida estaba zampando de mi mano.»

Al cabo de un mes de no obtener respuesta alguna de *Chico,* finalmente Mark encontró su puerta de entrada gracias al trabajo de agilidad que hicieron juntos. Seis meses después *Chico* protagonizaba una película con Richard Gere, rodeado por un nutrido equipo técnico, focos y maquinaria. Resulta muy difícil adiestrar a un akita. Muchas razas antiguas parecen ser más frías y menos dispuestas a complacer al ser humano que los retriever, los perros de pastoreo o los terrier, por ejemplo.[1] «Los criadores de akitas estaban sorprendidos por lo mucho que trabajaba y repetía cada cosa ese perro. Tras la película me lo quedé como mascota, algo que no había hecho hasta entonces.»

Es importante tener en cuenta por qué tuvo tanto éxito Mark. No sólo pensaba en lo que ese perro podía hacer para él. Estaba pensando: «¿Cómo puedo encontrar algo que realmente anime a este perro?». Lo fundamental de esa relación era convertir aquella experiencia en algo divertido y desafiante. Mark confirma: «Quería que se divirtiera trabajando. De lo contrario, no conseguiría nada.»

 ## Distintos perros, distintas habilidades

El último perro que Mark me mostró era magnífico: un pastor inglés, marrón y blanco, llamado *Dusty. Dusty* era la mitad de un dúo: *Dusty* y *Duffy,* dos pastores ingleses idénticos que interpretaban el personaje de *Sam,* el perro que cambia de forma en la serie de vampiros de la HBO *True Blood.* Una de las especialidades de *Dusty* consistía en levantar la pata cuando se le ordenaba.

Observé cómo Mark llamaba a *Dusty* para que se colocara en su marca y le ordenaba: «¡Arriba!». Levantó la pata con suavidad y Mark susurró: «Más arriba», mientras el perro la mantenía en alto durante más de diez segundos. Mark soltó a *Dusty* al tiempo que decía: «¡Muy bien!», y le daba una chuchería de su morral.

«Es una especie de cabriola forzada, la misma idea de darme la pata, aunque ahora se trata de darme la pata trasera», explicó. La ayudante de Mark, Tracey Kelly, trajo una caja blanca mediana de manzanas para que Mark me mostrara cómo había dirigido la acción. Con un puntero guió la pata de *Dusty* hacia la caja y luego le dio un premio. «Empiezo por recompensarlo por un toque. Así capta la idea. Empiezo con una caja pequeña y luego voy pasando a otras cada vez más grandes.»

Por supuesto, el pastor inglés tiene la agilidad y la complexión para poder hacerlo. Otro perro podría pasarlo peor. Por eso, los adiestradores de Hollywood suelen emplear distintos perros para el mismo personaje.

Mark continúa: «Cada perro tiene su habilidad y su personalidad propias. Por ejemplo, *Dusty* levantaba la pata más rápido, lo hizo mejor que *Duffy,* por lo que, si en una escena hace falta levantar la pata, lo usaré a él. También es más sociable que *Duffy;* por eso, si en la escena tiene que echar a correr hacia un grupo de personas que le van a dar un abrazo, recurriremos a él. A *Duffy* se le dan mejor las cabriolas, es más preciso, así que si se trata de algo muy específico lo utilizaremos a él. *Duffy* también tiene un aspecto más serio. Este tipo —señaló a *Dusty,* acariciando su pelo— tiene un aspecto más despreocupado y juvenil. *Duffy* es más serio, un poco más elegante, así que si la escena requiere violencia o una situación en la que tenga que parecer siniestro, su aspecto es mejor, lo que nos compensa. En cierta ocasión tuvieron que trabajar juntos, porque los dos interpretan a *Sam,* el perro del protagonista, pero también al perro cuya forma adopta *Sam.* Así pues, en una escena *Sam* se transforma en perro y se va a nadar con su propio perro. Fue muy divertido.»

Cuando al final de la jornada nos despedimos, y Mark y Tracy metieron a sus perros en la furgoneta para regresar a su rancho al norte del condado de Los Ángeles, me sentía como si hubiera estado hablando con mi alma gemela. Aunque el trabajo de Mark consiste en lograr que un animal haga cosas que sólo benefician al ser humano, está claro que trabaja desde la perspectiva del perro y siempre busca la manera de que el trabajo en el cine sea divertido y gratificante para el perro. Hablamos de un hombre que empieza cada tarea recordándose que lo primero es respetar al animal. En mi opinión, por eso ha obtenido tantos y tan buenos resultados y se ha divertido en su trabajo durante treinta años.

Las normas de Mark Harden para el adiestramiento en Hollywood

1. Sea claro y simple en cuanto a lo que quiere de su perro. Empiece con cosas sencillas, básicas, y no pase a otro nivel hasta que esté seguro de que las primeras conductas han sido perfectamente asimiladas.

2. Cada perro es diferente y se motiva por una enorme variedad de cosas. Lo mejor es tener muchas opciones en nuestra caja de herramientas y no abandonar hasta haber encontrado esa recompensa o actividad especial que le permita comunicarse con su perro. ¡Y asegúrese de que la experiencia sea divertida!

3. Mi regla del yin y el yang: cuando enseñe cualquier conducta, enseñe también la opuesta; por ejemplo, «sentado» va siempre emparejado con «¡de pie!».

4. Utilice un refuerzo mixto y variable: una vez que el perro haya asimilado lo elemental de la conducta que está tratando de enseñarle, no lo premie constantemente, y alterne las recompensas, desde comida hasta elogios o juguetes. Al final el mero hecho de haber logrado asimilar la conducta se convierte en una recompensa por sí mismo.

5. Sea específico. Pague por lo que quiere, no por lo que no quiere. Si el perro sólo consigue realizar parte de la conducta, no lo premie. De lo contrario, ¡le estará enseñando a hacer bien sólo la mitad de la conducta! Deje que descubra él solo qué es lo que tiene que hacer para recibir su recompensa: eso forma parte del desafío.

NOTAS

[1] Véase la página web de American Kennel Club http://www.akc.org/breeds.

6
Correas fuera

El doctor Ian Dunbar y el adiestramiento de perros sin contacto físico

El aroma de las flores primaverales inundaba la furgoneta mientras avanzábamos por las pintorescas calles de las colinas de Berkeley, California. En la cima estaba la casa de Ian y Kelly Dunbar: una preciosa mansión de estilo italiano de finales de la década de 1920 sobre un exuberante jardín desde el que se veían el parque y la ciudad universitaria.

Desde que oí hablar del doctor Dunbar, y de sus trabajos pioneros en el adiestramiento sin correas de cachorros, quise conocerlo. Ian y su encantadora esposa, Kelly Gorman Dunbar —que también era adiestradora de perros—, me habían invitado a una cena informal dos años antes. Enseguida congeniamos, pero en realidad nunca tocamos el tema de la paja en el ojo ajeno sin ver la viga en el propio, esto es, la forma muy distinta en que cada uno de nosotros trabajaba con los perros.

El propósito de aquella segunda reunión era compartir ideas e información y que Ian me mostrara cómo funcionan sus métodos de adiestramiento sin correa. Al invitarme a su casa, los Dunbar sabían que serían mal vistos por algunos seguidores del adiestramiento positivo que critican y a menudo malinterpretan lo que hago. Y yo sabía que me pasaría gran parte de esos dos días como el alumno de alguien que no coincide conmigo en unas cuantas áreas básicas. Pero llevaba mucho tiempo ansiando ese encuentro. Como padre, me parece fundamental ser un ejemplo para que mis hijos aprendan que hemos de dialogar con aquellos que podrían no estar de acuerdo con nosotros en lugar de ponernos a la defensiva, gritarles o calificar sus ideas de erróneas. Quiero que mis hijos cambien el mundo, pero no alejándose de los que no comparten su mismo punto de vista, sino hablando con ellos y, sobre todo, escuchándolos. Así es como aprendemos, crecemos y cambiamos nuestro mundo como seres humanos, no sólo como encantadores de perros o como adiestradores. Al compartir información y olvidar los prejuicios todos nos beneficiamos y abrimos una ventana de esperanza al mundo. Creo que para transformar el mundo antes debemos transformarnos a nosotros mismos y ése fue mi espíritu mientras me preparaba para la oportunidad de trabajar con uno de los hombres más respetados e influyentes en el mundo del adiestramiento de perros.

«Cuidado con el muro», dijo amablemente el elegante y canoso Ian Dunbar mientras entrábamos marcha atrás por la puerta. «Lo levanté con mi hijo Jamie.» Aquel muro de fabricación casera me dio la primera pista de que Ian Dunbar y yo teníamos mucho más en común de lo que podría parecer a primera vista. Después de todo soy un mexicano campechano que no pasó del instituto y que cruzó la frontera con la ropa que llevaba en la mochila. Él es todo un caballero inglés con la pared cubierta de diplomas —una licenciatura en veterinaria, con matrícula de honor en fisiología y en bioquímica, por la Royal Veterinary School de la Universidad de Londres, y un doctorado en conducta animal por la Facultad de Psicología de la Universidad de California, en Berkeley—, que se había pasado una década investigando la comunicación olfativa, el comportamiento social y la agresividad en los perros domésticos. Desde que aparecí en la televisión norteamericana me han comparado desfavorablemente con Ian Dunbar, que durante cinco años tuvo su propia serie en la televisión británica. ¿Qué podíamos tener en común más allá de nuestro interés por los perros? En el fondo los dos somos chicos de granja: un par de tipos sencillos que sólo quieren plantar árboles en su jardín, levantar sus propios muros y deambular por el campo con los perros. La actitud relajada y cordial de Ian enseguida me hizo sentir como en casa.

Ian suspiró: «Crecí en una granja. De niño vagaba por los prados con mi perro. Siempre estaba con él. Y era maravilloso. Es más, hasta mi primer programa sobre perros no tuve una correa.»

Asentí y recordé con melancolía aquellos lejanos días en la granja de mi abuelo, recorriendo los pastos y las polvorientas carreteras, seguido siempre por una manada de perros. Allí tampoco había correas.

Ian prosiguió: «¿Sabes? Ya no se disfruta con eso. Ya no quedan muchos sitios donde los perros puedan ir sin correa. Está pasando en todo el mundo. Cuando era un niño, si ibas a un pub en Inglaterra, había tres perros dentro: dos lurcher y un jack russell bebiendo cerveza de un platillo. Si entras ahora en un pub no verás un solo perro.»

Le pregunté: «¿Por qué cree que pasa eso?» Ian contestó: «Cada vez nos volvemos más restrictivos porque nos preocupan las agresiones por parte de los perros. Pero lo irónico del asunto es que por este aumento en las restricciones ahora resulta mucho más difícil hacer que un perro sea sociable.»

El creciente problema de los perros antisociales y descontrolados es el punto donde convergen las vidas de un veterinario británico y un inmigrante mexicano. Si bien los perros rebeldes hicieron que me convirtiera en el encantador de perros en lugar de ser el adiestrador del próximo *Lassie,* el mismo problema inspiró a Ian Dunbar para desarrollar su idea de adiestrar cachorros —al igual que perros adultos— para que obedezcan incluso sin llevar la correa. Su objetivo consiste en usar el adiestramiento básico para evitar todos esos problemas de conducta y de comunicación que desembocan en las demenciales situaciones que hacen que mi programa sea tan dramático.

Ian explicó: «Fundamentalmente enseño técnicas donde no hay contacto físico, y hay un buen motivo para ello. Hay muchos seres humanos que no saben tocar a los animales. Y quizá los hombres y los niños sean los peores. Hacen cosas espantosas con los perros. Si el perro lleva puesta la correa, normalmente acaban por tirar de ella. Así que les digo: «Bueno, vamos a quitarle la correa y se acabó el problema.» Es distinto si se trata de un adiestrador experto como tú o como yo, porque sabemos a qué animales podemos tocar y cómo tocarlos. Los métodos de adiestramiento que receto no tienen nada que ver con mi forma de adiestrar a un perro o con tu forma de adiestrarlo. Tiene que ver con el hecho de que tengo una familia y dos hijos. Quizá no tengan nuestra capacidad de observación o nuestra rapidez y control del tiempo, y seguro que no son tan listos como el perro. Pero, con todo, necesitan aprender a vivir en armonía con su perro.»

»Casi todo el mundo utiliza la correa como una muleta. Se ha convertido en una herramienta de adiestramiento muy, muy difícil de eliminar. Comparada con ella, la comida es más fácil.»

Yo también prefiero trabajar sin correa con los perros, si bien las herramientas que suelo emplear son mi energía, el lenguaje corporal, el tacto y un par de sonidos muy sencillos. Ian Dunbar está de acuerdo con mi forma de usar el contacto físico para corregir a un perro. Aunque él también emplea el lenguaje corporal para comunicarse, su herramienta favorita es la voz.

«No toco al perro. Nunca uso las manos para que haga algo, pero las manos le muestran mi agradecimiento, le dicen: "Buen perro". Pero sí uso mi voz, porque la voz es lo único que tenemos siempre.»

Yo prefiero el silencio cuando trabajo con un perro. Según lo veo, así es como se comunican entre sí en su propio mundo: mediante el olfato, la energía, el lenguaje corporal, la mirada y, en ultimo lugar, el sonido. Aprender el método de adiestramiento de Ian Dunbar sería un reto para mí, tan importante como emocionante. Muchos de mis clientes sueñan con poder usar órdenes verbales para comunicarse con sus perros.

«Antes podía hablarle a mi malamute con frases completas. "Phoenix, ven aquí, coge esto y llévaselo a Jamie, por favor." Y cogía la nota y salía corriendo al jardín en busca de Jamie. Es una retroalimentación binaria: premiar al perro cuando lo hace bien y reprenderlo cuando lo hace mal, pero siempre con la voz. Hemos de emplearla de un modo aleccionador, porque eso es lo que queremos que aprenda. El criterio básico para adiestrar es que disponemos del control verbal cuando el perro se encuentra a cierta distancia, distraído, y no necesitamos más recursos para el adiestramiento. Ni correa, ni collar, ni chucherías, ni pelotas, ni juguetes. Cuando decimos que se siente, el perro se sienta.»

Yo había llevado a *Junior,* mi leal pitbull, que entonces tenía 2 años y medio. Por supuesto, como todos mis perros, estaba equilibrado aunque no exactamente adiestrado. Le dije a Ian: «Lo he criado desde que tenía dos meses. No puedo colgarme medalla alguna: mi perro *Daddy,* que murió hace unos meses, hizo casi todo el trabajo. *Junior* absorbió la forma de ser de *Daddy,* y yo me limité a guiarlos un poco. Por eso, *Junior* no reconoce eso de sentado, abajo o quieto». Mostré a Ian los dos sonidos que *Junior* identifica como órdenes: un sonido parecido a un beso, que significa «ven, sí, bien», y un chistido que significa «no me gusta lo que estás haciendo». «Son los únicos sonidos que conoce, pero me encantaría que me mostraras cómo le enseñarías a obedecer una orden». Ian aceptó el desafío y nos invitó a *Junior* y a mí a su espacioso y luminoso salón, y me indicó que me sentara en el mullido sofá de cuero marrón.

Junior aprende inglés como segundo idioma

Ian empezó a hablar: «Antes de comenzar, mi abuelo me enseñó que tocar a un animal es un privilegio que hemos de ganarnos. No es un derecho.» Sonreí, sintiéndome cada vez más cómodo. Aquel encantador inglés y yo teníamos algo más en común: unos abuelos que compartieron con nosotros su sabiduría sobre la madre naturaleza. «Y lo más peligroso de un perro es esa cosa roja alrededor del cuello.» Señaló al collar de *Junior*. «Un 20 por ciento de los mordiscos de perro se producen cuando el dueño toca eso. Sucede cuando el dueño agarra el collar y le toca la cara: "Eres un perro malo." Ian había pasado años investigando las causas y los efectos de las agresiones de los perros domésticos, así que conocía muy bien las estadísticas.

Para evitar imprevistos Ian utiliza una chuchería para poner a prueba el temperamento. «Me tomo mi tiempo. Mira, no conozco a *Junior*. Quizá yo no le guste. Así que quiero asegurarme de que está bien. Si *Junior* coge la chuchería, digo: "Te engañé. Ya estamos en marcha. Hoy vamos a trabajar contigo."» Mientras *Junior* cogía la chuchería de la mano de Ian, éste le mostró el collar con la otra, un gesto que repitió varias veces. Ian estaba condicionando a *Junior* a asociar su mano con la agradable experiencia de conseguir la chuchería. «Esta clase de asociación también puede ser un salvavidas», añadió. «Podríamos tener una emergencia: si intenta saltar por la ventanilla del coche en plena autopista, puedo agarrarle rápidamente del collar. Y no reaccionará mordiéndome; lo primero que pensará es: "¿Dónde está mi chuchería?"». Ian me explicó que su proceso empieza con una sencilla secuencia de cuatro fases: 1) petición, 2) señuelo, 3) respuesta y 4) recompensa.

«Así pues, decimos: "*Junior*, sentado." Es la número uno, la petición. Y entonces levantamos la comida.» Ian flexionó el brazo y levantó la chuchería que servía de señuelo por encima de la cabeza de *Junior*. «Ahora su trasero toca el suelo. Ésa es la respuesta. Por eso ahora, "buen chico. Toma." Lo recompensamos.»

Luego Ian pidió a *Junior* que se pusiera de pie, moviendo ligeramente a un lado la mano con la chuchería. «Cuando se levante, decimos: "buen chico", y le damos el premio.» Ian repitió la secuencia una vez más y *Junior* respondió a la perfección.

Advertí que Ian sostenía la chuchería muy cerca de los dientes del perro, pero no se la daba aún. Explicó: «Cuanto más tiempo la sostengas, más reforzarás su posición de sentado-quieto, tan agradable, serena y firme.»

A *Junior* se le daba genial esa rutina de sentado-de pie. A continuación Ian encomendó a *Junior* una misión mucho más dura: «Abajo.» Al decir la palabra *abajo*, Ian bajó la mano con la chuchería. *Junior* lo siguió con la mirada, pero no adoptó la posición deseada.

Ian dijo: «Está bien. Ésta es un poco más difícil.» Volvió a empezar la rutina desde «sentado», usando tan sólo el movimiento del brazo sin ofrecer una chuchería como recompensa. «¿Ves? Ya estoy eliminando el señuelo de la comida para la señal de sentarse. Es muy importante. Lo más importante en el adiestramiento es eliminar la comida, y eso es algo que muy pocos hacen. De ese modo el perro aprende: si mi dueño tiene comida, lo hago; si no tiene comida, no lo hago. Igual que no tiene sentido adiestrar a un perro para que sólo obedezca cuando tiene puesta la correa, no tiene sentido que un perro sólo obedezca si tenemos comida. Tenemos que estar seguros de que nos escuchará aunque no tengamos comida.»

Miré orgulloso a *Junior*. Ahí estaba, atento, alerta, con la elegancia del pitbull. Estaba esperando su siguiente orden.

Como si me leyera el pensamiento, Ian dijo: «Fíjate en *Junior*. Está pensando: "¿Ahora qué hago?". Tan hermoso y sereno. Vamos a intentar de nuevo que se tumbe.» Ian bajó la mano y, en esa ocasión, *Junior* lo acompañó con todo el cuerpo aunque con torpeza. A pesar de ello Ian lo recompensó con la chuchería y lo animó con un tono cálido y reconfortante: «Buen perro. Buen chico. Eres un perro muy bueno. Estoy muy impresionado. *Junior,* sentado.» En cuanto se sentó erguido al oír la orden, no pude evitar lanzar un puñetazo al aire de alegría.

Ian se rio. «Estás orgulloso de él, ¿verdad? Vale, *Junior,* abajo.» Y se tumbó, flexionando torpemente sus extremidades, una a una. «Buen perro, aunque parecía que te derrumbabas, más que tumbarte. De todos modos, te recompensaré. Lo que estamos haciendo es enseñar a *Junior* inglés como segundo idioma. Poco a poco iremos trabajando estas tres órdenes: "sentado", "abajo", "de pie."»

Mientras seguía trabajando las tres órdenes con *Junior,* Ian me explicó que al enseñarle esas órdenes básicas —la más importante, que «sentado» fuera de verdad— puede solucionar el 95 por ciento de los posibles problemas de comportamiento que puedan surgir con un perro. Aquella prueba infalible de «sentarse» sin correa es la esencia de la filosofía de Dunbar a la hora de adiestrar. «Si está a punto de salir corriendo por la puerta, o de saltar sobre ti, perseguir al gato, subirse al sofá, saltar del coche antes de que se lo digas... "*Junior*, sentado." Se acabó el problema. Si está a punto de perseguir a una niña en el parque, porque tiene una hamburguesa, al ser un pitbull, aunque *Junior* esté jugando, imagina lo que pensaría la gente. "*Junior*, sentado." Se acabó el problema.»

Ian luego explicó que, aunque lo más importante es afianzar la posición de «sentado», con un perro trabaja las tres órdenes para que aprenda realmente qué significa cada término. Si sólo le enseña «sentado, de pie» o «sentado, abajo», quizá el perro sea más astuto que él y adivine qué orden vendrá a continuación. Al alternar las órdenes, con el mayor número posible de variaciones en la secuencia, desde «sentado, de pie, abajo» hasta «de pie, abajo, sentado», obliga al perro a escuchar de verdad los sonidos que le salen de la boca y averiguar qué sonido va emparejado con cada conducta.

Ian prosigue: «Lo importante no son las palabras. Kelly adiestra a sus perros en francés. Tú podrías hacerlo en español. Yo empleo palabras para que el dueño entienda el significado. Pero al perro le da igual. Tras unas seis asociaciones, más o menos, el perro puede entender el significado de un nuevo sonido o palabra.»

Le pregunté a Ian: «¿Cómo consigues pasar de que el perro espere su comida a que no la reciba?». Me respondió: «Primero eliminamos la comida como señuelo y luego la eliminamos como recompensa. ¿De acuerdo? *Junior,* abajo. Ya ves, no tengo comida en la mano. Está siguiendo mi mano, pero se ha tumbado, así que le daré la recompensa con la otra mano.» Ian siguió trabajando con *Junior,* mostrándome las distintas formas en que va eliminando los señuelos de comida. En primer lugar se cambiaba la comida de mano para que el perro respondiera a la señal de la mano, no a la comida. A continuación se metía la comida en el bolsillo o la dejaba en una mesa cercana y la utilizaba como distracción o como recompensa. *Junior* sabía que el señuelo estaba ahí, pero no podía centrarse en él porque tenía que prestar atención a las órdenes y a las señales de Ian. Me dio el señuelo de comida para que lo sujetara, lo cual significaba una distracción aún mayor para *Junior,* dado que soy su dueño y es a mí a quien suele escuchar. Además Ian sólo lo recompensaba con comida de forma intermitente y sólo cuando éste respondía a la perfección, de modo que, en caso de que hubiera premio, *Junior* nunca sabría cuándo le llegaría. Mientras iba variando la forma en que usaba la comida como premio, Ian seguía recompensando a *Junior* verbalmente. «Tu perro sabe lo que significa "¡buen perro!". Tal vez no identifique las palabras, pero sí tu tono de voz, tu expresión y tu lenguaje corporal. Yo suelo decir: "Elogia a tu perro cuando lo haga bien." Muchas personas sólo hablan a su perro cuando hace algo mal. Pero un perro hace muchas más cosas bien que mal.»

Aunque Ian suele aconsejar que eliminemos las chucherías en el adiestramiento en cuanto veamos que el perro empieza a relacionar una orden o un movimiento de la mano con la conducta deseada, en su opinión las chucherías siguen desempeñando un papel importante a la hora de hacer que un perro sea más sociable, especialmente con los desconocidos y los invitados. «Tenga chucherías en casa por si vienen invitados para que su perro asocie siempre algo bueno con el hecho de que viene gente. Los invitados también pueden tratar de enseñarle órdenes, lo cual es bueno para el perro. Y sobre todo guarde las mejores golosinas, las más sabrosas, para que las usen los niños. De ese modo, cuando su perro vea a un niño, lo asociará a la recompensa más maravillosa.»

A medida que Ian repetía la secuencia de las tres órdenes *Junior* iba captando mejor el proceso, pero seguía moviéndose demasiado despacio. «Es como si lo hiciera a cámara lenta. Quiero que veas cómo lo hace un perro realmente rápido». Yo pensaba para mis adentros: «*Junior,* compañero, ¿qué me estás haciendo?». Por supuesto no estaba haciendo nada malo, ¡pero por culpa de mi ego quería que *Junior* fuera el mejor perro del mundo con el doctor Dunbar! Quiero decir: ¿qué dirían si el ojito derecho del *encantador de perros* resultaba ser lento?

Al advertir mi disgusto Ian replicó: «A veces puede ser más complicado adiestrar un perro inteligente. Quiero decir: me ha adivinado el pensamiento de varias maneras. Decía: "No, la comida no está en esa mano, está en la otra". He tratado de ir demasiado deprisa con él. Así que, sí, tiene un buen cociente intelectual. Es un perro inteligente». Y pensé: «¡Gracias, Dios mío!.»

 ### *Hugo,* a la velocidad del rayo

La mujer de Ian, Kelly, trajo a *Hugo,* un despreocupado y enérgico bulldog francés de enormes y expresivos ojos marrones. Kelly es la fundadura de Open Paw, un programa internacional para la educación humanitaria de los animales, dirigido a refugios y dueños de mascotas, y, según Ian, es mucho mejor adiestradora que él. En mi opinión estos dos adiestradores de primera comparten en general la misma filosofía a la hora de adiestrar, pero cada uno con un estilo propio. Mientras Ian se muestra efusivo, un tanto alocado, y ofrece gran cantidad de información verbal durante sus clases, Kelly se parece algo más a mí en el sentido de que es callada y reservada hasta que considera que ha alcanzado su objetivo al cien por cien. Trabaja con gestos sutiles y muy pocas palabras. Me vino a la mente el consejo de Mark Harden, «primero sé tú mismo, pero ofrece lo mejor de ti», y llegué a la conclusión de que tanto Ian como Kelly dan lo mejor de sí mismos a la hora de trabajar con esos perros que adoran. Es el sello de un gran adiestrador: mantener en todo momento la integridad personal.

Ian llamó a *Hugo* para que viniera al sofá y me dijo que me iba a mostrar cómo adiestraba a un perro con muchos más reflejos que *Junior*. Me tragué mi orgullo y traté de no tomarme la comparación como algo personal. Ian me dijo: «Esto es lo que estaba haciendo con *Junior,* pero más rápido. Primero trabajamos con la comida en la mano. Sentado. Abajo. Sentado. Abajo. Sentado. Bien. De pie. ¡Buen perro! Abajo. Sentado. Sí, colega, no lo haces bien, lo siento. Sentado. Abajo. Sentado.»

La asombrosa velocidad del pequeño francés me dejó perplejo. Ian hablaba como una metralleta y *Hugo* se movía como un relámpago. Ian prosiguió: «Así, en cuanto logremos que lo haga así de rápido, sé que puedo conseguir la conducta que sea sólo con mover una mano. Fíjate en esto». Ian pronunció seis secuencias de órdenes rápidas y *Hugo* respondió a la perfección. Al final de esa secuencia tan larga Ian lo recompensó.

«Mira, ésta es la primera chuchería que recibe después de todo lo que ha hecho. Estaba usando la comida como señuelo para enseñarle cómo se mueve mi mano, pero ahora que ya ha aprendido esas señales puedo meterme la comida en el bolsillo y utilizarla de vez en cuando para premiarlo cuando responde con más rapidez o elegancia. Entonces podemos eliminar completamente la comida, de golpe. Empleamos órdenes verbales y señales con la mano para que responda y luego lo premiamos con recompensas de la vida. Por ejemplo, *"Hugo,* sentado"... y le lanzamos una pelota. *"Hugo,* abajo"... y lo acariciamos. O le pedimos muchas veces que se siente mientras jugamos al tira y afloja. Utilizamos la comida como señuelo para enseñarle lo que queremos que haga y vaya tomando velocidad, y luego la eliminamos por completo, primero como incentivo y luego como recompensa. A partir de ese momento usamos recompensas de la vida para que esté más motivado y obedezca.»

En el siguiente nivel de adiestramiento Ian elimina las señales de la mano para que el perro sólo responda a las órdenes verbales. Según me contó: «Ésta es la parte de mayor dificultad. Porque, César, como tú siempre dices, los perros nos interpretan por el lenguaje corporal. Olisquean, ven la vida a través de la nariz u observan cómo se mueve la gente, los demás perros u otros animales, así que pensamos: "Ah, ha aprendido lo que significa 'sentado', 'abajo' y 'de pie' pero no, en realidad ha aprendido lo que significan *los movimientos de la mano y del cuerpo.* Por eso aquí es tan importante el control del tiempo. Hay que decir la palabra y tras una pausa muy breve hacer el movimiento con la mano. Tiene que ser así: *"Hugo,* abajo. Bien." Como ves, se estaba tumbando antes de que yo moviera la mano, lo que demuestra que puede comprenderlo. Al final se anticipará a la señal de la mano y responderá cuando se lo pida verbalmente y entonces será cuando empiece en realidad a aprender el significado de las palabras. Y eso es fundamental para un perro, porque en casa va sin correa, está de espaldas o en otra habitación, por lo que la comunicación verbal es la única forma de hacerse entender. No podemos tocar su collar ni hacerle una señal con la mano: no la verá. Por eso el control verbal es tan importante, pero es lo más difícil de enseñar. Normalmente hay que intentarlo unas veinte veces antes de que pueda establecer la conexión. De ese modo se puede ver cómo va aprendiendo a lo largo del proceso.»

Observé que, cuando Ian dio la orden a *Hugo* de «abajo», aunque estaba suprimiendo las señales de la mano, movió ligera e inconscientemente la cabeza. Se rio cuando vio que lo había descubierto. «Sé que está mal, pero todos lo hacemos. Aunque mi intención era hacerlo totalmente inmóvil. "*Hugo,* sentado. Buen perro. *Hugo,* abajo. ¡Buen chico!". Mejor, ¿no?».

«¡Buen chico!», le dije a Ian.

«Tenemos que minimizar las señales que enviamos con nuestro cuerpo o incluso con los ojos. Por eso cuando el perro no hace lo que se le pide, muchos piensan, "vaya, me ignora, no me obedece", y empiezan a frustrarse, se enfadan con su perro y la relación se va a pique. Pero no es eso lo que está sucediendo. Es decir, fíjate en *Hugo* ahora: ¿está siendo desobediente? No, está sentado a mis pies, mirándome, pero aún no me entiende porque no lo he adiestrado lo suficiente.»

Kelly, que nos miraba en silencio mientras trabajábamos con *Hugo,* añadió sus reflexiones sobre el asunto: «Creo que tiene mucha importancia el hecho de que la gente no se da cuenta de todas las señales que mandan constantemente a su perro con el cuerpo y con la cabeza. Entonces, si el perro no los está mirando y le dicen "sentado" o "abajo", y el perro no responde, es que es malo. O quizá estén diciendo una palabra y su cuerpo esté diciendo otra cosa. Por eso son tan importantes las órdenes verbales, aunque muy pocos perros tienen una comprensión verbal adecuada. Se les da muy bien observarnos, nada más.»

Ian añadió: «Y he de decir que *Hugo* está mucho mejor adiestrado en francés. Kelly le habla en francés y es un perro muy bien adiestrado, lo que pasa es que aunque mi inglés sea muy bueno, él no conoce el idioma.»

«¿Por tu acento?», le pregunté con un guiño.

Ian se rio: «No, no. En realidad, trato de no adiestrarlo tanto, así puedo utilizarlo para las demostraciones, porque habrá mayor probabilidad de que se equivoque. Uno de los mayores encantos de los perros es su individualidad. No son robots y disfruto lo mismo viendo cómo lo hacen bien que viendo cómo lo hacen a su manera, o se equivocan, siempre que no sea peligroso. Me gusta trabajar con *Hugo* para que vean que sólo porque su perro no haga algo no significa que sea malo o poco inteligente. Significa que necesita más adiestramiento y más trabajo, porque ése es el proceso de aprendizaje.» Antes de pasar a la siguiente fase Ian me propuso que adiestrara a *Hugo* en español para mostrar cómo aprende las palabras un perro. «Haz sólo señales con la mano, ¿de acuerdo? Son las que *Hugo* conoce.»

Levanté el brazo y dije: «*Hugo,* sentado. *Hugo,* sentado. *Hugo,* abajo. *Hugo,* de pie». Respondió rápidamente a cada orden.

Ian exclamó: «¡Tenemos un perro multilingüe! Ha sido su primera clase en español. Habla francés, inglés y ahora español. Y en eso consiste el adiestramiento: en enseñar a nuestro perro nuestra lengua como segundo idioma. Ya sea el español, el inglés o el francés. Entonces podemos comunicarle lo que queremos que haga.» Le pregunté: «Pero, claro, lo que el perro entiende no son realmente las palabras, ¿verdad?». Ian contestó: «Podríamos pasarnos horas discutiendo sobre si en realidad entienden el verdadero significado de una palabra. Lo que sí sabemos es que le puedes enseñar algo a un perro con una palabra. Si verbalizas un mensaje obedecerá con cierto grado de fiabilidad. Pero por supuesto los perros y las personas aprenden de forma distinta; los perros no generalizan. Por ejemplo, para enseñar a mi hijo a viajar en avión nos sentamos en sillas delante de la tele y nos pusimos el cinturón. Y ensayamos antes de volar a Londres. Así podríamos solucionar todo lo que saliera mal en plan, "me aburro", "quiero hacer pis", "quiero ir al baño", "quiero comer", "tengo sed", "quiero ver una película", "quiero leer un libro". Lo repasamos todo juntos y cuando volamos de verdad fue genial. Una persona puede hacer eso. A partir de un ensayo se puede generalizar. Un perro no puede. Si Kelly adiestra al perro en la cocina, tendrá un perro que se portará bien con Kelly en la cocina. Si yo entro en la cocina, el perro no me hará ni caso. El perro debería ser adiestrado por todo el mundo y en todas las situaciones. Por eso el mejor ejercicio que podemos hacer es durante el paseo con él pararnos cada veinte metros y pedirle que haga algo. "Sentado", "abajo", "habla", "vamos". De ese modo cada ejercicio lo realiza en un decorado distinto, junto al patio de un colegio, un tres contra tres de baloncesto, una calle cubierta de hojas y con ardillas, montones de patinadores, niños, lo que sea. Y al cabo de un rato, ya sabes, un paseo de unos cinco kilómetros, el perro vuelve y se da cuenta: "Ah, ¿quieres decir que sentado siempre significa sentado? ¿Donde sea? ¡Jamás se me habría ocurrido!"».

 ## Las recompensas de la vida

El siguiente paso que propone Ian Dunbar en el proceso de adiestramiento es la transición de la recompensa con comida a lo que denomina «recompensas de la vida». Las recompensas de la vida pueden ser cualquier cosa, todo aquello que dé sentido a la vida de un perro en particular, que le proporcione la más pura felicidad. Ian explicó: «Empezamos con la comida como recompensa porque es conveniente. Pero no entra en conflicto con los intereses reales del perro, ya sea olisquear o jugar al tira y afloja o con otros perros. Ése es el secreto de un perro fiable: haz una lista con las diez actividades preferidas de tu perro y colócala en la puerta de la nevera. Entonces puedes adiestrar a tu perro. Deja que salga a la calle a olisquear y enséñale: "Ven aquí, olisquea. Ven aquí, olisquea", o "sentado, olisquea." Deja que juegue con otros perros. Probablemente sea lo que más le guste. Entonces le dices: "Ven aquí", o haces que se siente y luego dejas que vaya a jugar de nuevo. Y en ese momento esas maravillosas actividades, que forman parte de su vida, de su calidad de vida, en lugar de convertirse en distracciones que perjudicarían al adiestramiento, se convierten en recompensas que lo benefician.»

Enseguida me enamoré de la idea de Ian sobre las recompensas de la vida porque es un método muy claro para que entiendan y honren el lado animal de sus mascotas. Además es una forma de practicar una especie de liderazgo que puede desembocar en una verdadera relación de compañerismo con nuestro perro.

Ian prosiguió: «En la mayor parte de los casos el adiestramiento no consiste en enseñar al perro lo que queremos que haga, sino en enseñarle a querer hacer lo que nosotros deseamos que haga. De ese modo al final conseguimos un perro con iniciativa propia. Si dices: "Ven aquí", él dice: "Sí, lo haré". ¿Por qué? "Porque César me ha llamado. No lo hago por complacerle; lo hago por complacerme a mí mismo." Porque son un perro y una persona que viven juntos, porque hay una relación. Básicamente me planteo el adiestramiento como si fuera un tango. Digamos que estás bailando un tango. Sigues una coreografía exquisita y se supone que uno de los dos es quien lleva la iniciativa, pero a menudo lo hace el otro. Vas cambiando los papeles, alternando el mando, pero estás disfrutando al hacer algo, al vivir juntos. Y para mí el adiestramiento de perros consiste en eso.»

Durante su sesión de adiestramiento, tanto con Ian como conmigo, observé que *Hugo* había estado mirando a Kelly con cierta ansiedad. Pregunté: «¿Así que para *Hugo* ir con Kelly sería una recompensa de la vida?». Ian asintió. «Lo has pillado. Vamos a hacer una prueba. *Hugo*, sentado. Buen perro. ¡Vete con Kelly!». Nada más sentarse, *Hugo* cruzó la habitación a la carrera y saltó en brazos de Kelly.

«¡Buen perro! ¿Lo ves?», preguntó Ian. «Eso le hace realmente feliz. Así que para los perros de esta casa correr junto a Kelly, buscar olores y jugar al tira y afloja son las mayores recompensas.»

Le expuse mi reflexión: «Es algo en plan: respeta la naturaleza, respeta tu casa, respeta a tu familia y considéralas una recompensa.»

Ian asintió: «Es una forma muy bonita de plantearse la vida con un perro, ¿no? Ellos son la recompensa.»

Los juegos del cachorro

A los perros les encantan los retos y los juegos. Siempre he creído que en la medida de lo posible el adiestramiento e incluso la rehabilitación de un perro deberían ser un juego. Ian Dunbar ha ideado infinidad de formas creativas para utilizar los juegos como herramientas para el adiestramiento y como recompensas de la vida para sus perros.

El primer perro en tumbarse

Uno de los primeros ejercicios que me mostró Ian aprovechaba la naturaleza competitiva y lúdica de los perros para mejorar su capacidad de respuesta ante una orden. Trajo a *Dune,* su magnífico bulldog americano de pura raza, con su enjuto y poderoso cuerpo de color siena oscuro y su enorme cabeza que me recordaba un poco a *Daddy*. Ian llamó a *Dune* y a *Hugo* y les ordenó sentarse erguidos delante del sofá mientras les mostraba una chuchería. Entonces, mediante un concurso, puso a prueba hasta qué punto reconocían una orden verbal. «Y digo: "El primer perro que se tumbe... ¡abajo!"». Los dos perros se tumbaron de golpe, pero el enorme *Dune* lo hizo antes. «Oh, ha ganado *Dune*. *Hugo* le ha dado ventaja. Bien: "El primer perro que... ¡sentado! No, no he dicho 'rascarse', *Hugo,* he dicho ¡sentado!"».

Ian siempre hacía una pausa larga y teatral antes de dar la orden de verdad para que los perros no se le adelantaran. Por el contrario, se quedaban inmóviles, muy atentos, hasta que oían la palabra. Era una manera maravillosamente creativa y divertida de asegurarse de que los perros conocían cuál era la palabra que correspondía a cada orden y no sólo las señales del cuerpo.

Un tira y afloja controlado

Siempre alerto a mis clientes del peligro de jugar al tira y afloja con su perro, sobre todo si es de una raza tan fuerte como el pitbull o el rottweiler, o es un perro tan insistente como el bulldog. Si no sabe controlar la intensidad del perro, el tira y afloja puede convertirse en una lucha de poder, entre usted y su mascota, que no le conviene potenciar. Sin embargo, Ian Dunbar ha condicionado a *Dune* y *Hugo* para este complicado juego, conservando él mismo el control del interruptor. De ese modo hace varias cosas a la vez: refuerza su posición de liderazgo hacia ellos, perfecciona su comprensión de las órdenes verbales y les proporciona una divertida recompensa de la vida para que disfruten.

Kelly trajo a Ian un juguete al que cariñosamente denominan «Sr. Armazón»: un roedor de peluche, con el aspecto de un animal peludo y atropellado. Ian puso el juguete delante de *Hugo,* que aguardó educadamente hasta que Ian dijo: «Muy bien. ¡Agárralo!» De inmediato *Hugo* se lanzó sobre el ajado juguete y empezó a tirar de él con todas sus fuerzas mientras Ian lo animaba: «Tira. Buen chico. Muy bien, tira. Muy bien, buen perro, buen perro. Muy bien, gracias, *Hugo.*» Nada más decir Ian «gracias, *Hugo,* sentado», éste retrocedió y se sentó. En cuanto obedeció, Ian repitió la orden: «¡Cógelo!», y *Hugo* volvió a lanzarse sobre el Sr. Armazón. «Ésa es la recompensa. ¿Ves? Mucho mejor que un premio en comida. Vamos, tira. Gracias, chicos. Perros, sentaos. Realmente quiero que disfruten con esto, porque es su recompensa por sentarse. Pero luego añado muy tranquilamente: "Gracias. Buenos perros. Perros, siéntense." Al jugar al tira y afloja hay que tener muchas reglas; no puedes tocarlo a no ser que yo diga, "*Hugo, cógelo*". El proceso de aprendizaje sería así: "cógelo", luego tiramos del juguete y entonces digo, "gracias", y me quedo inmóvil. Y cuando el perro lo suelta, "buen perro..., eres un perro muy bueno"... y quizá, para empezar, un premio en comida. Y luego por supuesto la recompensa grande, "tómalo". Pero hay reglas, nunca puedes tocar mi mano. Si hay contacto se acabó, fin del juego. Nunca tocan el juguete hasta que digo "cógelo". Y siempre lo sueltan cuando les digo "gracias". Puedes ver que les encanta, así que nunca te tocarán la mano. Para perfeccionar este tipo de ejercicio se necesita mucha paciencia. Lo que me interesa es que puedo iniciar la actividad y detenerla. Una vez más es un truco del adiestramiento: conviertes la distracción que lo está perjudicando en una recompensa que beneficia al adiestramiento.»

La cara *b* de aquel juego era otro juguete que sacó Ian, llamado «Sr. Tímido». Comparado con el raído y ajado Sr. Armazón, el Sr. Tímido parecía recién fabricado y cuando se le apretaba emitía un sonido chillón que podía enloquecer a los perros. «Este juguete no es para el tira y afloja. Es para que aprendan límites. Así que sólo les dejo tocar al Sr. Tímido con besitos. Y así enseño al perro que hay cosas que puede tocar, pero que no debe morder.» Ian apretó el muñeco pero controlando minuciosamente la operación para que los perros lo respetaran. «Este ejercicio se puede hacer para preparar la llegada a casa de un gatito, un cachorrillo o un perrito nuevos, cuando hay que practicar algo. De ese modo este juguete durará toda la vida.»

Pregunté a Kelly cómo controla la intensidad de los perros al jugar, ¿cuándo es demasiado intenso? «Hay que vigilar la intensidad, pero desde el punto de vista del adiestramiento, las interrupciones frecuentes impiden que el juego y el aprendizaje sean excluyentes entre sí. Por eso si el objetivo es utilizar el juego como recompensa por el buen comportamiento, habrá más interrupciones y, si sólo queremos pasarlo bien y todo el mundo está a gusto, habrá menos interrupciones.»

 ## Mala conducta por indicación

Los Dunbar utilizan la sesión de juego del tira y afloja como un ejercicio de aprendizaje y como un juego, y ésa es también la base para enseñar a las personas a controlar la mala conducta de su perro: haciendo que la conducta sea una recompensa en sí misma, y luego dar la indicación para esa recompensa.

«Todo lo que se considera problemas ("vaya, mi perro ladra", "mi perro intenta tirar de los objetos", "mi perro no deja de saltar", "mi perro sale corriendo") ya no lo es. Sencillamente son juegos que haces con el perro para reforzar de manera constante la orden de "sentado". Y una vez que tengamos esa orden de emergencia, "sentado" o "abajo", podemos interrumpir lo que esté pasando. Podemos decir "sentado", y se acabará el problema. Volvemos a tener el control y así podremos elogiar de nuevo al perro.»

Por ejemplo, si un perro ladra de forma compulsiva, podemos hacer que sólo lo haga cuando se le indique. Ian lo explica: «Utilizamos la misma fórmula de cuatro fases: petición, señuelo, respuesta, recompensa. Por ejemplo, decimos "habla", y hacemos que un cómplice llame a la puerta. Cuando el perro ladre, lo elogiamos y le damos un premio. De ese modo el perro aprende: "Ah, claro, cuando dice 'habla', alguien llama a la puerta", y aprende a hablar cuando se lo decimos. Es difícil enseñar a un perro a callarse si alguien llama a la puerta, porque para él es emocionante. Pero, en cuanto esté dominado "habla", podemos enseñarle "chsst" cuando nos parezca conveniente. Podemos ir a algún sitio perdido, desierto, donde no molestemos a nadie, decirle al perro que hable, y luego, cuando queramos que se calle, decir "chsst" y que olisquee un poco de comida como señuelo. Cuando huela la comida dejará de ladrar. En cuanto se calle lo elogiaremos durante unos segundos y a continuación le daremos la comida como premio. Entonces podemos practicar en la puerta de casa con la misma secuencia básica de cuatro pasos. Decimos "habla", le ofrecemos un señuelo para que hable, alguien llama a la puerta, ladra, "buen chico, eres muy buen chico", y luego decimos "chsst", agitamos la comida ante su nariz para que la olisquee y en cuanto se calle, "bien, chsst, muy bien, chsst", y le damos su premio. Ahora tenemos un perro que nos avisará cuando alguien se acerque a nuestra casa, pero que se callará cuando se lo digamos».

En ese momento puntualicé: «Así que estás siendo proactivo antes de que el perro te vuelva loco.» Y entonces Ian contestó: «Exacto. Como les gusta tanto ladrar, ahora puedo usarlo como recompensa por sí misma. Recuerdo que, una vez que volvía en coche desde San Francisco, el puente estaba colapsado. Estuve dos horas en el atasco y llevaba a mi malamute conmigo, así que abrí el techo y dije, *Omaha,* auuuu", y él sacó la cabeza por el techo y me imitó: "Auuuuu." A mi lado había un tipo en un BMW. Sacó la cabeza por el techo y empezó a aullar. Y todos los del puente salieron de sus coches y aullaron. Durante un instante todo el mundo aulló. De ese modo usamos el ladrido como una recompensa.»

 Retroceder con la lechuga

Ian describe a su perro de más edad, *Claude,* como un «gran perro pelirrojo». Dice: «Creemos que es un cruce de rottweiler y redbone coonhound». Claude tiene unos 12 años y, a diferencia de los otros perros de los Dunbar, no fue criado por ellos. «Cuando nos lo trajeron, *Claude* ya era asocial. Así que, cuando juega, no respeta las reglas. Él es el que manda.»

Claude tiene otra interesante peculiaridad: le vuelve loco la lechuga. Cuando paseaba, tenía la manía de bajar el morro e ignorar a la persona que iba con él, pero en cuanto Ian hizo el descubrimiento de la lechuga, comprendió que contaba con una herramienta nueva para motivarlo. «Cuando lo saco de paseo llevo un poco de lechuga, y mientras me quedo quieto y saco la lechuga se sienta y me mira: sin la lechuga jamás lo haría. Ya ves, hay que tener inventiva: si la albóndiga no funciona, si el elogio no funciona, busca algo que le emocione.»

Al usar su creatividad y descubrir ese algo especial Ian creó una técnica nueva: «retroceder con la lechuga.» Me dejó intentarlo. Mientras sostenía la lechuga *Claude* caminaba a mi lado sin problema, pero retrocedió cuando me giré a mirarlo. «Sentado», dije, y obedeció. Le di un poco de lechuga y seguimos nuestro camino.

«¡Es una ensalada César!», exclamé. Ian comentó: «Así es como debería ser todo adiestramiento. Vas con tu perro pegado a los talones, igual que de la mano con tu hijo o abrazado a tu pareja.»

 ## Trabajo olfativo con *Dune*

Me emocionó descubrir que a los Dunbar les entusiasma tanto como a mí trabajar el olfato de sus perros: como juego, como desafío físico y psicológico y como ejercicio de adiestramiento. Para un perro el sentido del olfato es fundamental y al asegurarnos de que no pierde el contacto con su nariz respetamos su parte más profunda de animal/perro. Como dueños suyos, le estamos demostrando que nos preocupa que haga las cosas que más le importan, no las que nos importan a nosotros como seres humanos.

Ian Dunbar ha investigado a fondo las habilidades olfativas de los perros. Según dijo: «Su sentido del olfato es increíble, apenas somos conscientes de todo cuanto pueden oler. Es decir, pueden entrar en una habitación y darse cuenta de que "aquí hay ocho personas y una de ellas tiene miedo". Lo saben al instante. Aunque estemos a unos veinte metros se darían cuenta. En el trabajo olfativo confluye todo el adiestramiento y no hace falta recompensarlos por ello.»

Kelly añadió: «Los perros emplean su sentido preferido y así son felices y acaban agotados, como con cualquier ejercicio. Además así trabajan. Las mascotas ya no tienen que trabajar. Esto les ofrece la oportunidad de realizar un trabajo accesible para perros de cualquier edad. No es como la agilidad para la que tienen que estar en muy buena forma.»

Yo apunté: «Tal vez alguien de Nueva York pudiera decir: «Bueno, es que mi casa es muy pequeña.» Pero para este ejercicio da igual el tamaño de la casa, ¿verdad?» Kelly asintió, entusiasmada. «Se puede hacer en cualquier sitio: en casa, en el parque al aire libre. Es más, una habitación pequeña puede ser un reto mayor porque los olores se mezclan, así que un cuarto pequeño puede ser un buen reto para el perro.»

Mientras los perros miraban emocionados, como si supieran que se acercaba su juego favorito, Kelly me explicó su método para trabajar el olfato. Colocan una corteza de abedul —cuyo olor se asemeja al de la zarzaparrilla— en un bote de refresco y lo esconden por la habitación mientras el perro espera fuera. Entonces dejan que el perro entre y le muestran su recompensa. Ian dijo: «En el caso de *Claude,* lechuga. En el de *Hugo,* comida.» Para *Dune,* fanático del tira y afloja, la recompensa definitiva es un enorme cocodrilo de peluche: *CocoBob*. A continuación dan la orden «encuéntralo.» Cuando el perro descubre el olor, lo recompensan con su premio favorito.

Kelly me lo explicó: «Para preparar a *Dune* tuvimos que trasladar la asociación del juguete al olor. Así que primero le enseñamos a buscar su juguete en general. Luego emparejamos el juguete con el olor para que aprendiera a identificar el olor con el cocodrilo.»

Una vez preparados para el ejercicio, Ian dejó que los perros salieran de la habitación mientras Kelly escondía el bote oloroso entre los libros que había sobre una mesita. Cuando *Dune* entró no tardó más de un minuto en ir directo a por él. En el segundo intento escondieron el olor bajo el cojín de una silla junto a la enorme chimenea. Según Ian, aquel lugar suponía un reto algo mayor. Dijo: «Aquí es más difícil porque todo el aire se escapa por la chimenea, llevándose el olor, por lo que tal vez le llegue el aroma muy lejos de donde realmente está. Uno de los mayores errores que se cometen al entrenar el olfato es que se usa demasiado olor y, claro, se llena toda la habitación.»

Nada más volver al cuarto *Dune* fue derecho al lugar donde había encontrado el olor en el primer intento. Kelly dijo: «Ahí queda un rastro de olor, pero encontrará el sitio donde hay una mayor concentración.» Observamos cómo el concienzudo bulldog americano trataba de descubrir de dónde procedía ese olor. «Te proporciona mucha información sobre cómo se desplaza el aire en la habitación», dijo Kelly, viendo todos los rincones que *Dune* recorría en su búsqueda. Se veía claramente su intensidad al buscar y lo feliz que le hacía ese desafío. Estaba concentrado. A medida que *Dune* iba acercándose al punto Ian comentó: «Podemos ver que ha descubierto el olor, pero no termina de localizarlo.» No habían pasado ni dos minutos desde que entrara en el cuarto cuando *Dune* encontró el olor y recibió su recompensa.

«Esto tiene una aplicación maravillosa, ya que, una vez que hemos adiestrado al perro a encontrar lo que le gusta —*Hugo* encuentra comida; *Claude,* lechuga y *Dune,* su juguete para el tira y afloja— el siguiente paso es que encuentre el mando de la tele o nuestras gafas. Es decir, yo siempre las pierdo. Puedo decirles: "¿Dónde están mis gafas?". Son capaces de encontrar las llaves del coche, así que podemos sacarlos a dar un paseo en él. Es muy útil y creo que es el mejor ejercicio mental para un perro. Para mí, por lo que respecta a los ejercicios, está por encima de la rueda. Podría decir que olisquear y adiestrar el rompecabezas olfativo es más importante que el ejercicio físico en la rueda.»

Como ya saben mis espectadores, creo que lo mejor que podemos hacer para proporcionar a nuestro perro un ejercicio físico y básico es salir a pasear con él. Pero, como señala Ian, el ejercicio mental es igual de importante cuando se trata de un desafío estructurado como el entrenamiento olfativo ideado por los Dunbar. Este tipo de desafío evitará que el perro se estrese o aburra un día lluvioso, o caluroso, o nevado, o cualquier otro día en que su dueño no lo pueda sacar de casa. Cualquier perro lo puede hacer sin importar su edad o su habilidad física. Me acordé de *Daddy*. Cuando ya estaba tan mayor que apenas podía ver ni oír, su olfato seguía tan activo como siempre.

Ian señaló: «Como ves, la tarea es la recompensa. Ya no es un trabajo. Para el perro es como ver una película. La actividad pasa a ser la recompensa. Es feliz usando su nariz, la mejor parte de su cuerpo, y es un ejercicio de adiestramiento, pero no deja de ser emocionante para él. Es lo que debería ser todo adiestramiento, la auténtica recompensa.»

 ## Sin correa en el mundo real

Donde verdaderamente se ve la fuerza del adiestramiento sin correa es en el mundo real, en la calle o en un parque. Para demostrarme las aplicaciones prácticas de todo cuanto me había estado explicando en su casa Ian nos llevó a *Dune* y a mí al exuberante Berkeley Codornice Park.

«El adiestramiento tiene que ser más fuerte que el instinto, más fuerte que ningún impulso, más que ninguna distracción. Y ahí hay muchas distracciones. Sobre todo olores. Quiero decir: la nariz del perro es asombrosa. He investigado qué es lo que huelen. Evidentemente distinguen entre macho y hembra, entre castrado e intacto, entre uno y otro perro, entre la orina de un macho desconocido y la de un macho que sí conozcan. Es como su *pipi-mail*. Así se comunican los perros. Al igual que nosotros tenemos el e-mail, ellos tienen el *pipi-mail*, ¿de acuerdo? Y es igual de importante para ellos. Son animales sociales.»

Ian señaló a *Dune,* que se había alejado a una parcela de parterre con flores y estaba olisqueándolo despreocupadamente. Ian puntualizó: «Está comprobando qué amigos de los que conoció en sus paseos han estado ahí. Quizá haga un año desde la última vez que pisó este parque. Y ahora está oliendo, pensando, "¡vaya, ése es Joe! Lo conocí hace tres semanas en la cima del Shasta. Vaya". ¿Sabes? Es como si hubiera estado de vacaciones y ahora revisara sus e-mails. Es tan importante para un perro que acabará por convertirse en una distracción. Por eso tenemos que dar la vuelta a sesiones como ésta y que sea una recompensa.»

Ian me demostró lo que quería decir al convertir la distracción del parque y el intenso olisqueo de *Dune* en una «recompensa de la vida» que beneficia a su adiestramiento en lugar de perjudicarlo. El primer requisito es que el dueño tenga un lugar donde no haya problema para «sentarse». Esto se debería ensayar en casa, al igual que el reclamo, empezando en un espacio reducido.

«Tendríamos que ensayarlo en el baño, en el salón. Deberíamos hacerlo en el jardín o en un espacio menor donde lo podamos controlar. Entonces traemos al perro de un amigo para que la distracción sea la zona sin correa, y la tentación, el otro perro. Así todo aquello que era una distracción, que impedía que su mascota se portara bien y que enfurecía al dueño y lo llevaba a castigar a su perro ahora se convierte en una recompensa.»

Ian demostró con *Dune* cómo funciona su método. Dejó que *Dune* paseara a placer, sin correa, pero siempre vigilado. Si se alejaba demasiado Ian lo llamaba, «*Dune,* sentado». Cuanto más rápido respondía *Dune,* antes le dejaba Ian levantarse para darle esa «recompensa de la vida» de olisquear el arbusto. Soltaba a *Dune* con las palabras «a jugar». Observé que Kelly empleaba la palabra *libre* para el mismo fin. Si *Dune* no se sentaba al instante, Ian hablaba con un tono más apremiante hasta que *Dune* se sentaba, entonces llamaba al perro y le indicaba que se sentara de nuevo. «Si el olor está ahí y si se sienta de inmediato, obtiene su recompensa a continuación. Sin embargo, si no se sienta de inmediato, tendrá que venir a mi lado y repetir el ejercicio hasta que se siente al oír una única orden antes de poder retomar de nuevo su exploración. De ese modo al final el perro aprende que si se sienta cuando se lo piden, puede pasárselo muy bien».

Ian y yo coincidimos en que cuando salimos con nuestro perro al mundo real —ya sea a un parque donde pueda ir sin correa o a sentarnos en la terraza de un café, esta vez con la correa puesta— el perro debería centrar su atención en ti constantemente o al menos en parte. Dado que hacía tiempo que Ian y *Dune* no habían paseado juntos por el parque, al principio de nuestra excursión quedó claro que *Dune* no iba a obedecer en ese sentido. «Aún no está pendiente de mí al cien por cien. Así que habrá más adiestramiento que juego. Pero en cuanto esté alerta y yo diga "sentado", se sentará. Entonces todo será andar y olisquear».

Este ejercicio se convierte en todo un reto, porque el olfato de un perro es tan poderoso que cuando huele algo a menudo ni siquiera nos oye ni nos ve. Y es un reto para el dueño, porque es muy fácil perder la paciencia o disgustarse si piensa que su perro lo ignora.

Ian afirma: «Las orejas están desconectadas. Cuando está olisqueando, el perro literalmente no nos oye. Yo lo comparo con mi hijo o mi mujer. No siempre hacen de inmediato lo que les pido, pero no quiero enfadarme ni disgustarme con ellos. Los quiero. Es lo mismo con el perro. Muy bien, no te has sentado al oír la primera orden. No es una tragedia. Pero lo vas a hacer. Y cuando lo hayas hecho, repetirás el ejercicio hasta que te sientes tras una única orden. Para mí el adiestramiento es un proceso que dura toda la vida.»

 ## Manejar al perro, uno, dos y tres

Ian Dunbar aplica su filosofía de evitar el contacto físico siempre que sea posible, incluso en el parque. «Utilizo la voz al adiestrar y también la uso al reprender. Es una forma de castigo, pero es un castigo no aversivo. Podemos hacer muchas cosas con la voz, variando el tono, que el perro entiende. Y tengo un método muy útil, en el que siempre marco con una contraseña la importancia de cada orden para el perro».

Esa contraseña se puede establecer con el nivel de energía o el tono de voz. Durante el tiempo que pasamos juntos vi cómo Ian variaba el tono y el volumen muchas veces, siempre con la intención de conseguir una respuesta distinta. Una de las imaginativas ideas que propuso fue gritarle al perro con un tono de voz apremiante en una situación tranquila y normal en casa, y luego premiarle con generosidad. «Si estamos disgustados no deberíamos adiestrar. No funcionaría. Sin embargo, deberíamos adiestrar al perro para que sepa distinguir cuándo estamos disgustados y cuándo asustados. La primera vez que una persona usa la orden "sentado" como una emergencia, tal vez grite: "¡Rover, sentado, sentado, SENTADO!". Y el perro dice: "No creo: ¡me estás gritando!". El perro se asusta y sale corriendo. Así que ensayamos órdenes emitidas cuando el dueño habla en voz muy alta, pero que para el perro sólo signifiquen que va a recibir un premio mejor. De ese modo, si estamos fuera de casa y el perro sale corriendo a la calle, cuando le gritamos preocupados que vuelva a casa, no piensa que de repente estamos enfadados con él; entiende la urgencia y que, si obedece, tendrá una mayor recompensa.»

La otra manera que tiene Ian de conseguir «establecer la contraseña» es lo que él llama «el manejo del perro, un, dos y tres». Usa tanto el tono de voz como el nombre con el que llama al perro para indicar la importancia de lo que le va a pedir.

«Así pues, si le digo a *Omaha* "Ohm, ven aquí", entiende que no es una orden sino una sugerencia. Y con mis perros me paso el 90 por ciento de las veces en "manejo del perro uno". Por ejemplo, digamos que estamos en el sofá. Le digo "colega, *Ohm,* cálmate. *Ohm,* muévete en el sofá". Y puede negarse. Mientras que si realmente quiero que lo haga le digo "*Omaha,* sentado". En cuanto lo llamo "*Omaha*", ya sabe que tiene que seguir la indicación siguiente. Sin excepción. Sin discutir, sin intimidarlo, sin obligarlo por la fuerza. Pero si digo "*Omaha,* sentado" en un abrir y cerrar de ojos se habrá sentado, y entonces repetirá el ejercicio hasta que se siente al oír una única orden. Es entonces cuando dejaré que siga con sus cosas. Eso es el "manejo del perro dos". Dejar que el perro sepa que puede estar relajado casi todo el tiempo incrementa su grado de fiabilidad cuando lo necesitamos de verdad. Muchos padres lo hacen. Sobre todo en familias multilingües. De repente pasan del inglés al español. Sabes que están diciendo *Johnny, put that down, Johnny, don't touch that,* "Johnny, siéntate". Y en cuanto cambian de idioma el niño responde en el acto.»

Solté una carcajada al oírlo porque es lo que sucede en mi familia.

«Por último, tenemos el "manejo del perro tres", que es lo que hacemos cuando estamos en la tele o en la pista de obediencia. Si llamo a *Omaha* Wahoo, sabe que ha empezado el espectáculo, así que tiene que mirarme sonriente y con el rabo en alto. En ciertas ocasiones queremos que obedezca del mejor modo posible. Así que diferenciamos esos momentos llamando al perro de otro modo o dándole una orden distinta.»

Sentado contra reclamo

Mientras estábamos en el parque Ian me mostró cómo usa a distancia un «sentado» sin vacilaciones para comunicarse con *Dune* cuando éste no lleva la correa. Prefiere enseñar a los dueños de mascotas a dominar perfectamente la orden de sentado antes de enseñarles el reclamo, que es más difícil. «Mi principal objetivo es que el dueño del perro pueda hacer que éste se siente sin vacilar en cualquier situación. Les enseño un sentado o un debajo de urgencia. Digamos que el perro está deambulando y aparece un niño. Si sus padres dicen que el perro se ha abalanzado sobre el niño, en ese mismo instante se convierte en una persona jurídica. Así que le digo "*Dune,* sentado". Y puedo dejarlo ahí hasta que el niño se vaya. Se sienta y se queda quieto porque sabe que ésa es nuestra rutina: "Ian me dice que me siente y siempre hago lo mismo. Me siento porque siempre lo hago: me siento y juego, me siento y juego." Así pues, la distracción, jugar o correr en general, es la recompensa que empleo para conseguir que se siente sin vacilaciones.»

Pero Ian nos alerta sobre pasarnos de confiados aunque el adiestramiento haya sido a fondo. «Cuando dicen "Ah, me fío totalmente de mi perro", me limito a sacar la cartera y digo "vale. Tengo una prueba, cien dólares". Y hasta ahora nadie ha pasado la prueba. Sólo hay que pedir al perro que se siente ocho veces seguidas pero en circunstancias extrañas. Le digo al dueño que se tumbe boca arriba o lo sitúo en un lugar donde no se le vea. Y no es más que una prueba para ver el grado de comprensión del perro respecto a "sentado". El hecho es que muy poca gente sabe controlar a su perro si está de espaldas aunque se encuentre a un metro de distancia. Bueno, ¿y si el perro estuviera a treinta metros, de espaldas y persiguiendo a un niño o a un conejo? Aquí se ve el problema. El perro no conoce el significado de "sentado" si no puede ver a su dueño. Así que me gusta demostrar que no, que no se puede fiar de su perro. Y podemos trabajar mucho aquí mismo sin forzar demasiado al perro, ir demasiado deprisa y dejarlo suelto por el parque cuando está demasiado lejos de nosotros. Porque lo que no queremos es que al final nuestro perro falle. Queremos que la calidad de vida y la experiencia sean mucho mejores para el perro.»

Mientras salíamos del parque con *Dune* Ian comentó que cada uno de nosotros tenía una relación muy especial con nuestros perros y se lamentó del hecho de que no haya más personas que hayan vivido las mismas experiencias maravillosas sin recurrir a la correa. «No hay tanta gente que pueda pasear con el perro correteando tras él, tal como haces tú con *Junior* o yo con *Dune* o *Hugo*. Sabemos que estos perros se sienten totalmente seguros entre personas, pero nos esforzamos mucho para conseguirlo.»

 ## Parecidos y diferencias

Cuando nuestra visita de dos días estaba llegando a su fin, Ian y yo abrimos un par de cervezas y nos sentamos a hablar de lo que nos unía, al igual que de algunos temas que podrían seguir distanciándonos. Está claro que compartimos una profunda afinidad por los perros y el deseo de enseñar a las personas a tratar mejor a sus perros. Los dos queremos que comprendan el mundo a través de los ojos de un perro, aunque no hagamos las cosas del mismo modo e incluso podamos chocar en algunos puntos. Ahora que había pasado un tiempo conmigo y había visto en persona cómo me relaciono con los perros Ian me habló de unos aspectos muy concretos que le gustaría que cambiara, sobre todo en el programa *El encantador de perros*. «Ya sabes, puede que no coincidamos en cosas, pero realmente no son muchas. Me gustaría que fueras más despacio con algunos perros, pero entiendo todo lo que tienes: hay un director, un productor, operadores de cámara, y todos intervienen. "Soluciónalo, haz algo, ¡soluciónalo! Un poco de acción." Te dan quince minutos y me gustaría ver que te tomas unos cinco minutos para lanzarles unas chucherías. Ver si puedes lograr que el perro coja una chuchería de tu mano. Creo que sería como un toque extra de magia. Y dado que tienes mucho talento para interpretar lo que quieren los perros, si ves que uno está disgustado, aprende de él. Quiero decir: lo más importante que he aprendido sobre el adiestramiento del perro no estaba en los libros, sino en los perros que fastidié a lo grande y con los que estuve en situaciones que me hicieron pensar: "Bueno, eso no lo vuelvo a hacer."»

Admiro a Ian Dunbar por todo lo que sabe sobre los perros y por su pericia con ellos, y aprendí muchas cosas del tiempo que pasé con él, que recuperaré e incluiré en mi propio trabajo. Con todo, aún hay áreas en las que nuestros estilos están muy alejados. Trabajar en silencio con un perro es algo que llevo tan dentro que no podría moverme entre los perros, tratando de ser tan extrovertido, exuberante y parlanchín como Ian, sin que notaran que estoy fingiendo. Sus técnicas le funcionan tan bien porque se muestra genuino al cien por cien; son métodos inventados por él y los lleva a cabo de manera brillante. Son como es él. Yo también creo que los perros se comunican mediante el contacto físico, así que cuando doy un toque firme —no violento— con un estado de ánimo sereno-autoritario y sin frustraciones, estoy usando una forma muy natural de redirigir la atención del perro. Ian no confía en el tacto de las personas y cree que el empleo del contacto físico conlleva un riesgo muy alto de malos tratos.

Pero todas esas ideas tan diferentes no hacen sino poner de relieve el mensaje de este libro: es crucial estar al tanto y poder acceder a muchas ideas, teorías y métodos diferentes. Tenemos que encontrar el que mejor se adapte a nosotros como personas, a nuestros valores y a nuestros perros.

Era como si Ian Dunbar y yo hubiéramos logrado algo importante juntos al abrir una línea de comunicación y mostrar al mundo que hay muchas opciones y múltiples posibilidades, y que los dos queremos lo mismo: perros pacíficos y equilibrados, y gente pacífica y equilibrada.

«Hemos de hablar entre nosotros. Porque lo que tenemos que enseñar, César, es realmente especial. Si te fijas, lo que más cuesta es llevarse bien con los demás. Ésa es la habilidad que podemos enseñarles porque tenemos que llevarnos bien no sólo con otros seres vivos, sino con otras especies. Creo que lo más importante es hablar con aquellos que no comparten tu visión, y eso es básico si quieres cambiar las cosas. Nunca he sido de los que rehúyen a alguien por el mero hecho de que no comparta mis ideas. Es esa la gente con la que quiero hablar en lugar de limitar mi público y de predicar para los convencidos. Se trata de dialogar. Y podríamos establecer una analogía entre esta diminuta parcela que es el adiestramiento de perros y el mundo. El mundo está compuesto de distintas personas que ven las cosas de forma diferente.»

 ## El regreso de *El Rayo Junior*

Antes de terminar mi visita de dos días en casa de los Dunbar pensé que tenía que corregir una idea errónea. No se trataba de mí ni de mis métodos o filosofías en cuanto al trabajo con los perros, sino de *Junior*. ¡La verdad es que no podía irme de Berkeley dejando que Ian Dunbar pensara que a mi brillante pitbull, a mi ojito derecho, le costaba mucho aprender!

Cuando Ian trajo la lechuga que sirvió de motivación para *Claude* y cuando habló de encontrar ese algo especial que anima a un perro se me encendió una bombilla. Hay algo ante lo que *Junior* siempre responde: una pelota de tenis. Salta tan alto como un canguro, excava en la basura como un bulldozer, bucea bajo el agua como un delfín y levanta tanto polvo como un coche de carreras con el único objetivo de controlar esa pelota de tenis que tanto codicia. ¿Y si pidiera a Ian que repitiera una vez más su secuencia de petición-señuelo-respuesta-recompensa con *Junior*, pero, en esta ocasión, en lugar de chucherías usando pelotas de tenis?

«El de hoy es un perro totalmente distinto», dijo Ian tras trabajar unos minutos con *Junior* usando mi nueva estrategia de las pelotas de tenis. *Junior* hizo sus series de sentado-de pie-abajo a la velocidad del rayo y a la perfección sin apartar la mirada de la pelota. «Sí, es un campeón. Creo que es el perro más rápido que he visto en mi vida».

«Sí, señor. Es *El Rayo Junior*», contesté, lleno de orgullo.

Las siete normas de Ian Dunbar

1. Al elegir a un cachorro de oho semanas asegúrese de que está adiestrado para una vida doméstica y para no morder, ha aprendido a venir, sentarse, tumbarse y rodar a la orden, y ha conocido y lo han tocado al menos un centenar de personas.

2. Al adoptar un perro adulto asegúrese de que todos los miembros de la familia *prueben* al perro. Dedique mucho tiempo a tratar al perro y sáquelo a dar largos paseos. Hay un perro adecuado para su familia, así que asegúrese de que escoge el suyo con cuidado.

3. Desde el día que su cachorro o el perro que haya adoptado lleguen a su casa ponga en práctica un programa infalible de adiestramiento doméstico y que aprenda a no morder. Así evitará que llene la casa de tierra y muerda los muebles, que

ladre demasiado y preparará a su perro para que disfrute de los inevitables momentos en que tiene que quedarse solo en casa. Para más información véase «Puppy Playroom and Doggie Den» [El cuarto de juegos del cachorro y la guarida del perrito], en Dog Star Daily, en la web http://dogstardaily. com/training/puppy-playroom-amp-doggy-den.

4. Nunca se deja de aprender a ser sociable. Haga que sus invitados ofrezcan siempre chucherías a su cachorro o perro, y enséñeles cómo indicar al perro que se acerque y se siente cuando lo saluden. Del mismo modo lleve encima unas cuantas golosinas por si un desconocido quiere saludar a su perro. Elogie a su perro y dele un par de chucherías cuando se cruce con niños o cuando suceda algo que le pueda asustar. De ese modo su mascota ganará en confianza y apreciará la compañía de las personas.

5. No permita que su perro coma de un tazón (salvo que esté convencido de que es el perro perfecto para usted). Pese la ración diaria de albóndigas de su perro y emplee estos valiosos premios y señuelos de comida para enseñarle buenos modales y adiestrar su conducta. Por la noche humedezca las albóndigas, rellene con la pasta juguetes para morder y déjelos toda la noche en el congelador para dárselos en el desayuno. Un perro que come de un juguete para morder reduce sus ladridos en un 90 por ciento y atenúa la hiperactividad y la ansiedad.

6. Adiéstrelo sin correa y ofrézcale señuelos y premios desde el principio. Jamás use una correa o toque a su perro para

obligarlo a obedecer. Si no, su perro sólo responderá cuando lleve puesta la correa o cuando se encuentre al alcance de la mano. Por el contrario, use la mano para acariciar (premiar) al perro cuando obedezca.

7. Intercale breves periodos de adiestramiento en los paseos y los juegos. Cada dos minutos más o menos pida al perro que se siente cuando está andando o que venga si está jugando, ofrézcale una chuchería y luego diga: «Vamos» o «a jugar». De ese modo el perro no dará tirones de la correa y tanto el paseo como el juego se convertirán en recompensas que benefician el adiestramiento en lugar de distracciones que lo perjudican.

Las reglas de César Millán

7
Cómo lograr la obediencia básica

Instrucciones paso a paso

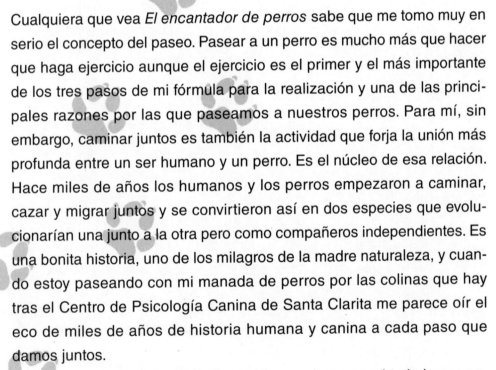

El paseo

Cualquiera que vea *El encantador de perros* sabe que me tomo muy en serio el concepto del paseo. Pasear a un perro es mucho más que hacer que haga ejercicio aunque el ejercicio es el primer y el más importante de los tres pasos de mi fórmula para la realización y una de las principales razones por las que paseamos a nuestros perros. Para mí, sin embargo, caminar juntos es también la actividad que forja la unión más profunda entre un ser humano y un perro. Es el núcleo de esa relación. Hace miles de años los humanos y los perros empezaron a caminar, cazar y migrar juntos y se convirtieron así en dos especies que evolucionarían una junto a la otra pero como compañeros independientes. Es una bonita historia, uno de los milagros de la madre naturaleza, y cuando estoy paseando con mi manada de perros por las colinas que hay tras el Centro de Psicología Canina de Santa Clarita me parece oír el eco de miles de años de historia humana y canina a cada paso que damos juntos.

Por eso una de las primeras cosas que hago en mi trabajo es asegurarme de que el cliente está paseando de forma correcta al perro.

Las normas de César para ser un maestro del paseo

1. Salga y entre en su casa antes que el perro. En la manada la posición es importante.

2. No deje que su perro salga de casa si está sobreexcitado. Antes de abrir la puerta asegúrese de que está tranquilo, sumiso y a la espera. Asegúrese de que es usted quien lo invita a salir y da comienzo a la actividad.

3. Camine con el perro tras o junto a usted, no delante (aunque hay momentos y lugares para eso) y desde luego sin que él tire de usted o tense la correa.

4. El paseo debe durar un mínimo de treinta minutos en el caso de perros más adultos, pequeños o con poca energía y cuarenta y cinco minutos en el de perros más grandes o con más energía.

5. Camine como el líder de la manada, con la cabeza alta y la espalda recta. Su postura es parte del lenguaje no verbal que su perro observa para estimar su energía. Mantenga el brazo relajado y la correa floja, como si llevase un maletín.

6. Alterne entre el paseo formal y estructurado y los desvíos para que el perro pueda orinar, olfatear y explorar, lo cual puede incluir hasta breves escapadas en que él camine por delante de usted. La clave es que sea usted el que dé comienzo y fin a éstas.

Para mí la forma ideal de pasear a un perro es sin correa. Me encanta ir paseando con una manada que no lleva correa y ver cómo todos se agrupan detrás de mí o a mi lado. No soy capaz de describir la sensación tan maravillosa de conexión y armonía que siento entonces. Estoy de acuerdo con Ian Dunbar en que la experiencia del paseo sin correa es algo que todo el que tiene un perro debería probar. Sin embargo, no todos podemos y además vivimos en un mundo con normas en cuanto al uso de la correa y con estímulos que distraen y son potencialmente peligrosos. Por tanto, saber pasear al perro con correa o hacer que ande al pie, como se llama tradicionalmente, es una habilidad fundamental que todo el que tenga un perro debe desarrollar.

El paseo: pasear con correa

Antes de sacar a su perro a pasear con la correa debe saber que está acostumbrado a ella y está cómodo llevándola. Algunos perros parecen no notar el collar y la correa, otros muestran miedo, enojo o incluso rabia cuando se les constriñe así. La primera experiencia con la correa puede convertir a algunos perros en potros de rodeo.

Si empieza cuando es cachorro, la solución es fácil. Comience por ponerle una correa corta y floja y deje que la lleve en momentos agradables, como cuando está comiendo, jugando con usted o cuando le está haciendo mimos. Deje que se acostumbre a que le ponga y le quite la correa, al peso de ésta y a la sensación de llevarla, de manera que sea para él una experiencia placentera y una forma de sentirse más cerca de usted. Como los cachorros están programados para seguirlo, la correa no siempre es necesaria en los primeros meses, pero puede llevar un cordón flojo o una cinta de nailon enganchada al cinturón mientras está en casa haciendo cosas para ayudar a que el perro asocie la correa con la instrucción de seguirlo. Si conoce la correa y está acostumbrado a ella desde los primeros ocho meses de vida, ya no debería ser un problema nunca. Ni siquiera cuando llegue al periodo rebelde de la adolescencia.

En el caso de perros adultos, especialmente perros de refugio que pueden haber tenido malas experiencias con herramientas, su misión es hacer que asocie la correa con algo positivo. No lleve la herramienta al perro: deje que sea él quien se acerque. Use una chuchería o un juguete o cualquier otra cosa que atraiga al animal y entonces frótele levemente la cabeza con la correa mientras está jugando o comiendo. Haga esto unas cuantas veces sin forzar nada. (En otras palabras, ¡no lo haga cinco minutos antes de pretender sacarlo a pasear por primera vez!). Una vez que parezca que está tranquilo ante la correa, colóquesela sobre la cabeza y deje que sea él el que tenga el impulso de meter la cabeza en ella. Si el perro es adulto y tiene aversión a las correas, puede practicar lo que le sugerí en el caso de los cachorros: deje que se dedique a actividades normales y agradables con la correa puesta. (Esto es aplicable a cualquier otra herramienta que quiera usar).

Cuando empiece a pasear a su perro con la correa puesta, haga pequeñas distancias al principio y en zonas conocidas en las que el perro se sienta cómodo antes de aventurarse más lejos. *Viper,* el asustadizo malinois belga del que hablé en el capítulo 2, tenía asociaciones extremadamente negativas con cada herramienta que usaba con él. Tuve que recurrir a este procedimiento desde el primer paso para cada uno de los collares y correas que lo asustaban.

Lo bueno de los perros es que pueden dejar atrás el pasado con mayor facilidad que los humanos. Si somos amables con nuestros perros y no tenemos prisa, conseguir que estén cómodos con el collar o la correa no debería costarnos más que unas cuantas sesiones de este tipo de condicionamiento positivo.

El paseo: practicar el paseo

No soy un gran entusiasta de la orden «atrás» porque mis normas para un buen paseo, esbozadas antes, son muy básicas. Aun así, estas normas requieren la práctica diaria para llegar a la perfección. Pueden surgir problemas en relación con el paseo, como el que tiren hacia delante, se desvíen del camino o se sienten y no quieran seguir. Otro problema común es que se distraigan o se pongan agresivos con otros perros o con alguien que pase cerca.

Por mi experiencia con cientos y cientos de perros y sus dueños, son la actitud y el ánimo del dueño los que a menudo plantean el mayor problema a la hora del paseo. ¿Cómo es posible que un perro que, según su dueño, no puede ir con correa sea capaz de pasear tranquilamente conmigo cinco minutos después? No es que yo haya hecho nada para *arreglar* al perro en esos cinco minutos. Simplemente no me imagino qué problema puede haber en pasear a un perro... Yo jamás he tenido problema alguno, así que no puedo imaginarme que no me salga bien. El perro percibe la confianza que transmite mi cara, mi lenguaje no verbal, así como mi estado emocional, que puede juzgar al oler los mínimos cambios en mi equilibrio químico y hormonal que indican si estoy calmado o nervioso, contento o deprimido. Cuando la gente teme sacar a pasear al perro éste se da cuenta. Si prevé acontecimientos desagradables, el perro los percibe de igual forma.

Más allá de los aspectos psicológicos y espirituales del paseo, hay uno puramente mecánico. Es tradición que los perros paseen a nuestra izquierda. Yo opino que deberíamos tantear con qué lado estamos más a gusto, enseñar a nuestro perro a caminar a ese lado y continuar así hasta tener la seguridad de que el perro y nosotros estamos en total sincronía durante los paseos y que nos es fácil controlarlo. Ése es el momento de enseñarle la misma rutina, pero al otro lado. Así podremos pasearlo a cualquiera de los dos lados, al que mejor nos convenga en un determinado momento o lugar. Poder llevarlo a un lado u otro es una manera más de afirmar nuestro liderazgo en distintas situaciones. Las instrucciones de este capítulo toman como punto de partida el paseo al lado izquierdo; haga lo contrario si quiere comenzar con el paseo al lado derecho.

Algunos adiestradores y propietarios aún prefieren usar la orden «atrás», así que pedí a mi colega Martin Deeley, director ejecutivo de la Asociación Internacional de Profesionales Caninos, consejo sobre cómo enseñar ese comportamiento.

 ## El paseo: instrucciones de Martin Deeley para el paseo

Martin aconseja: «El asa de la correa debería estar en la mano derecha y la mano izquierda debería servir como guía de la correa. Si es zurdo, haga lo contrario: agarre el asa con la mano izquierda, guíe con la derecha y lleve al cachorro a su lado derecho. Camine despacio, y si el perro va a la izquierda, dé el primer paso con el pie izquierdo, animándolo a seguir y diga "atrás". Si al cachorro le gusta estar con usted y seguirlo sin correa, debería ser fácil. Pero prepárese para unas cuantas batallas si decide que la correa lo limita y molesta. Si sale corriendo, pare y anímelo a volver a colocarse a su lado antes de seguir con el paseo. Si se para, anímelo a seguirle el paso a usted y continúe andando. Si al cachorro le gustan las chucherías, puede usarlas para motivarlo, ¡pero no deje que sea él quien lo entrene a usted para que le dé premios cuando se para o echa a correr!»

Martin nos propone una solución interesante para cuando tenemos un caso de correa tirante: «Si un cachorro tira hacia delante, he comprobado que parar, esperar a que me mire y entonces hacer un giro de 180 grados le hace prestarme atención y estar pendiente de lo que hago.

Al principio puede ser que diga "atrás" cada vez que giro, pero al cabo de un tiempo sólo digo "atrás" al principio o si hemos parado un rato. La razón es que he dado una orden, y cuando lo entiende significa que tiene que cumplirla hasta que le dé otra orden nueva. También puede ocurrir que algunos perros hayan aprendido a tirar y lo hagan hasta que llega la orden de dejar de tirar y cambiar de dirección. Si no saben cuándo va a llegar ese cambio de dirección, porque no les da orden alguna, es más probable que estén pendientes de usted y alerta al cambio de dirección.»

Martin recomienda practicar el paseo por las aceras o por estrechos caminos de campo para dar al perro un marco en el que caminar derecho junto a usted. Practique también aquí sus giros en 180 grados para que le salgan con naturalidad.

El paseo: ¿darle un toquecito o no?

Algunos adiestradores no están de acuerdo con aplicar correctivos con la correa durante el paseo. Martin y yo no nos encontramos entre ellos. Si el perro se adelanta, un toque de medio segundo —no un latigazo, sólo un toque— es un buen y poco agresivo método de captar su atención. Yo uso el toque breve con la correa o con el pie (no es una patada: para tocarlo use la pierna del lado contrario a donde está el perro, de manera que el movimiento no lleve fuerza) de la misma forma que tocaría a mi hijo en el hombro para captar su atención si estuviera en un cine oscuro y con ruido y deseara preguntarle si quiere palomitas.

Bien usado, el toque con la correa simplemente recuerda al perro que debe prestarle atención. Cuando empiece a practicar el paseo, puede girar de inmediato después del toque con la correa y caminar en la dirección opuesta, animando al animal a seguirlo. De este modo siempre es usted quien guía y él quien sigue.

Martin dice: «Al adiestrar a un perro en el paseo no avance a menos que él camine a su lado. Por tanto, no importa si no recorre más que unos metros o si sólo llega hasta la puerta del jardín al principio. Al cabo de poco tiempo su perro se dará cuenta de que a menos que camine a su lado y con la correa floja no irá a ninguna parte. Tan pronto como empiece a estar cómodo con la correa usted podrá concentrarse en trabajar la posición. Puede usar distintos apoyos para conseguir un "atrás" correcto.»

Martin sugiere pasear por estrechos caminos de campo o pegados a una valla o verja como métodos ideales para practicar la posición correcta.

Nos explica: «Con el perro entre usted y la valla puede concentrarse en evitar que se adelante o se quede atrás. Cuando pasee más con usted, si se adelanta puede darse una palmada en el muslo y girar radicalmente a la derecha o hacer un giro completo en U de manera que el perro vuelva a estar detrás de usted. Si se queda rezagado, dese una palmada en el muslo y anímelo a que lo alcance. Incremente los patrones que practica con su perro al lado, girando a izquierda y derecha y haciendo giros completos en U. Si el animal no se concentra, gire sin avisar y entonces palméese el muslo para llamar su atención: lo motivará a estar pendiente de usted. Puede que ayude tener cerca dos árboles o postes o algo similar que pueda usted rodear haciendo giros en ocho, girando a derecha e izquierda alrededor de esos obstáculos. Asegúrese de que lo anima y hace que el ejercicio sea divertido. En esta fase ponerse serio puede dar problemas. Lo más importante es crear un vínculo. Varíe también la velocidad a la que camina durante estos ejercicios, yendo unas veces a un ritmo normal, otras rápido —incluso corriendo— y otras despacio. El paso lento puede enseñar al perro a prestarle más atención y a concentrarse en lo que usted hace. Poner una mochila ligera a un perro con mucha energía es otra forma de reducir la velocidad del proceso para que la lección quede más clara. Cuando pare pida al perro que se siente. Si lleva la correa con la mano derecha, baje la izquierda por la correa para llevar el lomo del animal hacia el suelo y a la vez que para dice "sentado". Hacer esto bien requiere algo de práctica y a veces se encontrará con que el perro se anticipa y se mueve más rápido de lo que su mano lo guía. Un método útil para adiestrar a su perro para que ande correctamente al pie es sujetar la correa con la mano derecha pero pasando el brazo por detrás de su propio cuerpo en lugar de llevarlo delante de él. Como decía antes, con la mano izquierda puede guiar la correa pero si el perro tiende a adelantarse la correa será frenada por sus piernas. El movimiento de éstas, de hecho, tirará hacia atrás del perro levemente. También considero mejor esta posición para conseguir que el animal se siente cuando usted se detenga. El perro no puede avanzar y su mano izquierda queda relativamente libre y le permite guiar al perro hacia la posición de sentado.»

El objetivo siempre debe ser llevar al perro con la correa floja en cualquier momento y lugar, incluso cuando pueda distraerse con algo. Así que cuando pare haga sentarse al perro y mantenga la correa floja.

 ## El paseo: cambie de ruta

Martin tiene otro pequeño consejo para los paseos: «Cambie la ruta que sigue al pasearlo. Con frecuencia tirará más de usted en el viaje de vuelta a casa que al salir, así que no sea predecible y, si empieza a tirar en algún momento, gire y avance en el sentido opuesto hasta que recupere su atención. Esfuércese siempre por mantener la correa floja. Debe colgar cuando el perro está en la posición correcta junto a sus piernas.»

Cambiar de recorrido también es fundamental para que al perro le siga pareciendo interesante pasear con usted. A los perros les encantan los patrones —un paseo a la misma hora todos los días, la comida a horas fijas...—, pero también buscan la aventura. Si recorre las mismas tres manzanas de ida y vuelta cada día durante seis meses, su perro dará señales de aburrimiento o se mostrará frustrado y destructivo incluso si lo está paseando como debe, dos veces al día entre treinta y cuarenta y cinco minutos. Igual que los humanos, los perros necesitan un cambio de panorama de vez en cuando. Cuanto más cambie la ruta del paseo, más emocionantes serán los retos que le plantee y más firmemente establecerá usted su posición de líder en distintos entornos.

El paseo: pasear sin correa con un *clicker*

Usar un *clicker* puede ayudarlo a enseñar al perro a andar al pie cuando va sin correa siempre que disponga de un área segura y acotada en la que practicar y mucha paciencia. Kirk Turner es un adiestrador con más de veinte años de experiencia que usa *clickers* junto a muchas otras técnicas para adiestrar a perros de compañía y de trabajo.

Kirk señala: «Lo primero que hay que saber acerca del adiestramiento con un *clicker* es que no estamos haciendo al perro hacer nada. Simplemente marcamos un comportamiento deseable con un sonido y después le entregamos un motivador, como puede ser comida, una pelota o un juguetito de goma un segundo o dos. Así que lo primero que hago es averiguar qué es lo que ese perro en particular encuentra especialmente atractivo y entonces eso es lo que uso.»

Kirk nos da el ejemplo de *Sparky,* un dachshund miniatura al que le motiva mucho la cecina de pato. «Una vez que he creado un gran vínculo con *Sparky* enseñándole la relación entre el *clicker* y la recompensa puedo empezar a dar vueltas por la zona y éste me seguirá y alcanzará. Moveré un poco los dedos de la mano izquierda, y cuando esté ahí haré un *click* y le daré su premio. Cambio de dirección a menudo y mantengo la mirada en el suelo, un metro por delante de mí, y me doy cuenta de cuándo se pone al pie sólo con mi visión periférica. Cuando está así digo "atrás" y doy un par de pasos. Entonces hago *click* y le doy su premio. Me encanta empezar este proceso cuando el perro está suelto, sin correa. Haga los *clicks* y las recompensas más aleatorios a medida que el perro mejore.»

 El paseo: herramientas

Las herramientas —correas, collares y otros apoyos que usan los dueños de perro— son objetos inventados por el ser humano para ayudarle a manejar a los perros. No son ni buenos ni malos, sólo son instrumentos. Creo que es la energía que hay tras la herramienta (es decir, la actitud y el ánimo de la persona que la usa) lo que puede transformar algo que se concibió con un buen fin en un objeto que incomode o asuste.

Si está criando a un perro desde que es cachorro de la forma que describo en *¿Cómo criar al perro perfecto?,* puede que nunca necesite ninguna herramienta sofisticada. Los cachorros nacen con una correa innata, y si nos aprovechamos bien de eso en los meses formativos (a la vez que establecemos una base firme de liderazgo), los paseos deberían ser fáciles. Un sencillo cordón de nailon o una cuerda en torno al cuello o un ligero collar plano con una correa de cuero sujeta con mosquetón debería bastar. *Mr. President, Angel, Blizzard* (alias *Marley)* y *Junior,* los cuatro cachorros que crié para escribir ese libro, son ya adolescentes y sus respectivos dueños (Crystal Reel, la asistente legal de MPH Entertainment; SueAnn Fincke, la directora de *El encantador de perros*; Adriana Barnes, la directora del Centro de Psicología Canina, y yo mismo) pueden llevarlos a cualquier sitio, en cualquier momento, con la mínima correa. Cualquiera puede pasearlos y entienden el concepto de que la correa significa que deben seguir a esa persona. También nos siguen sin problemas cuando van sin correa. Hace poco estaba con *Angel* en un aeropuerto abarrotado y la gente se paraba a mirar. Se sorprendía al ver lo tranquilo y obediente que iba, siguiéndome entre la multitud, subiendo en las escaleras mecánicas y pasando los controles de seguridad.

Ésa es la gran ventaja del condicionamiento temprano y el adiestramiento preventivo. Si su cachorro nunca tiene una mala experiencia con la correa, la probabilidad de que en el futuro surja algún problema al pasearlo disminuye mucho.

Sin embargo, es posible que sean necesarias herramientas más sofisticadas en el caso de algunos perros ya adultos, perros de refugio con problemas graves o perros que son demasiado grandes o fuertes para que sus dueños los puedan controlar con una correa alrededor del cuello, sin collar. Unas veces son necesarias sólo de momento y otras a largo plazo. Éstas son algunas de las muchas herramientas que hay en la actualidad a disposición de los dueños de perros.

La flexicorrea o correa extensible

Pros: permite al perro alejarse y explorar sin estar sujeto a una longitud de correa en particular. A los perros asustadizos les permite dar un paseo menos estructurado, lo cual ayuda a fraguar una relación de confianza mientras el dueño va acortando poco a poco la longitud de la correa. Un ejemplo de buen uso para una correa extensible se puede ver en mi estrategia para aumentar la confianza de *Viper* en situaciones angustiosas, animándolo a resolver sus propios problemas sin mi intervención (véase capítulo 2).

Contras: al no dar un marco estructurado esta correa no transmite el mensaje de que el dueño está al mando del paseo. Un dueño puede acabar por ser arrastrado en la dirección que el perro quiera. Además la correa extensible permite sólo un control mínimo del perro y no debería usarse con perros dominantes y con mucha energía.

El collar de estrangulación o collar de adiestramiento

Pros: a pesar del nombre no se da estrangulamiento alguno si esta herramienta se usa correctamente. Cuando un perro se aleja, un brevísimo estrechamiento de la cadena que rodea el cuello envía un mensaje correctivo. Hay un aflojamiento instantáneo una vez que el correctivo se ha tenido en cuenta. Su único fin es captar la atención del perro y motivarlo para que él mismo corrija su comportamiento.

Contras: si se usa mal, este collar puede estrangular al perro y dañarlo. El dueño debería recibir instrucciones prácticas de un profesional sobre cómo utilizar esta herramienta.

El collar Martingale o de semiahorque

Pros: está diseñado para ayudar al perro a sentirse cómodo a la vez que lo tenemos seguro con una correa. Esta herramienta tiene una parte más larga y ancha, normalmente hecha de cuero, cadena o nailon, que va unida por dos anillas. La anilla más grande rodea con holgura el cuello del perro. La más pequeña está enganchada a la correa. Si el perro tira de la correa, la anilla pequeña se tensa y se cierra la anilla más grande. La parte más ancha impide que el collar apriete tanto que ahogue al perro.

Contras: por mi experiencia este tipo de collares son una buena opción para los perros relajados que no necesitan muchos correctivos y para los perros que se comportan bien en general y sólo necesitan una llamada de atención de vez en cuando. Los collares Martingale no son tan efectivos en perros que están aprendiendo a pasear con correa.

El collar Illusion

Pros: este collar tiene un original diseño que mantiene la correa en la nuca del perro, la parte más sensible. También da apoyo a la parte baja del cuello al tiempo que permite al dueño corregir incidiendo en la nuca, que es más sensible. La idea es dar al dueño más control sobre el animal durante el paseo sin constreñir el cuello del perro.

Contras: no soy objetivo, pero me encanta esta herramienta como medio para enseñar a alguien sin experiencia cómo pasear bien al perro. Hay quienes piensan, sin embargo, que este collar es demasiado coercitivo para perros tranquilos o que ya saben comportarse.

Los arneses

Pros: estas herramientas se inventaron en principio para el rastreo o el tiro. El arnés permite al perro usar todo el peso de su cuerpo como palanca y también le da más libertad, de forma que puede incluso mantener la nariz baja, como hace falta para rastrear.

Contras: en muchos perros el arnés provoca un reflejo instantáneo de tiro. Siempre me sorprende la cantidad de gente que usa arneses normales para el perro y luego se pregunta por qué se descontrola así cuando lo pasea. Como dice Mark Harden: «Si quiero que un perro aprenda a tirar para un rodaje, le pongo un arnés».

El arnés antitirones

Pros: este arnés está diseñado para oprimir ligeramente el pecho del perro cuando empieza a tirar, así que le causa una incomodidad que lo motiva a dejar de hacerlo.

Contras: de hecho el perro puede seguir tirando con este arnés puesto aunque tiene que contorsionarse para hacerlo. Este arnés no impedirá que un perro difícil continúe tirando.

El collar Halti y el Gentle Leader

Pros: también llamado collar de cabeza. Se ajusta a la cara del perro por debajo de la nariz. Cuando el perro tira, el Halti se tensa en torno al hocico y luego se afloja cuando se calma. Si el perro es demasiado enérgico como para controlarlo, el Halti nos permite evitar directamente que él tire de nosotros. Hay a quienes la correa les incomoda o les da inseguridad y prefieren un collar de cabeza.

Contras: algunos perros se sienten incómodos en cuanto se les pone un collar de cabeza. No es natural que algo les bloquee el hocico. Además es una herramienta contra la que el perro se puede rebelar con facilidad y ganar.

El collar de púas o pinchos

Pros: está hecho de eslabones de metal o plástico que apuntan a la piel flácida que rodea el cuello del perro. Cuando se tensa, el collar de pinchos les aplica un corto y repentino correctivo, como un mordisco. La idea, al igual que en el caso del collar de estrangulación, es que el perro se autocorrija para detener esa sensación desagradable. Si se usa bien, no debería hacer daño alguno; el objetivo es ejercer presión, no causar dolor.

Contras: los correctivos fuertes y repetidos de este collar pueden pinchar la piel del perro, sobre todo si no está correctamente colocado. Si quien lo utiliza no ha aprendido a hacerlo bien, puede dañar y herir al animal.

Como nos ha mostrado Ian Dunbar, hay técnicas que funcionan para adiestrar a un perro y que no requieren la aplicación de correctivos con la correa. Aun así, muchos profesionales que se inclinan por el refuerzo positivo y la recompensa usan también este método de una forma segura y compasiva. Bonnie Brown-Cali nos dice: «Como adiestradores de perros creo que tenemos que ser honrados y tratar de no limitarnos a una única teoría del adiestramiento. Eso limita nuestros métodos de adiestramiento y hace que rechacemos ideas que podrían ayudar al animal. Usar sólo técnicas de adiestramiento positivo es casi imposible porque siempre hay alguna forma de correctivo. Si a un perro se le está adiestrando con una correa de dos metros y se suelta todo lo que da de sí, el correctivo radica simplemente en el hecho de que la correa tiene un límite. Para utilizar nada más que técnicas positivas el perro tendría que estar suelto dentro de un entorno cerrado, como un delfín en una piscina, y motivado para trabajar con quien lo maneja, porque no hay otra opción. Por otra parte, el uso de técnicas compulsivas puede tener el adverso efecto de enseñarle un comportamiento de evitación. Quiero que los perros y sus dueños, ya sea un anciano con un cavalier o un perro de caza y su dueño, estén contentos y seguros al trabajar. Si seleccionas distintas ideas de una gran gama de técnicas, tienes los instrumentos necesarios para adiestrar a una población de perros muy diversa.»

El adiestrador Joel Silverman, que siempre prefiere un acercamiento positivo si puede elegir, nos dice: «No hay ninguna forma agradable de lidiar con la agresión depredadora. A los que me dicen que lidian con ella mediante premios y *clickers* los llevaría a la televisión y les diría que me lo demostraran a cambio de dinero. Puede que ellos lo consigan pero no creo que sean capaces de enseñar a otras personas a hacer lo mismo. Si tienes un perro de presa agresivo que lo único que quiere es lanzarse contra alguien, y esto lo digo muy claro en mis cursos, debes contratar a un especialista en agresión depredadora y en agresividad.»

El collar electrónico

El collar electrónico (o e-collar o collar de descarga eléctrica o, su pariente más amable, el collar vibrador) no es una herramienta diseñada para ayudar a pasear al perro aunque me gustaría decir un par de cosas sobre el mito y la realidad de éste. Para empezar no es un instrumento adecuado para enseñar la obediencia elemental y, dado que se basa en el castigo, nunca debería utilizarse para crear un comportamiento nuevo. En algunos países es hoy ilegal debido al mal uso que se le ha dado en el pasado y a los malos entendidos sobre su fin. Para que quede constancia, de los 317 casos vistos en *El encantador de perros* sólo en ocho se emplearon collares electrónicos. (Los dueños ya usaban el collar antes en cuatro casos y yo simplemente les informé sobre el modo de usarlo bien. En los otros cuatro casos fui yo quien decidió utilizarlo para resolver un problema en particular). Recuerde también que la mayoría de los collares electrónicos en la actualidad tiene una intensidad variable, desde la vibración (como vimos con *Viper,* hay en el mercado collares que sólo vibran) hasta una gama de estímulos eléctricos más intensos que pueden ir desde algo parecido a una palmadita hasta un cosquilleo suave o irritante, una vibración tensa o una seca descarga eléctrica. El objetivo del collar no es que al perro le duela o le asuste, sino que le sorprenda y le haga reconsiderar la actividad en la que estaba inmerso, creándole una asociación negativa entre esa actividad y el decididamente desagradable estímulo que recibe del collar.

Martin Deeley, que adiestra con collares electrónicos, mantiene que en lugar de verlo como un instrumento cuyo único uso es el correctivo o el castigo, los muchos niveles posibles de intensidad de los nuevos collares de calidad los convierten en un útil medio de comunicación entre perros y humanos. Algo así como una correa invisible.

Martin nos dice: «Es una herramienta muy versátil que puede usarse a niveles bajos, casi imperceptibles, para interrumpir un comportamiento indeseable o para guiar y ayudar a la formación del perro, manteniendo aun así una excelente actitud. Los collares electrónicos modernos no son la herramienta de castigo que su mala reputación sugiere: son el modo de comunicación soñado por mucha gente para cuando el perro va sin correa. Sin embargo, tiene que usarse de modo correcto y ahí es donde la ayuda de un profesional es clave.»

Aunque quienes defienden la prohibición de los collares electrónicos citan estudios que apuntan a los peligros que conlleva su mal uso, otros estudios aprobados por la comunidad científica muestran que, bien aplicada, la rehabilitación mediante un collar electrónico puede conseguir cambios rápidos, efectivos y permanentes en comportamientos no deseables sin causar dolor o lesiones a los animales.[1] Creo que si lo emplea de manera adecuada y en las circunstancias indicadas un profesional formado, un collar electrónico puede salvar la vida de un perro en un mínimo de tiempo y con poco estrés. Aun así, no cabe duda de que es una herramienta sofisticada de la que se puede acabar abusando o que puede usarse mal si lo hace alguien sin la formación necesaria.

Las reglas de César Millán

La principal utilidad del collar electrónico es inhibir el impulso depredador innato en un perro. Este impulso puede hacer que un perro trate de cazar a una serpiente cascabel, pastoree a los coches en medio del tráfico o eche a correr tras alguien que hace deporte y se meta en alguna calle peligrosa. Temple Grandin es un defensor del trato compasivo a todos los animales y del refuerzo positivo y en una reciente entrevisa en la cadena de radio NPR describió los casos en que él considera que el uso de los collares electrónicos es correcto: «Perseguir a los coches o a la gente que corre, matar gatos, correr tras los ciervos... cualquier comportamiento que responda al impulso depredador. Eso no es agresión y no es miedo. Es otro tipo de emoción, muy especial, que el animal tiene. Yo le pondría el collar, haría que lo llevase un par de días y entonces (porque no queremos que descubra que el collar es la causa), de repente, un rayo le caería del cielo por perseguir a los ciervos. Ése es uno de los casos en que usaría el castigo.»[2]

El adiestrador de la zona de San Francisco Kirk Turner, que usa el refuerzo positivo y el *clicker* en su trabajo, también ha utilizado collares electrónicos para proteger a perros de carreras y hacer que estén seguros. Kirk advierte: «Cuando envías a un borzoi a cazar a un conejo, si el conejo se cuela por una alambrada de espino, el borzoi también va a querer meterse por ahí para cazar al conejo. Ahí el uso de un collar electrónico es totalmente admisible. Cada herramienta que he empleado con los perros la he probado antes en mí mismo. Me he puesto un collar electrónico y me he dado una descarga eléctrica, así que sé lo que se siente con una descarga de nivel cinco de un collar electrónico Tri-Tronics. También he usado la función de vibración para adiestrar a perros sordos. La utilizas para que te presten atención y para todo lo demás usas el lenguaje de signos».

Yo recomiendo que no se use el collar electrónico (ni ninguna otra herramienta avanzada, como el collar de pinchos o de estrangulación, de hecho) sin tener la formación a fondo que le dará un profesional cualificado. Por ejemplo, Bonnie Brown-Cali imparte clases sobre el uso ético de las herramientas que se basan en correctivos, incluido el collar electrónico.

Según Katenna Jones, la AHA (American Humane Association) es muy precisa en sus indicaciones sobre el uso correcto del collar electrónico y recomienda su utilización sólo en los siguientes casos:

🐾 Cuando lo emplee un profesional formado en la teoría del aprendizaje animal.

🐾 Cuando lo emplee un profesional que tenga mucha experiencia con esa técnica o instrumento.

🐾 En los muy infrecuentes casos de vida o muerte.

🐾 Como último recurso, cuando no queda otra opción.

🐾 Para hacer tres o menos de tres demostraciones (más de tres demostraciones raya en el maltrato y hay que parar de inmediato).

El paseo: pasear con un collar de estrangulación

Creo que el collar de estrangulación es una herramienta útil, pero casi nunca lo uso a menos que un cliente ya lo haga y esté contento con él. De los 317 casos vistos en *El encantador de perros* sólo en un caso decidí yo mismo empezar a usarlo, ya que mi objectivo es que se establezca una relación más íntima entre el ser humano y el perro que lleve de forma gradual a la experiencia del paseo sin correa. Prefiero una correa sencilla y ligera fijada en la parte trasera del cuello, donde facilita el control, como habrá visto que hacen los que trabajan con perros de espectáculo. Pero muchas mujeres y hombres de constitución débil prefieren recurrir al collar de estrangulación, que les da más seguridad cuando tienen que tratar con un perro enérgico y fuerte. Es más, hay ciertos profesionales a los que entrevisté para este libro que lo consideran un instrumento útil en el adiestramiento, en particular con perros adultos que no tienen experiencia previa de paseo con correa siguiendo a una persona.

El experimentado adiestrador Joel Silverman nos dice: «Soy muy claro con el hecho de que uso el collar de estrangulación en ciertas circunstancias. ¿Y sabes qué? Nunca nadie, ni una sola persona en treinta y cinco años, ha venido ni me ha escrito para decirme que le moleste el modo en que lo utilizo. Es decir, pueden decirme que ellos prefieren no usarlo, que me parece perfecto. Pero la cuestión no es la herramienta, sino el modo de usarla.»

Mark Harden, el adiestrador de Hollywood, me enseñó cómo utiliza él el collar de estrangulación durante un paseo con su pastor anatolio *Oscar*. Si se usa bien, la cadena de metal de este collar es menos cruel que una correa de tela. Nos dice: «Con un collar de tela el perro tiene la sensación constante de que lleva algo ahí y no puede hacer nada para aflojarlo o tensarlo. Eso siempre está ahí, así que no hay ningún momento de alivio. Por otra parte, los perros tienen el instinto de tirar. Si se les engancha la cabeza en algo, su instinto es tirar para sacarla. Puedes insistir todo el tiempo en eso y no cambiar nada y a mí me parece que quienes usan collares de tela molestan a sus perros en lugar de decir: "Zas. Ya está. Ya lo ha aprendido. Ahora vamos a seguir con lo nuestro tranquilamente."»

Mark acercó a *Oscar* para enseñarme cuál es la forma de poner bien el collar y me lo explicó: «Contigo mirando de frente al perro, la forma del collar tiene que parecer una P. Se lo pasas por la cabeza. Cuando ya está puesto, lo sueltas.»

Mark me explicó mientras paseábamos por el área de trabajo: «Lo primero que hago cuando tengo que adiestrar a un animal para una película es pasearlo, simplemente, durante horas y días. Con eso le estoy diciendo al perro: "Tú andas como yo." Creo que todo el control que tengo sobre él y nuestra relación fluye por esta correa. Si puedo conseguir que ande, puedo lograr que haga cualquier cosa. No hay presión, no tiro en absoluto. Es más, yo no podría tirar de este perro. Él me podría llevar donde quisiera, es como un cuatro por cuatro de ochenta kilos.»

Ni la correa ni el collar fueron los que le dieron a Mark el control de aquel enorme animal, sino el liderazgo y la confianza que se había esforzado en establecer como parte de su relación con *Oscar*.

«Para mí el mayor error que se comete es olvidar que esta correa nunca debería estar tensa, excepto en ese segundo exacto en que quiero comunicarme con el perro. El resto del tiempo está floja».

Mark tiró de ella, ajustó el collar de *Oscar* y dijo: «Cuando veo a la gente pasear a sus perros, la correa siempre está así. Si lo normal es que esté suelta, no tengo que decir nada. No digo "atrás", no grito, no hago nada: sólo paseo.»

Mark continuó andando y tan pronto como notó que *Oscar* ya no le prestaba atención, se dio la vuelta y empezó a andar en el sentido contrario, dándole un tironcito correctivo. *Oscar* lo siguió enseguida. Mark hizo lo mismo unas cuantas veces.

«Cambio todo el rato de dirección porque no me interesa especialmente que esté a mi lado, lo que me interesa es que esté pendiente de mí. Es como si le dijera: "Si no sabes dónde voy, *Oscar,* ¿cómo pretendes ir por delante de mí?" Así que lo que hago es un toque rápido, zas, de forma que su propio peso sea lo que actúa contra él.»

Mark cree que el problema de los collares de estrangulación es que no se sabe usarlos. Según él: «Para mí no hay mejor manera de educar y controlar a un perro que ésta. Es fácil, es la más rápida y no le molesta todo el tiempo como hace un collar de tela. Es un medio de comunicación rápido. En un día, en quince minutos, tengo un perro que pasea conmigo como si fuera mío desde pequeño. A la gente le parece magia, pero es porque no les han enseñado a usarlo bien.»

Aunque él mismo consigue estupendos resultados con el collar de estrangulación, también sabe que cada uno tiene que descubrir qué le va bien a él.

«Si te funciona un collar de tela o si puedes conseguir buenos resultados con un arnés, no hay nada más que decir. He adiestrado a cientos de perros y esto es lo que mejor me funciona a mí. Jamás le he hecho daño a un perro con él. Lo que quiero decir es que un cuchillo también puedo usarlo para picar las verduras o para matar a alguien. La cuestión es cómo lo utilizas, no el instrumento en sí.»

Katenna Jones, una experta en conductismo aplicado a la psicología animal que trabaja en la Office for Humane Education de la American Humane Association, tiene una opinión muy distinta de los collares de estrangulación. «Jamás he usado uno y jamás lo haré. ¿Que si funcionan? Seguro. Pero ¿son la herramienta menos cruel de la que disponemos? De ninguna manera. Si me encontrara con un cliente que lo utiliza, le diría que si quiere que colaboremos tiene que quitar al animal el collar de estrangulación. Yo principalmente adiestro, y en particular si son perros reactivos, con arnés de cabeza.[3]

Aun así, incluso las herramientas más benignas, como los arneses de cabeza, pueden usarse mal si el propietario del perro no tiene la formación necesaria, es muy impaciente o está frustrado.

Kirk Turner nos advierte: «Yo veo a muchos que tiran de un Gentle Leader como si fuera un collar de estrangulación. Y me imagino lo que eso le hace al cuello del perro... El problema del Gentle Leader, como el de casi todas las herramientas, es que el perro sabe cuándo la lleva y cuándo no. Preferiría conseguir lo que quiero por medio de señales no verbales, como la técnica de bloqueo, y una actitud de calma y seguridad.»

El paseo: lograr que venga cuando se le llama

Como muestra nuestra encuesta del capítulo 2, lo primero y más importante es que el perro venga cuando se lo llama. Nada nos enfada más que un perro que no hace caso y sólo acude cuando le apetece. En muchos casos el frustrado dueño reñirá al perro cuando éste vuelve. Los perros viven en un mundo de causas y efectos, así que el animal no tendrá ni idea de por qué le gritan. Así, lo que le habrá enseñado su dueño es una asociación negativa con acudir a su llamada. La próxima vez es aún más probable que siga manteniéndose a distancia cuando lo llame. Coger a un perro con el que ya se ha perdido antes la paciencia no es nada fácil y hace que el dueño se enfade más, lo cual daña aún más el vínculo entre ambos. Y así se entra en un círculo vicioso.

Que un perro no venga cuando se lo llama también puede ser un peligro. Si usted llama al perro en circunstancias peligrosas, ya sea junto a una carretera o en otra zona con riesgo de accidentes, el miedo, el enfado u otras emociones negativas se percibirán en su voz y eso dará al perro razones para no querer acercarse aunque usted sabe que lo está llamando por su bien.

Martin Deeley afirma: «Hay muchas razones para que un perro quiera volver junto a usted. Se pueden agrupar en dos bloques básicos de emociones. El primero es porque quiere y el segundo es porque cree que debe. Oye cómo usted coge la correa para dar un paseo, cómo cae la comida en su cuenco y, como por arte de magia, el recuerdo le hace mover la cola. O bien le oye llamarlo y sabe que es mejor que vaya, porque si no habrá consecuencias. A veces es una mezcla de las dos cosas.»

El hecho de que acuda a su llamada es parte de la relación que tiene con su perro, las cualidades de liderazgo que usted tiene, las recompensas y los placeres que le da, los límites y las fronteras que ha establecido, las consecuencias para él cuando no hace lo que le pide y, lo más importante, el deseo innato de su perro de estar con usted, de ser parte de su equipo y su manada.

En *¿Cómo criar al perro perfecto?* ya expliqué que criar a un perro desde que es un cachorro le facilita una especie de correa invisible, ya que todos los cachorros están programados para seguir. Una vez separados de su madre y sus compañeros de camada, dirigirán ese instinto hacia usted, su nuevo jefe de la manada. El primer paso para conseguir un perro que venga cada vez que se le llama es aprovechar esos valiosísimos primeros ocho meses de su vida para desarrollar y reforzar ese vínculo invisible entre usted y él. Uno de los mayores errores que se cometen y que contribuye a que no sean obedientes cuando se les llama es permitirles demasiada libertad al principio. Claro que usted quiere que el cachorro tenga tiempo para jugar cuando le deja a su aire, pero cuando el cachorro es pequeño, «libertad» quiere decir algo más que retozar por el jardín. También quiere decir estar cómodo y sentirse seguro sabiendo cuáles son las reglas de la manada y que siempre puede confiar en usted para que le proteja y le diga lo que tiene que hacer. Mientras aún es pequeño, concéntrese en condicionar a su cachorro para que piense que las mejores y más agradables cosas de su vida ocurren cuando está con usted. No cuando está solo por ahí olfateando la hierba o relacionándose con otros perros. Cuando, sin querer, enseña a su perro que vagar por su cuenta es parte de la cultura de su manada, habrá colocado el acudir cuando lo llama muy abajo en su lista de prioridades. Entonces su frustración cuando él no haga caso a sus llamadas empezará a notarse en su lenguaje no verbal y en su ánimo, y usted mismo estará reforzando la impresión de que claramente es más agradable estar lejos de usted que cerca.

Martin Deeley conoce a los perros cobradores a fondo. Ha descubierto que jugar a tirar algo para que lo traiga un cachorro o un perro joven es una manera estupenda de animarlos a jugar al aire libre y hacer ejercicio a la vez que asocian la diversión a estar con usted.

Martin dice: «Si lo anima a que le traiga algún juguete que usted ha lanzado lejos, le da una oportunidad de correr además de mantener el control, ya que se concentra en la labor que le ha encomendado. Para empezar a crear una respuesta a un nombre diga el nombre del cachorro cuando alcance el objeto y cuando empieza a correr hacia usted. Recompénselo con afecto cuando llegue hasta usted. No lo agarre o le quite el juguete de ninguna manera. Deje que sea él quien se acerque y lo comparta con usted y entonces tómelo con delicadeza.»

Siempre aconsejo a mis clientes que empiecen el ritual del paseo cuando el cachorro es muy pequeño, aunque los veterinarios nos advierten que los paseos largos no siempre son buenos para el desarrollo de los huesos de un cachorro. Los paseos cortos, combinados con sesiones de juego con usted, pueden ser parte del proceso de adiestramiento.

Martin Deeley nos recuerda: «Los paseos largos no son fundamentales para los cachorros pequeños si usted les hace jugar a cobrar y a otras cosas movidas para que hagan ejercicio y adiestrarlos. Que se ejerciten mientras los adiestra. El perro hará el mismo ejercicio si corre cerca y alrededor de usted que si corre alejándose. Una vez que los paseos empiecen a prolongarse haga del paseo estructurado un itinerario que le sirva también de adiestramiento. Enséñele a ir con la correa floja, a sentarse antes de cruzar una calle o cuando se encuentren con gente y en general a ser un animal cívico cuando estén en público.»

Siempre advierto a mis clientes que los cachorros son un imán para otras personas. Pueden atraer más atención de la que queremos y que eso los distraiga del adiestramiento. Tanto con los cachorros como con los perros adultos asegúrese de que establece claramente cuándo permite y cuándo no permite que hagan mimos al perro. Así la estructura de su paseo y su tiempo de adiestramiento quedarán intactos. Hasta que esté seguro de que puede confiar en que acudirá cuando lo llame, nos aconseja Martin Deeley, use una cuerda larga para estar siempre en contacto con su perro.

Martin añade: «Para empezar puede ser una especie de cinta fuerte. Luego se irá aligerando a medida que la confianza en su perro aumente. La idea es quitársela poco a poco según vemos que sigue obedeciéndonos. Sáquelo a dar un corto paseo por el jardín o el campo y deje que lo siga, a sus pies, moviendo el rabo, contento.»

Cuando empiece a alejarse aproveche la oportunidad para practicar su capacidad de hacerlo volver. Váyase en la dirección opuesta y llámelo, y felicítelo cuando vuelva a usted. Su perro enseguida se dará cuenta de que si se va demasiado lejos, usted desaparecerá. Eso lo motivará a estar siempre pendiente en cierta medida de lo que usted está haciendo. A veces, en un entorno muy seguro, si el perro se desvía por algún camino, puede usted alejarse por otro y entonces llamarlo. Todos estos ejercicios reafirman la importancia de que vuelva al oír su nombre y de que haga caso a su llamada si quiere volver a verlo.

El siguiente paso para crear un reacción fiable a su llamada son los ejercicios de escondite. Ocúltese detrás de un árbol o túmbese en la hierba, llámelo y entonces celébrelo con alegría cuando él lo encuentre.

Incluso con esta buena base algunos perros siguen cayendo en la tentación de correr a explorar por ahí. Los perros de refugio a los que se ha adoptado ya adultos tienen la costumbre de confiar en sí mismos y hay que reacondicionarlos para que entiendan que volver a usted es algo importante y placentero.

Como nos dice Martin Deeley: «La fórmula más obvia para hacer que un perro vuelva a usted es la recompensa con una chuchería u otro premio. Ponga siempre al cachorro en una situación en que no pueda hacer nada malo. Una cuerda larga o correa es un apoyo muy útil para garantizarle el control. Una vez que se la haya puesto, aléjese en principio y llámelo con una voz alegre y tranquila. Yo uso "aquí" y despierto su curiosidad agachándome un poco, poniéndome casi en cuchillas o apoyándome en una sola rodilla (sin inclinarme) y sonriendo.

»Cuando se acerque, dele un trocito de alguna chuchería que le guste. Siga caminando. Aléjese otra vez y vuelva a llamarlo y a recompensarlo. Haga de esto un juego, algo divertido. Empiece a pasear llevándolo sujeto con la larga correa. Deje que se aleje, y cuando no mire cambie de dirección, de manera que sea usted quien se aleja de él. Al tiempo llámelo una vez más, despierte su interés y ofrézcale el premio. Si no responde al principio, normalmente en el momento en que usted se aleje y él note la correa sí querrá seguirlo.»

Como nos ha mostrado Ian Dunbar, cuando se usan chucherías para atraer es importante eliminarlas de forma gradual del adiestramiento lo antes posible. Hay que evitar que la comida sea la única razón por la que el perro se le acerca. En cuanto reaccione bien habitualmente, empiece a darle el premio a intervalos arbitrarios. El fin es ir reduciendo las veces que se le da la golosina hasta dejar de hacerlo del todo. Así vendrá encantado incluso cuando no se le ofrezca comida alguna. Además a algunos perros, como a *Junior,* no les motivan las chucherías.

Martin nos cuenta: «En el caso de algunos perros veremos que el deseo de volver a nosotros está relacionado con otras recompensas que no son la comida. Cobrar algo que le hemos lanzado o darle un juguete son dos ejemplos de situaciones en que el perro disfruta del juego más que otra cosa y asocia estar con usted con que esas cosas sucedan. En esos casos acude de buen grado a estar con usted.»

Si usa un juguete para morder o una pelota, enséñele a su perro a soltarlos en su mano cuando se lo pida. Usted empieza el juego y usted lo acaba. Eso es lo que hacen los líderes. A medida que el perro aprende, deje que se aleje más, suelte correa y entonces llámelo. Es importante porque un perro que acude tras alejarse cinco metros no siempre regresará tras alejarse diez. Una vez que haya fijado ese comportamiento en una situación de adiestramiento segura, sin peligros, puede empezar a introducir cosas que lo distraigan a cierta distancia, como otros perros o gente que pasa, coches, gatos o lo que sea que pueda interesarle de su entorno. La correa lo ayudará a frenarlo para que no haga lo incorrecto y a guiarlo para que haga lo correcto.

Como nos recuerda Martin: «Puede que de vez en cuando tenga que darle un toque con la correa para recuperar su atención y asegurarse de que lo sigue en lugar de ceder a la tentación que sea. Cuando lo haga, debe ser siempre con suavidad. Se trata de un giro rápido de muñeca o un tironcito a la altura de los hombros y el cuello del perro. En algunos casos basta con pisar la correa para que no pueda alejarse. Anímelo a venir hacia usted y felicítelo cuando lo haya hecho. Lea las acciones de su perro. Entonces podemos empezar a reducir el control con la correa dejando que la arrastre por el suelo. Tras esto sustituyamos la correa por otra más ligera. Una vez que haya conseguido eso, cuando esté en una zona segura, reduzca la correa hasta llegar a quitársela del todo. Entrene entonces a su perro para que acuda cuando lo llame, ya sin usar ni correa ni premio alguno.»

Si está de acuerdo con la opinión de Ian Dunbar de que una correa es como una muleta y a menudo se convierte en una costumbre de la que después es difícil prescindir, puede adoptar su fórmula para practicar la llamada: pruebe primero en un área pequeña, como el cuarto de baño, después la cocina, luego el salón, a continuación el jardín... hasta que el perro responda al menos el 95 por ciento de las veces que lo llame. Con este método su voz y su vínculo con el perro se habrán convertido en una correa invisible.

Que venga en cuanto se le llama: el método del *clicker*

Usar un *clicker* es otra forma de enseñarles a obedecer a la llamada sin usar la correa. Pedí a Kirk Turner que esbozara un método para enseñar a obedecer a la llamada con el *clicker*. Nos explica cómo: «Ahora estoy trabajando con *Sparky*, el dachshund, y yo sé que le motiva la cecina de pato. Entonces digo su nombre y me mira. Hago *click* y le doy su premio. En ese momento hay que alejarse y no hacerle caso. De hecho trato de evitarle. Él se esfuerza por llamar mi atención pero yo espero hasta que esté distraído con otra cosa y entonces digo "¡*Sparky!*". Me mira y viene corriendo. Cuando está a medio camino, hago sonar el *clicker*, que tengo escondido a la espalda, y le doy un capricho cuando llega hasta mí. También lo felicito expresivamente. Repito el proceso varias veces antes de usar la palabra "ven". Cuando estoy seguro de que de todos modos va a venir, empiezo a pronunciar la palabra cada vez. También empezaré a usar el *clicker* de forma aleatoria, sólo cuando esté a medio camino, y variaré la cantidad de caprichos que le doy y la cantidad de tiempo que lo elogio. Según pasa el tiempo lo llevaré a entornos en que sea más probable que se distraiga y repetiré el proceso. Puede que desde el principio si veo que se distrae demasiado.»

Todas estas técnicas son estupendos puntos de partida para asegurarse de que su perro viene cuando se lo llama. El resumen, sin embargo, es que su perro debe confiar en usted, querer estar con usted y respetar su liderazgo en todo entorno y situación. Con un cachorro esto es pan comido. Con ciertos perros rescatados puede que le hagan falta tiempo y paciencia. Pero la paciencia es clave. A ningún perro le atraen las vibraciones de enfado, frustración o impaciencia. Si le cuesta mucho que su perro venga, fíjese en su propia actitud. ¿Está ofreciendo al perro algo maravilloso a lo que acercarse? Depende de usted no sólo establecer el liderazgo en casa, sino el ser lo mejor de la vida de su perro, donde quiera que vayan juntos.

Sentarse

Todos los perros saben sentarse y es obvio que lo hacen constantemente por su cuenta. Enseñarles la orden de que se sienten es cuestión de capturar ese acto y asociarlo a una palabra. Esto debería venir casi solo, pero hay a quienes les cuesta establecer la asociación de la orden con el acto en el momento justo.

Martin nos dice: «Con demasiada frecuencia a los cachorros se les dice que se sienten cuando están haciendo alguna travesura y sus dueños, enfadados, les dan la orden a gritos para que paren. Por desgracia «sentado» se convierte entonces en una palabra ligada a un correctivo.»

Lo que buscamos es que el perro asocie positivamente este comportamiento. Hay muchas formas de enseñarles a obedecer la orden de «sentado». Recuerde que cuando empieza a enseñar un comportamiento al perro ha de elegir lecciones cortas y fáciles y ha de trabajar en un entorno en que se vayan a distraer lo mínimo posible.

Sentarse: la forma natural

Como señala Bob Bailey, la forma más fácil de decir a un animal cómo queremos que se comporte es, simplemente, capturar ese comportamiento cuando el animal lo muestra de forma espontánea y recompensarlo. Eso lleva paciencia, pero yo creo que es el método de adiestramiento que más se acerca a cómo aprenderían los perros unos de otros en estado natural. Los animales aprenden por ensayo y error, pero, cuando se trata de sobrevivir en la naturaleza, no hay mucho margen para el error. Puede aprovechar este método natural para buscar oportunidades de enseñarles a obedecer muchas órdenes.

El perro se sentará por iniciativa propia muchas veces al día. En ocasiones, si lleva ya la correa puesta y usted se queda parado y esperando junto a la puerta, se sentará tras un rato. Cuando lo vea iniciar el movimiento de sentarse, diga «sentado». Hágalo con tranquilidad, con una voz no forzada y con una sonrisa. Transmítale todo su orgullo y su cariño, prémielo o felicítelo inmediatamente después y se sorprenderá de lo rápido que aprende a entender muchas órdenes a raíz de haber hecho esos movimientos de manera espontánea. Yo me doy cuenta de que estoy enseñando a los perros de mi manada todo el tiempo animándolos con mi alegría cuando muestran un buen comportamiento o mostrando mi desagrado por su mal comportamiento con un chasquido de la lengua. Un perro ha nacido para aprender y está programado para aprender de nosotros. Cuando usamos el método de la madre naturaleza para comunicarnos con él es sorprendente lo fácil y divertido que puede resultar enseñarles la obediencia básica a nuestras órdenes.

 Sentarse: la hora de la comida como motivación

En el caso de los cachorros la hora de la comida nos da una fantástica oportunidad para hacerles comprender la palabra «sentado» sin tener que hacer mucho esfuerzo y con recompensa incluida. Primero prepare la comida y lleve al cachorro a donde va a dársela.

Al principio puede dejar que la olfatee, pero luego apártela de él y espere. Puede que salte para alcanzarla y probablemente salte encima de usted. Si es así, muéstrele desacuerdo con su actitud y su lenguaje corporal y retírese lentamente hacia atrás o hacia un lado y espere.

Recuerde que su paciencia de ahora le brindará un perro bien educado para toda la vida.

Tras un rato el cachorro quizá trate de averiguar qué tiene que hacer para que le dé la comida. Le ofrecerá esa mirada de intriga y se sentará en el suelo. En ese preciso instante póngale delante la comida.

Martin dice: «Tras hacer esto una o dos veces he descubierto que en cuanto entro con la comida en la mano y espero, el cachorro se sienta automáticamente.»

Una vez que usted empiece a dar pie a que haga el movimiento de sentarse con el ritual de la comida no tiene más que añadir la palabra «sentado» para que él la oiga en el instante exacto antes de sentarse. De esa forma se convierte en una indicación.

Felicitarlo puede ser un refuerzo secundario. No lo alabe demasiado y mostrando emoción pero deje notar su orgullo y dígale tranquilamente «bien». Así el cachorro habrá aprendido la orden por asociación y, lo que es probablemente igual de importante, a partir de un comportamiento que ha iniciado él mismo.

 Sentarse: dar chucherías como incentivo

Escoja algo que a su perro le guste mucho. Por norma yo dejo para el final las mejores chucherías, por si empieza a perder interés en la sesión de adiestramiento y hay que remotivarlo. Me gusta dejar aparte un poco de pollo o un perrito caliente por si acaso su nivel de atención empieza a descender. Para el principio de la sesión o para sesiones cortas el pienso o las chucherías concebidas especialmente para el adiestramiento van bien.

Martin Deeley dice: «Yo prefiero usar el pienso que mi perro suele cenar y reducir la cantidad que le doy por la noche, si ya he usado ese pienso para adiestrarlo.»

Obviamente usar chucherías para adiestrarles en algún comportamiento no funcionará igual si el perro acaba de comer bien que si está entre comidas. Algunos adiestradores profesionales como Mark Harden usan la ración diaria de comida del perro como todo alimento en los días de adiestramiento. Es decir, que el perro literalmente tiene que trabajar para comer.

Puede enseñarle esta técnica con la correa puesta o sin ella. Sujete entre dos dedos y el pulgar alguna comida de capricho. Deje que el perro la olfatee para que sea consciente de que la tiene ahí y recuerde mi regla: primero la nariz, después los ojos y luego los oídos. Cuando interesa a su perro en algo por medio del olfato está apelando a la parte más importante de su cerebro. A continuación, mientras la olfatea y se va interesando, alce poco a poco la comida por encima de su nariz y muévala lentamente en dirección a su nuca. La idea es que el cachorro levante la cabeza, eche atrás los hombros y baje los cuartos traseros de forma automática hacia el suelo.

Suba la golosina despacio de manera que el perro la siga con la nariz. Si salta, aparte la mano. La vez siguiente mantenga algo más cerca de su hocico la mano con la que sujeta la recompensa. En el momento en que empiece a seguirla con la nariz y los ojos y los cuartos traseros empiecen a bajar, diga «sentado» despacio y con tranquilidad.

Martin insiste: «No fuerce la voz. Hay que evitar distraerle, asustarle o preocuparle».

Recuerde una de mis más importantes reglas para adiestrar a un perro: no lo sobreexcite o se perderá alguna lección con tanta agitación. Como vimos en mi sesión con los Dunbar, el movimiento de manos y cuerpo también le dan una indicación visual que se suma al «sentado» que usted pronuncia. En el futuro, cuando levante la mano de ese modo ante él, le estará dando la señal para que se siente.

Ian Dunbar nos dice: «Los perros no están hechos para comunicarse aprendiendo a entender palabras. Los perros están acostumbrados a observar a las personas. Y son tan buenos leyendo el lenguaje no verbal que captan completamente la intención de un gesto de la mano. La mayoría no es consciente de cuál es su lenguaje no verbal cuando está dando una orden y entonces se frustra cuando el perro responde a lo que el lenguaje corporal le comunica y no a lo que la orden verbal expresa.»

Por tanto, asegúrese de que su lenguaje corporal y sus palabras están perfectamente coordinados para que al perro no le lleguen mensajes contradictorios. A diferencia de muchos otros adiestradores, yo prefiero el silencio a las órdenes para comunicarme con mis perros. Para mí el adiestramiento se basa normalmente en sonidos pero se accede mejor a la psicología canina con silencio y unos sonidos sencillos y básicos. Una vez que mis perros han aprendido mediante mi lenguaje corporal y los gestos que hago con las manos, añado las órdenes verbales si hace falta. Si el animal está al otro extremo de un campo o de espaldas a usted, es muy probable que sea preferible que éste sea capaz de obedecer a una gama de órdenes expresadas en palabras. Como aprendimos en mi sesión con Ian Dunbar, el idioma en que se dicen las palabras no importa. Lo que cuenta es la asociación de la palabra con el comportamiento que se le pide, así como la fiabilidad con la que el perro sigue sus órdenes. Cualquiera que sea el método que escoja para enseñarlo a sentarse, practíquelo en tantos entornos y situaciones como pueda para que él sepa lo que la palabra significa esté donde esté.

 ## Sentarse: guíe a su perro con las manos

Recurrir a guiar físicamente con delicadeza es otra manera de mostrarle a un perro cuál es el comportamiento que se desea que tenga. Como decía antes, me gusta que sea el propio perro el que descubra por sí mismo qué es lo que quiero. Creo que así la lección significa mucho más para él. Si ese acercamiento no funciona, sin embargo, no hay problema en comunicarse con él mediante las manos siempre que se haga con ternura y delicadeza. No olvide que debe conocer a su animal antes de adiestrarlo y estar seguro de que éste le dice, con su actitud y lenguaje corporal, que está de acuerdo con el modo en que usted lo toca.

Martin Deeley dice: «Me encanta sentarme en el suelo con un cachorrillo pegado al cuerpo. Siempre hay que tocarlos con calidez. Me gusta que se acostumbren a que yo les dirija con suavidad. Quiero, sobre todo, que se acostumbren a que se les toque en cualquier parte del cuerpo para que en el futuro se les puedan cortar el pelo y las uñas sin problemas y que los veterinarios puedan tratar con ellos.»

Siéntese o arrodíllese en el suelo y deje que el cachorro se acerque a su cuerpo.

No lo agarre ni lo fuerce a nada, sacuda los dedos y anímelo a acercarse para tomarlo entre sus manos con cuidado y hacerle unos mimos despacio. Mientras, frótele con una mano el pecho y súbala lentamente hacia la barbilla.

Acaricie el lomo del cachorro despacio con la otra mano y aplique un poco de presión en los cuartos traseros, sujetándolo por las caderas con su dedo medio y pulgar. Apriete un poco. Con cuidado. En cuanto el cachorro haga el menor gesto hacia el suelo, afloje. Haga esto hasta que pueda aplicar una presión suave pero constante y consiga que sus cuartos traseros toquen el suelo. Cuando ocurra acaricíele el lomo y dígale con calma «bien».

A continuación añada la palabra «sentado» al empezar con este ejercicio. La elección del momento es clave: la palabra debe preceder a la acción que le pide. Dígala en el preciso instante en que el cachorro empieza a agacharse. Con pocos días de práctica el cachorro empezará a entender la orden y a responder a ella. De nuevo felicítelo con calma y muestre alegría con su actitud o con la palabra que prefiera, «bien» o algo así.

Ciertos perros tienen una estructura física que les dificulta el sentarse. Es un conocido problema de los galgos, por ejemplo. Si su perro es uno de esos casos, puede mostrarle con cuidado cómo doblar las patas traseras para sentarse. Con la correa puesta arrodíllese junto a él. Mantenga la correa alta con una mano. Si el animal es grande, con sujetarla en alto por la parte delantera del collar bastará. Ahora acaríciele el lomo con la otra mano. Esta vez pase de largo los cuartos traseros, bajándole el rabo despacio y recorra con la mano sus patas traseras hasta llegar a las rodillas. Una vez que su mano esté ahí, tras sus rodillas, empiece a empujárselas hacia dentro poco a poco para que las doble. Esta acción hace que sus cuartos traseros bajen. No espere que se siente del todo inmediatamente: pare y alábelo cuando consiga un éxito parcial. Aumente de forma gradual la distancia a la que bajan los cuartos traseros hasta que usted y él juntos lo consigan. Entonces felicítelo y sonría.

Si tiene alguna duda sobre la gama de movimientos que su perro puede hacer o sus posibles limitaciones en este aspecto, hable con su veterinario y haga que repase con usted este ejercicio para comprobar que lo está haciendo correctamente. Al practicar este método tendrá la cara ante el hocico del perro, así que tenga en cuenta su temperamento. Si es probable que le lance un mordisco, Martin aconseja no usar esta fórmula.

 Sentarse: el uso de la correa

En cierta medida estoy de acuerdo con Ian Dunbar en que una correa puede, sin querer, convertirse en una «muleta» difícil de abandonar si hace de ella la base de su relación con el animal. Al fin y al cabo crecí con la manada de perros sueltos que había en la granja de mi padre y durante la mayor parte de mi infancia no supe para qué servía una correa. Mi objetivo a largo plazo siempre es que usted tenga con su perro la relación más estrecha posible. Eso incluye disfrutar de la experiencia de ir sin correa, siempre que sea seguro y legal.

Sin embargo, vivimos en una sociedad que prefiere las correas y además la correa y el collar otorgan un cierto grado de control que muchos sienten que necesitan en las primeras fases del adiestramiento. No tengo preferencia por ningún tipo de collar en particular siempre que se use correctamente y sin dureza. A mí lo que mejor me va es un simple cordón de exposición de cuero enganchado al collar o incluso lo que llamo mi correa de cincuenta céntimos: una cuerda de nailon con un lazo flojo al final. Martin Deeley prefiere una correa de cuerda o cadena sin collar.

Pasee con su perro y coreografíe sus movimientos para que pare y se quede quieto a su izquierda.

Con la correa en la mano derecha, tire paulatinamente de ésta hacia arriba. No dé un tirón. Solamente aplique una presión constante y suave hacia arriba. En el momento en que el trasero del perro baje afloje la correa, reduzca la tensión. Algunos perros se sientan automáticamente como reacción a esa presión. Si el suyo no está entre ellos, póngale la mano izquierda sobre el lomo, justo tras los hombros, y acarícielo hasta llegar al trasero. Ahora, con el dedo medio y el pulgar cada uno a cada lado de su columna vertebral y la palma apoyada en el lomo, aplique un poco de presión hacia abajo. No lo obligue. Sólo aplique algo de presión hacia abajo y hacia atrás con firmeza y suavidad. A la vez debería tirar de la correa hacia arriba para hacerle subir la cabeza.

Martin nos aconseja: «Asegúrese de que la correa esté a la longitud adecuada y que usted no está teniendo que estirarse demasiado.»

En el momento en que él apoye los cuartos traseros en el suelo afloje la correa, deje de tirar de ella hacia arriba. Repita los cumplidos y recompénselo de nuevo. Una vez que el perro se empieza a sentar nada más notar que usted tira hacia arriba de la correa, pronuncie la orden «sentado» justo antes de empezar a tirar hacia arriba.

Poco a poco el perro aprenderá lo que quiere decir «sentado» y sabrá que el que usted levante un poco la correa quiere decir «sentado». La orden da pie a la acción y pronto empezará a aprender también que la variación de peso de la hebilla que sujeta la correa al collar significa que se acerca la orden «sentado». Él empezará a leer las sutiles señales que le llegan de usted, tal como les pasa a los caballos con las riendas que el jinete usa para guiarlos. Este tipo de microcontrol puede hacer que el comunicarse con su perro durante los paseos sea mucho más fácil.

Sentarse: el uso del *clicker*

Kirk Turner continúa con la saga de *Sparky,* el dachshund miniatura al que enseñó a acudir sirviéndose de un *clicker* y un trocito de cecina de pato. Como *Sparky* asocia ahora el sonido del *clicker* con que se acerca la cecina, enseñarlo a sentarse no presenta problemas: «Ahora cuando llamo a *Sparky* viene corriendo y se sienta a esperar al *click* y al premio. Yo simplemente espero a que se siente. Cuando veo que lo hace, pronuncio la palabra. Enseguida eso se convierte en una respuesta condicionada. Me paseo cerca de él sin hacerle caso y él se esfuerza por ponerse delante de mí. Le digo "sentado" y espero a que sus cuartos traseros toquen el suelo. Es entonces cuando hago el *click* y le doy el premio. Como en el caso anterior, después iré usando sólo de vez en cuando el *clicker* y la chuchería para pasar a utilizar sólo los elogios.»

Como todos los métodos descritos en esta sección, el *clicker* funciona mejor a base de insistencia, de repetir las sesiones de adiestramiento y tener paciencia.

Abajo

La orden «abajo» es algo que le será muy útil que su perro aprenda bien. Lo pone en una postura que yo llamo de calma-sumisión, en la que puede relajarse y ver pasar la vida. Es una forma de hacer que un perro se tome las cosas con tranquilidad en cualquier situación.

Daddy, mi pitbull, era un maestro en el arte de tumbarse por propia iniciativa. No era algo que yo le hubiera enseñado. Cuando estaba conmigo y estábamos en actitud de espera, se tumbaba en el suelo junto a mis pies con las patas traseras estiradas hacia adelante y las de atrás hacia atrás. Por supuesto, según fue haciéndose mayor se ponía más a menudo en esa posición porque se cansaba más fácilmente. *Daddy* crio a mi otro pitbull *Junior*, que ahora tiene 2 años y medio, quien aprendió la postura imitando a *Daddy*. La imitación es una de las formas fundamentales de aprendizaje de un perro. *Junior* se tira en el suelo de la misma manera que lo hacía *Daddy*. *Junior* y yo estamos tan conectados que él sabe automáticamente cuándo estamos en actitud de espera. Lo percibe. Aprendió de *Daddy* esto: «Cuando César está así, toca descansar». Claro que *Junior* es un adolescente y normalmente quiere un poco más de acción, pero enseñar a un perro a tener paciencia es un ejercicio mental también para él. La paciencia que *Junior* aprendió observando a *Daddy* (y que aún le estoy enseñando a perfeccionar cada día) me ha ayudado a crear una nueva generación de pitbulls calmados y obedientes que me sirven como modelo de comportamiento.

Por lo general he observado que tumbarse no es la orden a la que los perros obedecen con más naturalidad, ya que normalmente sólo se tumban cuando están cansados y no cuando están alerta. Hacerlo no siempre tiene sentido para ellos cuando se lo está pidiendo un ser humano. De hecho fue la posición que más costó que *Junior* adoptase en la primera sesión que tuvo con Ian Dunbar. Cuando les enseño esta acción, como hice con *Angel,* el schnauzer miniatura en *¿Cómo criar al perro perfecto?*, me concedo mucho tiempo y trato de no esperar demasiado enseguida. Para Martin Deeley, que adiestra a perros de compañía y de caza, ser capaz de conseguir que siempre obedezcan a la orden de tumbarse es importante para los casos en que necesita que los perros estén en actitud de espera.

Martin nos dice lo siguiente sobre la orden «abajo»: «Yo concibo esto como un ejercicio en tres fases. La primera fase es enseñarle al perro la orden para que sepa qué significa. La segunda fase es conseguir que lo haga sin darle comida como recompensa. La última es pedirle que se quede así hasta que le digamos lo contrario. La solución más obvia es la comida con la mayoría de los perros que estén muy motivados por ella. Sin embargo, aun cuando hay comida de por medio, prefiero tener a un perro adulto con la correa puesta para que no pueda irse y dejar de hacerme caso. Además, le da un mensaje de cierto control. En este punto él ya debería saber lo que la correa significa y ya debería conocer la orden "sentado." En el caso de los cachorros, que es más probable que quieran estar cerca de usted, siempre que esté en un área cerrada puede practicar las ordenes de "sentado", "abajo" y "de pie" con comida y sin correa. Normalmente los cachorros son mucho más manejables que un perro adulto que aún no ha aprendido estas órdenes.»

Por otra parte, Ian Dunbar nunca enseña a tumbarse a un perro con la correa puesta. Lo hace sin correa, con una secuencia rápida de órdenes de sentarse y ponerse de pie, como vimos en el capítulo 6. Usar comida como incentivo y eliminarla entonces rápidamente del ejercicio es lo que mejor le funciona.

Ian argumenta: «Darles las instrucciones físicamente, con las manos o con la correa, es un método muy lento porque la atención del perro es selectiva: le hace caso al contacto físico y entonces sencillamente no oye las instrucciones verbales. Además, las instrucciones dadas con las manos cuando llevan la correa puesta son muy difíciles de ir eliminando a favor del control cuando no llevan correa. Adiestrarlos con el *clicker* también es lento porque sólo se les puede enseñar una acción cada vez. Sin embargo, el adiestramiento a base de cebo y recompensa usando comida o juguetes es rapidísimo y es mucho más fácil ir retirando gradualmente los cebos y los premios, de manera que jugar se convierte en la recompensa. Y entonces, ¿por qué no enseñarle un grupo de órdenes a la vez? Cuando empiezo con un cachorro o un perro adulto, suelo enseñarle ocho acciones enseguida: ven aquí, siéntate, túmbate, vuelve a sentarte, levántate, túmbate directamente, levántate directamente y date la vuelta.»

Yo prefiero usar mesas de ejercicios para enseñar a los perros acciones específicas, ya que eso les da un área limitada en la que trabajar. Así no pueden hacer trampa yéndose a otra parte y se mantienen centrados en mí sin distracción alguna. Además, la mesa me permite estar al nivel de su mirada sin tener que forzar las rodillas o la espalda. Recuerde que los perros no sólo leen nuestras posturas, también leen los ojos, las expresiones faciales e incluso nuestras microexpresiones, así que buscar señales de refuerzo en nuestra cara es para los perros una fuente fundamental de información para saber si están haciendo lo que queremos o no.

Por lo que yo sé la mesa es una herramienta fantástica para enseñarles muchas cosas, pero sobre todo a tumbarse, porque así puedo ponerme al nivel de sus ojos desde el principio. Mark Harden usa la mesa para enseñar a sus perros de espectáculo a arrastrarse a ras de suelo, que es una versión del acto de tumbarse. Trabajar en una mesa es, además, como estar a medio camino entre el adiestramiento con la correa puesta y con la correa quitada. La propia mesa actúa como una correa, pero no hay necesidad de relacionarse físicamente con el perro, que está descubriendo lo que tiene que hacer solo.

Por supuesto depende de usted el método que mejor les funcione a los dos. Para empezar tome un trozo pequeño, del tamaño de un dedo, de la chuchería que sea. Deje que el perro la olfatee para que se entere de que está ahí y entonces pídale que se siente. Sostenga con los dedos la golosina frente a su hocico y baje lentamente la mano hasta la altura de su pecho, entre las dos patas delanteras. Deje que siga la trayectoria de la mano bajando la nariz y la cabeza.

Cuando él casi llegue al suelo con la nariz y usted tenga los dedos en el suelo, aleje su mano del perro, de manera que sus patas delanteras empiecen a adelantarse. Continúe hasta que esté tumbado y entonces alábelo y dele su premio. Si se levanta antes de tumbarse, inténtelo otra vez moviendo la mano más despacio. No le dé la chuchería si se pone en pie. Tenga en mente la regla de Mark Harden: recompense la acción que busca, no un amago de la acción dejado a medio camino. Todo su cuerpo debe estar tumbado.

Martin Deeley nos brinda un gran truco que puede ayudar si se está trabajando en el suelo. «Siéntese en el suelo con una de las piernas doblada, rodilla en alto. Entonces anímelo a tumbarse guiándolo hacia debajo de sus piernas. Que vea su rodilla en alto como algo bajo lo cual meter la cabeza.»

¿Recuerda qué ocurrió cuando fui a visitar a Ian Dunbar? *Junior* se movía a cámara lenta cuando se usaba comida como señuelo para enseñarle a tumbarse, pero se tiró al suelo enseguida cuando el incentivo fue una pelota en vez de comida. Si lo que usa para llamar la atención del perro no le interesa, siga intentándolo hasta que dé con la recompensa acertada. Para algunos perros el reto en sí mismo —o la felicidad que usted transmita— es recompensa suficiente. Aun así, la mayoría de los cachorros responden bien a las chucherías.

Hay otras cosas que pueden ayudarlo a tener éxito y poder pasar a la segunda fase del adiestramiento en obedecer órdenes. Una es dejar que su mano libre repose sobre los hombros del perro y ejercer una leve presión hacia abajo. Con las puntas de los dedos colocadas entre los hombros, el mover la mano de lado a lado y hacia abajo con suavidad puede hacer que capte la idea, si le está costando. Una vez que haya bajado puede usar esa misma mano también para mantenerlo ahí unos segundos. Felicítelo o prémielo cuando haga lo que usted quiere.

Si prefiere trabajar con correa, puede colocar los dedos entre sus hombros y la correa y entonces hacer un ligero movimiento hacia abajo con la correa para comunicarle la dirección en la que quiere que vaya.

Es importante que tire suave y sutilmente: la idea es sólo indicar la dirección, no obligar. El objetivo en este momento es que el perro esté pendiente de la chuchería. Si ejerce demasiada presión se resistirá y se olvidará del capricho. Al usar de este modo las manos y la correa está reforzando sutilmente la orden y al final será usted capaz de dar pie a la acción sin comida.

Cuando su perro ya obedezca consistentemente una orden el siguiente paso es ir retirando los caprichos de premio. Empiece con un refuerzo intermitente: pida dos o tres repeticiones antes de darle la recompensa. Entonces, pronunciando la palabra «abajo» antes de que empiece a moverse, use un tirón de correa mínimo o la menor presión posible con el dedo para guiarlo hacia la postura adecuada.

Martin Deeley dice: «Algo que me ha funcionado con perros a los que no les interesa mucho la comida es ponerme la correa bajo el arco del pie. Entonces al tirar de la correa para arriba o ponerme a andar con la correa bajo el pie, a la vez que voy acercándome poco a poco al collar del perro, éste se da cuenta de que la postura más cómoda es tumbado en el suelo. No olvide que también puede usar una recompensa distinta, como una pelota de tenis, igual que si fuera una golosina.»

Como he dicho antes, para mí lo ideal es que el perro llegue a la posición por sí mismo y yo entonces lo recompense, pero hay quienes, como los adiestradores de animales para películas de Hollywood, no tienen tiempo para esperar a que un perro descubra cómo tumbarse solo.

En esos casos un poco de presión o un tironcito de la correa harán maravillas. En cualquiera de los dos casos el perro no va a aprender nada, si no le parece interesante o agradable hacerlo. Si usted tiene una buena relación con él, hay buena comunicación y un entendimiento mutuo de los matices del lenguaje corporal, usted sabrá enseguida si algo le parece divertido a su perro, si le motiva o si está descontento y sólo lleva a cabo la acción para que le deje en paz. Preste atención siempre a su propia actitud. ¿Se siente seguro de sí mismo y contento con lo que está haciendo? ¿Lo está forzando? ¿Se está enfadando con el perro porque está tardando demasiado en entender o en encontrar la postura que es más cómoda para él? Si es así, busque una orden que su perro pueda ejecutar perfectamente (puede ser un simple «sentado») y termine siempre la sesión positivamente.

Tómese un descanso e inténtelo más tarde. Adiestrar a un perro debería ser divertido, no frustrante, para los dos. Si no, no funcionará.

La tercera fase de este método es que su perro aprenda a tumbarse sólo con oír la orden y a quedarse así. No pase a esta fase hasta que esté completamente convencido de que su perro sabe que la palabra «abajo» (o la señal verbal o física que usted use, en su caso) significa que debe tumbarse. Martin Deeley lo hace a menudo con una correa y en cambio Ian Dunbar siempre trabaja sin ella, pero lo que tienen en común los métodos que usan correa y los que no es la constancia.

Tampoco cronometre a su perro si al principio le cuesta aprender a tumbarse cuando se le ordena. Todos los adiestradores con los que he hablado me dicen que ésa es una acción que todo perro puede llegar a ejecutar bien. Sea tan paciente como haga falta.

Martin dice: «Con el perro sentado frente a usted pídale que se tumbe y con la mano con la que antes sujetaba la comida o la correa imite el movimiento hacia abajo que supone la acción. Su mano debe bajar desde la altura de la cintura hasta casi el suelo. Exagere el movimiento al principio.»

Recuerde que su perro siempre está tratando de leer su lenguaje corporal. Observe su reacción y, en el momento en que decida empezar a agacharse, elógielo con calma y sonría de manera que no interrumpa sus procesos mentales. No olvide que la sobreexcitación puede distraer por completo a un perro de la lección. Entonces, con tranquilidad, alábelo de nuevo cuando esté en el suelo. Repita el gesto, combinando el lenguaje corporal con la orden. Cuando prefiera usar sólo la palabra, vaya retirando poco a poco el gesto.

Martin sugiere: «Si no se agacha recurra a ponerle los dedos en el lomo o a hacer un leve movimiento hacia abajo con la correa para terminar y así se asegurará de que se tumba. Cuando lo haya hecho ponga el pie o la mano (si está de rodillas) sobre la correa de forma que no pueda levantarse, y entonces siéntese con él y quédese un rato. Si trata de levantarse, quédese ahí y deje que cambie de postura para que esté cómodo.»

Abajo: aprovechar la hora de dormir para capturar la acción

Otra forma de reforzar la orden «abajo» es capturar la acción a la hora de dormir. Lleve al perro a su cama o al lugar en el que se tumbe normalmente al final del día. Diga «cama» o «tu sitio» o cualquier otro sonido o gesto que quiere que asocie con quedarse quieto y tranquilo. Entonces espere hasta que empiece a tumbarse y pronuncie la palabra «abajo» cuando lo haga. Repítalo unas cuantas veces y en poco tiempo aprenderá a irse a la cama y tumbarse cuando usted se lo pida.

Tumbarse no es un movimiento muy excitante, pero si puede hacer que sea divertido y poner algo de entusiasmo en su voz cuando el perro lo hace (además de acabar con una recompensa como una pelota o una chuchería), el juego será mejor y su perro se tumbará más rápido y con más ganas.

Abajo: enseñarle a tumbarse mediante el *clicker*

Si estamos enseñando a nuestro perro a tumbarse, usando el *clicker* como apoyo, Kirk Turner insiste en que, como con cualquier otro método, debemos tener paciencia para conseguir que el perro se porte como queremos.

Kirk dice: «Yo espero. Y después sigo esperando. Al final *Sparky* se va a tumbar. Todos los perros lo hacen. Saben cómo hacerlo. *Sparky* quiere que le preste atención, pero yo no lo miro ni le hablo. *Sparky* empieza a aburrirse, así que se tumba y yo hago *click* y le doy su chuchería. Entonces vuelvo a no hacerle caso. Enseguida él está tumbándose por todas partes donde le pueda ver. Éste es el momento de introducir la palabra "abajo" ya que preveo que va a tumbarse igual. En cuestión de minutos mostrará ese comportamiento al oír la palabra tres veces por cada una que recibe un *click* y una recompensa.»

Quieto

La sede de mi productora MPH Entertainment (que produce *El encantador de perros)* y de mi propia empresa Cesar Millan Inc. es una oficina en la que los perros son bienvenidos. Cualquier perro equilibrado, sociable y que sepa comportarse puede estar allí, siempre que el dueño lo registre y se preste a pagar los veinticinco dólares de gastos de limpieza en caso de accidente. El resultado es un lugar de trabajo alegre y lleno de perros: suele haber allí entre seis y doce.

Todos esos perros tratables y relajados que hay en la oficina han sido educados usando la «fórmula de César» que se compone de ejercicio, disciplina y después afecto. Eso quiere decir que los paseos rápidos en manada a la hora de comer son frecuentes, igual que los ratos jugando a la pelota en el aparcamiento o el vestíbulo de atrás por la tarde, que ayudan a que los perros consuman la energía acumulada y estén tranquilos, relajados y sumisos durante la jornada laboral. Muchos de los perros de la oficina tienen un «mejor amigo» canino al cual le permitimos visitar para jugar, a menos que las cosas se pongan demasiado intensas. Los perros de la oficina escuchan a la gente y siguen sus indicaciones en cuanto a cómo comportarse.

Muchos empleados que antes, cuando tenían otros trabajos, dejaban al perro en casa han notado que sus mascotas se portan muchísimo mejor en general en casa y en el trabajo. Venir a la oficina cada día satisface su necesidad de ser parte de una manada. Yo soy un gran defensor de las oficinas que admiten perros, por muchas razones. No sólo es mejor para ellos, sino que es bueno para la productividad y para los niveles de estrés de quienes trabajan allí. Si usted es el jefe de algo y está leyendo esto, le animo a pensar en introducir este cambio en su lugar de trabajo. Le sorprenderá lo mucho que el tener perros cerca mejora el humor de todos y crea un ambiente más animado y relajado.

A pesar de eso, lo que he notado es que cuando uno de nuestros empleados se levanta y cruza la extensa oficina para hacer algo al otro lado su perro casi siempre lo sigue. Eso es natural y es señal de que tienen una buena relación de líder y seguidor. Claro que si el empleado va a una reunión en la sala de juntas o a ver un pase en una de las salas de edición, no siempre quiere que su perro lo acompañe. Algunos de los empleados tienen una gatera en la puerta de la oficina y los que están en cubículos han traído pequeñas tiendas con cremallera o correas para mantener a sus perros en su sitio. Pero hay otra forma de conseguir irse de un sitio y hacer que el perro se quede, y eso se hace dominando la técnica de la orden «quieto». Un perro que comprende el concepto «quieto» se podrá quedar donde usted lo ha dejado incluso si lo pierde de vista.

Martin Deeley explica cómo les enseña a entender esta orden sirviéndose de la correa: «Cuando un perro ya está adiestrado para sentarse o tumbarse o quedarse como está, póngase frente a él, repita la orden y cuando la haya cumplido dé un pequeño paso atrás: a veces sólo medio pasito. Es suficiente con alejarse un poco, no tanto como para que su perro quiera levantarse y seguirlo. En el caso de muchos perros, ese paso es lo que les da pie para seguirlo a usted. Si eso ocurre, guíe a su perro de vuelta a la posición en la que estaba y empiece otra vez. Para mantenerlo sentado y quieto ahí, que es lo que yo les enseño antes de "abajo" y "quieto", levante la correa levemente y manténgala por encima de su cabeza con el brazo algo estirado. Dé entonces un paso muy pequeño hacia atrás. Recuerde: no trate de alejarse mucho para empezar. Comience con una distancia pequeña y vaya aumentándola poco a poco. En esta fase vuelva siempre junto al perro después y felicítelo moderadamente: lo suficiente como para que sepa que está contento con él pero no tanto como para dar lugar a una excitación que lo haga moverse. Nunca lo llame o empezará a anticiparse a la llamada y se moverá cuando no quiere que lo haga. Volver a su lado es el secreto. Según pasa el tiempo, aumente poco a poco la distancia, y vuelva siempre a felicitar al perro. Si él avanza, aunque sea lo mínimo, acérquese y haga que regrese al punto de inicio con calma, enfatizando el "sentado y quieto" antes de volver a retroceder.»

Una vez que haya tenido éxito haciendo que se quede sentado y quieto —al principio alejándose poco y después yéndose más lejos— ya estará usted totalmente convencido de que el animal entiende el concepto de este ejercicio. Entonces estará listo para empezar a enseñarle a venir a partir de la posición de «quieto».

Martin Deeley nos advierte: «Muchos cachorros se quedarán quietos al principio, cuando los llame, porque esperan que usted vuelva a cercarse a ellos. Si eso ocurre, anime al cachorro a acercársele y muéstrese contento cuando lo haga. La correa ayuda en las primeras sesiones, incluso si usted no la tiene sujeta, porque le envía un mensaje de control por parte de usted. Si está usando la correa en este ejercicio, déjela caer al suelo al principio cuando vaya aumentando la distancia. Cuando usted y su perro se sientan más seguros, quítesela del todo.»

Incluso después de haberle enseñado esto, vuelva al lado de su perro cuando esté en posición de «quieto» muchas más veces de las que lo llama para que acuda. Algunos animales pueden desarrollar la costumbre de arrastrarse hacia usted mientras retrocede, especialmente si están tumbados.

Martin dice: «Una forma de poner coto a esto es usar una cuerda larga como correa. Haga que el perro se siente frente a un poste o árbol y entonces rodee con la cuerda ese objeto de modo que ahora, cuando usted sujete la cuerda, evite que el animal avance hacia usted. Si empieza a moverse, tiene cómo pararlo.»

Una vez que sea capaz de alejarse mucho de su perro con la certeza de que no se va a mover, está listo para crear situaciones en las que él lo pierde de vista. Puede empezar por hacerlo dentro de casa y luego pasar a practicar en alguna zona segura al aire libre. Los árboles, las vallas, los edificios y los setos son buenos sitios tras los que esconderse. Rodee un árbol para empezar, así sólo desaparecerá de su vista un instante. Más adelante tómese su tiempo para reaparecer de detrás del árbol. Un seto es un buen lugar donde esconderse porque se puede ver a través de él, aunque para el perro usted habrá desaparecido. En cuanto él se mueva lo mínino usted puede repetir la orden o el sonido al que quiere que reaccione.

Un buen ejercicio es dejarlo en el patio, si está vallado, y volver a entrar en casa para observarlo por la ventana. Una ventana del piso de arriba es un buen sitio porque al perro no se le ocurrirá enseguida mirar en esa dirección. Así, si se mueve, al oír la orden se sorprenderá.

Todos estos ejercicios refuerzan el invisible vínculo entre usted y su perro, de modo que su liderazgo continúa vigente sin importar lo lejos que estén el uno del otro. En *¿Cómo criar al perro perfecto?* utilicé una variante de este ejercicio para ayudar a *Angel,* que tenía cinco meses, a superar su incipiente caso de angustia ante la separación. Es importante practicar este ejercicio paciente y coherentemente, empezando con pequeños incrementos ya lo esté usando para adiestrarlo a quedarse quieto en toda circunstancia o sólo condicionándolo para que sea capaz de estar solo, sin usted, a ratos. Estar separado de la manada no es algo natural para un perro, así que en este caso estará luchando contra su instinto. Es ahora cuando se pondrán a prueba el vínculo de confianza y respeto entre los dos y su posición de liderazgo.

 ## Quieto: enseñarle a quedarse quieto al oír el *click*

Kirk Turner usa distintas técnicas para enseñar a que se queden quietos. Algunas con el *clicker* y otras no. La orden de liberación es una parte importante del proceso de enseñarle con el *clicker* la orden de «quieto». Kirk les adiestra a quedarse quietos incorporándola al «abajo» o «sentado».

En sus propias palabras: «Una vez que el perro esté sentado o tumbado empiece a moverse un poco y use el cuerpo para detenerlo cuando él comience a levantarse. Diga la palabra "quieto", cuente hasta tres, haga *click* y dele un capricho. Empiece a hacerlo a intervalos más largos y a alejarse más antes de hacer *click*. Ése es buen momento para introducir una orden de liberación, algo así como "ya" o "descansa", que debe usted pronunciar mientras hace *click*.»

 ## Quieto: el método de las estacas

Otro método favorito de Kirk es uno que tomó prestado del difunto adiestrador John Fisher, fundador del equivalente británico de la Asociación de Adiestradores de Perros de Compañía.

Kirk lo describe así: «Tome cuatro estacas y clávelas en el suelo del jardín o el patio. Saque al perro con la correa puesta y empiece a pasear pasando casualmente cerca de las estacas. Deje caer el asa de la correa en una de las estacas disimuladamente, haga un gesto con la mano y diga "quieto". Yo no combino esto con el sentarse o tumbarse. Entonces me voy rápidamente. El perro viene hacia mí, pero la correa se lo impide. No le presto atención, no lo miro ni nada. Me acerco a la estaca para darle una chuchería justo en ese lugar. Cuando el perro ha hecho eso un par de veces, ya no vuelve a estirar la correa hasta el límite. En poco tiempo empieza a quedarse ahí, justo al lado de la estaca. Indico que lo hagan cuatro veces en la estaca número uno, cuatro veces en la estaca número dos, cuatro veces en la estaca número tres y cuatro veces en la número cuatro. Cuando lleven diez días seguidos haciéndolo ya serán ciento sesenta repeticiones. Después les hago quitar la estaca número uno y ponerla en otro sitio. La número uno se convierte así en la número cuatro y empezamos a hacer itinerarios distintos por diferentes zonas. También hago que aprovechen lo que hay en su entorno. Por ejemplo, que usen los postes de las vallas del barrio o algo así. Es una técnica estupenda. Eso sí, creo que la palabra "quieto" es en cierto modo innecesaria. Si le dices a un perro "sentado" debería seguir ahí sentado hasta que se le diga que haga otra cosa.»

 ### El yin y el yang: ¡no se olvide de liberarlos!

El último comentario de Kirk Turner es importante. Como también nos recuerdan Mark Harden y Joel Silverman, ambos adiestradores de animales para cine y televisión, cuando se le enseña algo a un perro hay que enseñarle también la forma de dejar de hacerlo o de hacer lo opuesto. Si se sienta o se tumba usted debería poder decirle después que se levante o vuelva a su sitio, o darle la instrucción de "atrás" o de andar al pie. De lo contrario sólo estará al mando en parte. El perro hará lo que le pida pero creerá que está en su mano decidir qué hacer a continuación.

Pero a veces no querrá que su mascota espere a otra orden para poder relajarse y hacer lo que le apetezca, ya sea correr, olfatear, descansar o estar con el resto de la manada. Por eso es bueno enseñarle a su perro la orden de liberación, la instrucción que le dice que puede ser espontáneo, relajarse e irse a jugar.

Martin Deeley explica lo fácil que es equivocarse con esa orden: «A veces les enseñamos lo que entienden como una liberación sin darnos cuenta. Eso nos complica la vida. El perro hace lo que le pedimos, sentarse, por ejemplo. Una vez que ha obedecido decimos "vale", sonreímos y lo animamos a que se mueva. Otro día le pedimos que se siente y hablando con un amigo le decimos a éste casualmente un "vale", El perro lo oye y reacciona levantándose, sólo para encontrarse con un correctivo por hacerlo. Lo que tenemos ahora es un perro muy confuso. Así que elija bien la palabra que usa y tenga también cuidado con mostrar demasiada emoción o transmitirle una orden de liberación cuando lo alaba. Para algunos perros su alegre "¡bien!" se puede interpretar como una señal de que pueden irse y hacer lo que quieran.»

La palabra o sonido que elija para transmitirle al perro que queda liberado debería ser distinta de las que usa para felicitarle o para darle cualquier otra orden. Como señala Ian Dunbar, los perros hacen asociaciones entre las palabras y los comportamientos, ¡no es que entiendan el significado que tienen en el diccionario! Cuando Ian y yo dimos nuestro paseo por el parque con *Dune,* su magnífico bulldog americano, él usaba «¡a jugar!» como clave general para decirle que quedaba liberado de cualquier cosa. Martin Deeley sugiere que usemos las palabras «libre» o «suelta». O puede usted escoger una palabra o un sonido, e incluso un gesto, que tenga un significado especial para usted.

Para enseñarle a reconocer el sonido o el gesto que ha escogido, comience por pedirle que se siente, y tras unos segundos dele la orden de liberación: anímelo a abandonar la posición de sentado poniendo un poco más de emoción en su voz, dando una palmada o, si lleva la correa puesta, dando un pequeño tironcito de ésta. Entonces puede vagar un poco con él, echar una carrera o jugar un rato: cualquier cosa que signifique que en ese momento no están haciendo prácticas de disciplina, sino disfrutando del cariño que se tienen.

Pare la actividad, pídale que se siente, espere un poco y dele después la orden de liberación, y a continuación déjele jugar un rato o dé un paseo a sus anchas. Una vez que haya conseguido fijar este patrón, cualquiera de sus órdenes significará que mantenga ese comportamiento hasta que le dé una nueva orden o lo libere para que se relaje.

 De pie

Ian Dunbar usa la orden «de pie» como parte integral de su velocísimo adiestramiento en la obediencia a órdenes con cebo. Mark Harden usa «sobre las patas» para transmitirles a sus perros de espectáculo que les toca estar en sus puestos a la espera de la próxima orden. Cualquier orden que signifique «de pie» puede ser útil también a la hora de ir al peluquero canino o al veterinario.

La orden «de pie» puede ser fácil de enseñar si se usa la comida como cebo. Con la chuchería entre los dedos, tiente al perro para hacerlo sentarse y después, colocando la mano ante su hocico y avanzándola lentamente, llévelo a ponerse en pie.

Dele al principio el premio cada vez que se levante a la vez que lo alaba con suavidad. Repítalo unas cuantas veces hasta que le parezca que va entendiendo, al ver el movimiento de su mano, qué se espera de él.

Martin Deeley dice: «Cuando ya esté en pie, déjelo lamer y mordisquear la chuchería. Manténgalo en esa posición un rato más largo. Una correa ligera, que le dé un poco de control, puede ayudarlo a guiarlo.»

A continuación y con el mismo movimiento guíelo hacia adelante hasta que se ponga en pie. Pero esta vez sin la chuchería. Si sigue su mano, como es de esperar, elógielo. Entonces haga que se siente y se ponga en pie dos o tres veces antes de darle el premio. Cuando le salga bien y sin resistirse, añada la orden verbal («de pie») mientras le indica que se ponga sobre las patas con el movimiento de la mano. Alábelo a medida que trabaja en ampliar el tiempo que se mantiene sobre las patas. Después de días de entrenamiento y tras muchas repeticiones podrá hacerse entender usando simplemente la orden verbal y hará que deje de estar sentado y se ponga en pie sin necesidad de comida ni gestos de la mano.

Martin nos repite: «Si se trata de perros a los que no les motiva especialmente la comida, les podemos enseñar este comportamiento usando la correa. Cuando el perro esté sentado ante usted, anímelo a avanzar y ponerse sobre las patas usando la correa y la voz, con calma y ejerciendo poca presión. Elógielo en cuanto lo haga y deje de avanzar. Espere unos segundos antes de dar un par de pasos hacia delante y pídale que se siente antes de repetir esta acción.»

Elógielo con tranquilidad y no se mueva con demasiada brusquedad ni tire de la correa. A veces el simple hecho de erguirse sobre las patas traseras puede poner un poco nervioso a un perro y no es el momento para ello: deje que fluyan su seguridad en sí mismo y su calma. Martin también nos sugiere un modo alternativo de reforzar el concepto «de pie» por medio del paseo y la correa.

Martin dice: «Reduzca la velocidad paulatinamente mientras pasea y cuando el animal esté caminando al pie, ponga la mano frente a su hocico con naturalidad, deje de caminar y use la orden que signifique "de pie". Hágalo con tanta tranquilidad como sea posible para que el perro no interprete su mano frente al hocico como una amenaza.»

No todos los perros encuentran fácil ponerse en pie y no hacer nada más, así que aprovechar el paseo para practicar esta actividad es un ejercicio de paciencia. Párese, quédese de pie y mire pasar la vida con su perro al lado. Si se sienta, hágale avanzar un paso o dos para que tenga que ponerse en pie y entonces pare de nuevo.

Martin continúa así: «Con el tiempo entenderá la orden "de pie" en el contexto del paseo y usted podrá darle esa orden sin tener que usar la correa».

Su advertencia de no colocar la mano de manera que resulte amenazadora para el perro me recuerda una cuestión que espero haber dejado clara a lo largo de este libro: el adiestramiento es un tiempo durante el cual su confianza en su perro y el conocimiento que de él tiene son esenciales. Si lo ha criado usted mismo desde que era un cachorro o lleva ya mucho tiempo viviendo con usted, debería ser capaz de tocar cualquier parte de su cuerpo sin molestarlo. Entre los dos habrá una especie de código establecido y normalmente entenderá bastante bien lo que quiere comunicarle, aun cuando no entienda las órdenes específicas.

Si el perro acaba de llegar a su casa desde un refugio y aún no tienen plena confianza el uno en el otro, o usted no está seguro de cuáles son sus límites, no intente adiestrarlo ni use ningún gesto que él pueda percibir como una invasión. Como dueño suyo, tendrá que esforzarse para alcanzar ese grado de confianza total, sea cual sea el pasado de su perro. Pero crear esa relación puede llevar tiempo. Creo que debería conocer bien a su animal y asegurarse de que él lo conoce a usted antes de intentar adiestrarlo en modo alguno.

NOTAS

[1] Daniel F. Tortora, «Safety Training: The Elimination of Avoidance-Motivated Aggression in Dogs» [Adiestramiento para la seguridad: la supresión de la agresión de origen evitativo en los perros], *Journal of Experimental Psychology: General* 112, n° 2 (junio de 1983), páginas 176-214.

[2] «Temple Grandin: The Woman Who Talks to Animals» [Temple Gradin: la mujer que habla con los animales], *Fresh Air*, de la cadena NPR, 5 de febrero de 2010, http://www.npr.org/templates/transcript/transcript.php?storyId=123383699.

[3] Éstas son las palabras de advertencia de la American Humane Association sobre el collar de estrangulación: «*No lo recomendamos* porque tiene una acción estranguladora ilimitada cuando se tensa, lo cual puede causar dolor y lesiones especialmente si se tensa un tiempo prolongado. El potencial de mal uso, uso poco efectivo y peligro para su perro supera a los posibles beneficios. (Un uso limitado de los collares de estrangulación podría ser necesario por motivos de seguridad durante el manejo defensivo de los perros, por ejemplo a la hora de contener o controlar a un perro potencialmente peligroso en un refugio o en un entorno de control de animales).

»*Limitaciones:* el ajuste adecuado y las técnicas necesarias para aprovechar al máximo su efectividad de la manera menos aversiva pueden ser algo que una persona normal no domine, lo cual dará como resultados un estrangulamiento prolongado, tendencia al uso de la fuerza y frustración. Un mal uso puede hacer que se dé un estrangulamiento que normalmente no consigue que el perro mantenga la atención ni cambie de comportamiento ni le dé a éste una orientación precisa. Los collares de estrangulación no suelen evitar el comportamiento no deseado con el mínimo número de veces de uso, como hacen todos los buenos aversivos. Este collar sólo pueden llevarlo sin peligro durante el entrenamiento y en cualquier otra ocasión debe quitárselo.

»*Advertencias:* los collares de estrangulación pueden causar falta de respiración, ahogamiento y cierre de las vías respiratorias cuando se tensa la correa, dando como resultado la muerte o lesiones graves, como la ceguera y el daño cerebral. Cuanto más estrecho sea el orificio y la anchura del collar y cuanto más cerca de la cabeza se coloque en el cuello del perro, mayor es el riesgo de dolor y lesiones. Si no se supervisa al perro cuando lo lleva hay un considerable riesgo de muerte por estrangulación si el collar se engancha en algo. Si se coloca incorrectamente el collar está apretado continuamente».

8
Instintos básicos

Cómo nos educan los perros

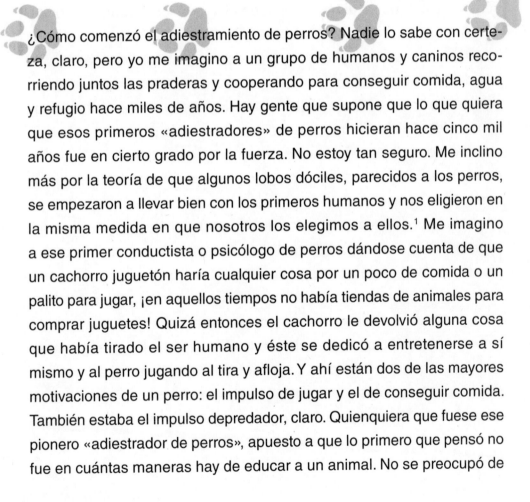

¿Cómo comenzó el adiestramiento de perros? Nadie lo sabe con certeza, claro, pero yo me imagino a un grupo de humanos y caninos recorriendo juntos las praderas y cooperando para conseguir comida, agua y refugio hace miles de años. Hay gente que supone que lo que quiera que esos primeros «adiestradores» de perros hicieran hace cinco mil años fue en cierto grado por la fuerza. No estoy tan seguro. Me inclino más por la teoría de que algunos lobos dóciles, parecidos a los perros, se empezaron a llevar bien con los primeros humanos y nos eligieron en la misma medida en que nosotros los elegimos a ellos.[1] Me imagino a ese primer conductista o psicólogo de perros dándose cuenta de que un cachorro juguetón haría cualquier cosa por un poco de comida o un palito para jugar, ¡en aquellos tiempos no había tiendas de animales para comprar juguetes! Quizá entonces el cachorro le devolvió alguna cosa que había tirado el ser humano y éste se dedicó a entretenerse a sí mismo y al perro jugando al tira y afloja. Y ahí están dos de las mayores motivaciones de un perro: el impulso de jugar y el de conseguir comida. También estaba el impulso depredador, claro. Quienquiera que fuese ese pionero «adiestrador de perros», apuesto a que lo primero que pensó no fue en cuántas maneras hay de educar a un animal. No se preocupó de qué correa usar, a qué teoría adherirse o qué chucherías ofrecer. Seguro que estaba mucho más centrado en descubrir qué era lo que aquellos fantásticos protoperros podían enseñarle. ¿Cómo colaboraban para llevar a la manada hasta la presa más cercana? ¿Cómo rastreaban, seguían, rodeaban y daban caza a la presa? ¿Cómo sabían qué dirección tomar para llegar al manantial más próximo? ¿Cómo podían estar tan alerta ante la llegada de depredadores peligrosos, mucho antes de que los vigilantes humanos pudieran oír a una bestia o un enemigo acercándose?

Esos primigenios hombres y mujeres que se interesaron por los perros puede que se dieran cuenta de algo que los actuales propietarios de perros a veces olvidan: casi todas las cosas que les podemos enseñar a hacer en realidad derivan de sus instintos naturales. Más allá de descubrir cuál es la mejor manera de conseguir que un perro se siente o se revuelque o deje de saltarles encima a las visitas, estoy convencido de que el futuro del adiestramiento de perros irá más bien por la vía de como empezó este arte y técnica. Es decir, con nuestros perros enseñándonos a nosotros gracias a sus sorprendentes talentos innatos.

Muchas de las capacidades de un perro son muy superiores a las soluciones de alta tecnología que concebimos cuando tratamos de copiar lo que un perro hace naturalmente. El reto que nos espera no es enseñar a los perros a hacer lo que queremos, sino aprender de lo que ellos ya hacen por sí mismos y encontrar formas mejores de ayudarlos a comunicarnos su conocimiento innato. ¡Lo mejor de todo es que nuestros perros quieren colaborar con nosotros! Por eso es crucial que respetemos sus instintos y les ayudemos a expresarlos al máximo. Ése es el verdadero camino para conseguir que nuestro perro se comporte correctamente.

El instinto de pastoreo

El campeón de adiestramiento de perros pastores Jerome *Jerry* Stewart nos dice: «Bueno, pues yo tengo mi propia teoría sobre cómo los humanos y los perros se juntaron. La idea me vino a la cabeza durante un viaje que hice a Borrego Springs, en California. Paré al borde de una carretera con vistas a un valle y estuve un rato mirando cómo una manada de coyotes trataba de atacar a un rebaño de vacas. Me di cuenta de dónde se iba colocando cada uno de los coyotes respecto a los demás. Y entonces empezó la caza. Eso me hizo pensar en que, hace siglos, algunos hombres debieron de hacer lo mismo: se fijaron en ese comportamiento, observaron ese método innato de caza en manada y se dieron cuenta de que podían usar perros para hacerles el trabajo.»

Jerry Stewart lleva practicando el deporte del pastoreo desde 1986, cuando se compró su primer perro pastor de shetland. Desde entonces hasta hoy se ha convertido en una presencia constante en las pistas de pastoreo, dando clases de pastoreo a todas las razas, ofreciendo asesoría por todo el territorio de Estados Unidos y ejerciendo como jurado en las competiciones de pastoreo del American Kennel Club y la American Herding Breed Association.

Jerry continúa relatando cómo cree que empezaron las primeras razas de perro pastor: «Así que hay algunos rasgos que a los primeros humanos no les interesaban. No interesa tener un macho alfa total que va a acabar matando, porque si estás domesticando animales no es para que los perros se coman tu comida. Ésa es mi teoría, en cualquier caso. Nadie puede saberlo con certeza, pero en general todos estamos de acuerdo en que el perro pastor surgió de un estilo de caza en manada natural en los perros. Cómo decidió el hombre aprovechar aquello es un misterio.»

Hay al menos veinte razas distintas de perros pastores pero el instinto de pastoreo aún sobrevive y aflora en razas mixtas, e incluso en algunos pocos perros que lógicamente no deberían tener un pasado de pastoreo en absoluto.[2] Es porque, siglos atrás, los humanos tomaron el instinto depredador innato de un canino y lo modificaron eliminando el aspecto que los llevaba a matar. Eso les brindó un animal que les era de gran ayuda, ya que estaba genéticamente programado para organizar a los rebaños de ganado domesticado. A muchos perros pastores no se los cría para que protejan a los rebaños de los depredadores, pero los perros que han crecido con esos animales tenderán a proteger al rebaño, que se habrá convertido en su manada.

Jerry lo explica así: «A menos que hayas criado a una raza eliminando deliberadamente esos rasgos, entonces es probable que esos rasgos estén aún presentes en el perro. Por eso se pueden dar perros que estén dispuestos a pastorear. Si no ha ocurrido nada en la genética de ese perro que lo desincentive a hacerlo, va a querer pastorear. No va a poder evitarlo.

»Algunas razas lo harán mejor que otras y eso es porque se las ha criado para que se manifiesten ciertos rasgos que el pastor busca, sea quien sea y tenga el tipo de ganado que tenga. Los rasgos variables son el tamaño del perro, su obstinación y la capacidad de manejar a los animales, ya sea mordiéndoles los talones o plantándose ante su cara. Por eso hay tantas razas de perro pastor: los corgis, los border collies, los boyeros, los pastores australianos... Es porque había muchos modos distintos de utilizarlos.»

¿Dónde estaríamos hoy sin perros pastores? ¿Podría la especie humana haber llegado tan lejos en la cría de rebaños de vacas, ovejas y cabras si no hubiéramos tenido a los perros para hacer por nosotros esa fundamental labor? Con toda la tecnología que hay a nuestro servicio, los perros pastores son aún el mejor útil del ganadero. Hoy día el pastoreo es, aún, más un arte que una técnica, más una cuestión de instinto que de adiestramiento, a pesar de que a muchos perros pastores

Las reglas de César Millán

el adiestramiento que reciben de una persona les ayuda a sacar lo mejor de sí mismos.

Jerry dice: «No puedes enseñar a pastorear a un perro si no lo lleva dentro, eso seguro.» Por tanto, ¿qué podemos ofrecerles a los perros pastores de hoy que pueda acercarse a compensarles por lo que ellos nos han dado a nosotros? Por supuesto, lo mejor que se puede hacer por un perro pastor es darle trabajo y dejarle hacerlo. En mi nuevo Centro de Psicología Canina estoy construyendo una pista justo para eso. Como la gente normal no tiene rebaños de ganado también hay clases como las que da Jerry, en las que los perros de compañía y sus dueños pueden tomar parte juntos en la actividad para la que el perro nació.

Jerry reflexiona: «Muchos de los problemas de los perros se dan porque el hombre tiene hoy un modo de vida muy poco natural. No puedes hacer que un perro pastor deje de intentar hacer lo que sabe hacer. Lo que pasa es que lo intentan en sitios que para nosotros son inapropiados. El perro se dedica a andarles al pie a otras mascotas o a las visitas, por ejemplo. Un perro pastor tratará toda su vida de hacer lo que cada célula de su cuerpo le pide que haga, pero se encontrará con que le regañan por ello. Y ya sabes que hay quienes inventan maneras de adiestrar al perro para que deje de hacerlo. Buscan técnicas de adiestramiento para que el perro lo deje, pero eso va contra el instinto natural del perro. Sólo hace lo que hace porque hay un imperativo genético para que lo haga.»

«Cuando vienen a las clases de pastoreo, de repente el perro deja de hacer esas cosas que molestaban. Sencillamente desaparecen. Ya sabes que pueden ser irritantes, cosas como andar al pie de otra mascota en casa. Entonces se dan cuenta de por qué su perro lo hacía. "¡Ah, entonces no era que se estuviera portando mal...!", dicen. De repente el perro tiene un lugar adecuado para hacer eso. La gente llega y se da cuenta de que ese perro es capaz de hacer algo en que ambos pueden tomar parte. Y toda la tensión del animal se diluye.» Por tanto, ¿qué hacer si tiene un perro pastor y no hay nadie como Jerry Stewart cerca de donde vive? No es que sean los sustitutos perfectos, pero puede recurrir a las carreras de relevos. O a jugar al plato con él. O dedicarlo al entrenamiento en Agility.

Joel Silverman dice: «Les explico, sobre todo a los que tienen un perro pastor o un perro con un gran impulso depredador, que a esos perros les hace falta una labor que hacer. Si no se les da una labor, si no se adiestran, van a hacer lo que se les ocurra. Van a encontrar algo que hacer que, probablemente, a usted no le gustará. Búsqueles un trabajo. Creo que trabajar la agilidad es una maravillosa idea. Si eso es lo que su perro necesita, tiene que encontrar la forma de aprender sobre el perro y sobre lo que le gusta hacer.»

 ## El instinto de caza

Los perros de caza, los sabuesos, los cobradores, los terrier de trabajo que persiguen roedores y alimañas bajo el suelo... Durante siglos todos esos perros nos han ofrecido encantados su extraordinaria capacidad de olfatear, seguir, cavar y cobrar: todo lo que lleva aparejado el instinto de caza excepto dar muerte a la presa por sí mismos. Una vez más, me pregunto que hubiéramos hecho los humanos de no haber tenido a esos extraordinarios cazadores a nuestro lado.

Martin Deeley ha comprendido el poder del olfato a raíz de sus sesiones de adiestramiento de cobradores y otros perros de caza. Nos dice: «La nariz, su capacidad de olfatear es el sentido más importante y particular de nuestros perros. Su nariz es tan sensible que podemos usarla para infinidad de trabajos. Al principio el hombre usó al perro como compañero de caza. Posiblemente no sólo para atrapar a la presa, sino sobre todo para encontrarla gracias al olfato del perro. Son animales con un instinto inherente para encontrar a una presa, perseguirla, darle alcance, matarla y compartirla con el resto de los miembros de la familia. Adiestrar a un perro como compañero de caza significa disponer de esas habilidades, y uno de los atributos más importantes del animal es que se puede usar su olfato para encontrar pájaros, conejos y otras presas. Puede que sea el cazador el que mate a la presa tras descubrirla pero entonces el perro hace uso de otra de sus habilidades innatas: llevar la presa a la familia o manada, es decir, al cazador. Por tanto, la caza, el rastreo y el cobro son habilidades y atributos naturales en los que destacan y de los que nosotros nos podemos aprovechar. En el caso de algunos perros eso se ha potenciado por medio de la cría. Los spaniels, retrievers y pointers, en particular, han sido criados para esas actividades a través de la selección de los mejores para que engendren a los mejores.»

Como hemos visto, sin embargo, usar la nariz se convierte en una recompensa en sí misma para muchos perros, ya que al hacerlo están cumpliendo un deseo intrínseco. Precisamente ésas son las «recompensas de la vida» de las que nos habla Ian Dunbar.

Martin nos dice de su perro de caza: «El cobro, de hecho, se convierte en la recompensa final del trabajo de olfateo. Llevar entre los dientes algo que le gusta es lo que le llena tras tener éxito en ese trabajo de olfateo.»

Como escribe Patrick Burns de los terrier de trabajo jack russell, la pasión de su vida: «A un terrier de trabajo le encanta trabajar: vive para ese momento mágico en que el aroma sale de una madriguera y su código genético estalla por dentro, llevándoselo todo por delante como la marea. Un terrier de trabajo prefiere trabajar a comer, beber o descansar. El trabajo en sí mismo es lo que le hace sentirse satisfecho. Le dice quién es y qué es adecuado para este mundo. Cuando me preguntan cómo premio a mis perros por salir ahí y arrinconar a un bicho hasta dejarlo sin salida, contesto: "Les dejo volver a hacerlo". Les encanta el trabajo y ésa es su recompensa.»[3]

Al igual que el pastoreo, la habilidad de ir bajo tierra, rastrear y cobrar es en parte instinto y en parte adiestramiento. Patrick explica: «El terrier tiene la curiosidad de seguir un olor pero a menudo hay que adiestrar al perro (esto es, permitirle unas cuantas experiencias fáciles) para que entienda cuál es la recompensa de meterse bajo tierra. Un túnel pequeño, oscuro y estrecho no es un sitio obviamente divertido para un perro. Tienen que descubrir qué es lo divertido de eso, el código genético tiene que estallar. Cuando eso ya haya ocurrido el perro repetirá la experiencia por la emoción que conlleva.»

¿Qué les podemos ofrecer a estos perros a cambio? En primer lugar, respeto, asegurándonos de que nos comunicamos con ellos respetando la regla de nariz-ojos-oídos. Podemos emplear sus narices durante el trabajo de olfateo, como vimos en la demostración de los Dunbar, de manera que su sentido favorito siempre esté implicado y se vea satisfecho. En lugar de tratar de erradicar esos instintos para que puedan vivir en paz con nosotros en un apartamento, podemos compartir con ellos actividades que canalicen sus ganas de correr, cavar y cobrar. Podemos hacernos cargo de los instintos que hemos potenciado en ellos a través de la cría en vez de considerarlos mal comportamiento.

 El instinto de protección

En la encuesta que analizamos en el capítulo 2, el 22 por ciento de nuestros lectores dijeron que consideraban muy importante que sus perros les advirtieran o protegieran en situaciones de peligro. La mayoría de los antropólogos cree que la costumbre de ladrar para advertir de un peligro en potencia fue una de las cosas que los primeros humanos encontraron de más utilidad en sus compañeros caninos. Los registros históricos muestran que los perros de ataque se han usado para la protección personal o incluso en batalla durante miles de años. Dice la leyenda que en el 350 a.C. *Peritas,* el perro de Alejandro Magno, salvó a su dueño al atacar a un elefante que se le abalanzaba encima. Está claro que nosotros, los seres humanos, hemos confiado en nuestros perros para que nos defendiesen desde que empezaron a acompañarnos.

Hace años pasé mucho tiempo adiestrando a perros de protección. Era un pasatiempo y, en cierta medida, un negocio. Mi recorrido vital me alejó hace tiempo de esa fase de mi vida, pero, cuando estaba muy metido en ese mundo, vi a un montón de adiestradores enseñándoles a los perros a dejar de lado su sentido común canino cuando entraban en modo de ataque. La clave de todo adiestramiento para proteger es enseñarles primero a frenar. Antes que todo lo demás. En cambio, la mayoría de los adiestradores se concentran en poner al perro frenético e incitarlo a que ataque. Un perro que ha entrado en la locura del modo de ataque ya está ciego y sordo y no es capaz de regular la intensidad de su comportamiento. Una vez que el perro ha pasado ese nivel diez de intensidad, ya no escucha nada: ni a su instinto ni a su sentido común ni, desde luego, a su adiestrador.

A principios de la década de 1990 trabajé con un perro llamado *Sa*. Era un pastor alemán que me envió la división canina de la policía de Long Beach. Había sido el responsable de trescientos puntos de sutura en uno de los adiestradores y de cien en otro. En ambos casos el incidente ocurrió cuando los adiestradores le habían dicho que soltase, cuando le habían dado la orden de parar. El perro les había soltado y luego se había vuelto a lanzar sobre ellos. Lo rehabilité, pero ya no lo querían, así que se lo vendí a un cliente que quería un perro guardián. *Sa* fue absolutamente fantástico a partir de ahí. Ya estaba adiestrado. Lo único que no sabía antes era cómo tomarse las cosas con calma. Fui capaz de condicionarlo para que entendiese que lo más importante de su trabajo era escuchar para saber cuándo tenía que empezar y cuándo tenía que parar. El ataque en sí mismo era algo secundario.

La forma en que vi adiestrar a los perros guardianes en aquella época es similar a la forma en que hoy se les adiestra para las ilegales y crueles peleas de perros. Había mucho ruido —y mucho ladrido descontrolado—, lo que los adiestradores parecían considerar una demostración de que sus perros eran duros. Había muchos gritos y presión física y palabrotas dirigidas a los perros. Para mí este tipo de adiestramiento asfixiaba lo mejor de los instintos y capacidades innatas de los perros. Educaban a los perros por medio del oído y la vista, sin aprovechar nunca su olfato ni ayudarlos a practicar su autocontrol natural. Conseguí demostrar que había una forma mucho mejor de hacer las cosas.

El instinto de protección de un perro deriva de su instinto depredador y de caza. Si observamos a cualquier animal cazando en estado salvaje veremos que la caza no es un frenesí de actividad excepto, quizá, en el último minuto. Todo el prólogo de la caza es calma y mucha disciplina. Todo tiene que ver con la paciencia y con saber esperar y organizarse. Y hay mucho, mucho silencio.

Adiestré a mis perros empezando con un trapo atado a un palo que luego movía para estimular su impulso depredador. Quería que los perros utilizaran su capacidad natural para perseguir y su sentido común innato. Sólo les dejaba atrapar el trapo cuando estaban listos. Otros adiestradores hubieran dejado que los perros saltaran sobre el trapo, lo cual hubiera sido más bien un impulso.

Lo que yo quería era animar a mis perros a que se autocontrolasen. Para mí ése es un reto mucho más natural porque es un comportamiento que conocen. Están programados para esperar hasta que la presa se canse o se ponga en peligro por sí misma. Finalmente dirigí este tipo de comportamiento de persecución controlado hacia un señuelo humano equipado con ropa de protección. A mí me gustaba hacer ese papel. Así podía convertir el ejercicio en un juego, algo de lo que los dos disfrutábamos juntos. Y así podía también asegurarme al cien por cien de que mis perros comprendían que era siempre yo quien controlaba cuándo empezaba el juego y cuándo acababa, igual que hace Ian Dunbar cuando practica con *Dune* y *Hugo* sus juegos de tira y afloja. Muchos adiestradores de perro guardián les enseñan la orden «fuera» tirando físicamente u obligando a un perro a separarse de su objetivo. Ésa es una forma estupenda de hacer que la frenética agresividad restante en el perro se dirija hacia usted. Y eso era lo que le pasaba a *Sa*. Para enseñar a un perro la orden «fuera» le permitía morderme el brazo (siempre equipado con protección, claro) y entonces dejaba de moverme, me sentaba muy quieto y esperaba. Cuando el perro me soltaba espontáneamente, decía la palabra. Me ponía en la situación de tener que esperar a que el perro terminara de divertirse. Cuando él estaba listo para soltarme, yo decía «fuera». Así no forzaba las cosas. No usé comida como recompensa aunque sí lo alabé mucho y satisfice su orgullo. Lo que hacía era aprovecharme de la sabiduría natural del animal, que le decía cuándo soltar a una presa, sencillamente asociándola a una orden. Ésas son técnicas que tomé prestadas del método tradicional de adiestramiento Schutzhund. *Schutzhund* es una palabra alemana que quiere decir «perro guardián» y ha evolucionado a lo largo de cientos de años hasta convertirse en un exigente deporte que pone a prueba y plantea retos al temperamento y la velocidad de obediencia —o solidez— de un perro. Muchos adiestradores de perro guardián usan palabras en alemán porque sus métodos derivan del adiestramiento en Schutzhund.

Se trata de un deporte de disciplina que no da como resultado un perro malo o defensivo. De hecho los que han sido educados en este método son todo lo contrario, nos comenta Diane Forster, que cría junto a su marido Doug, a pastores alemanes y adiestra a perros siguiendo la tradición Schutzhund. Ella nos dice: «Puedes fiarte de un perro al que han adiestrado así. Un perro de Schutzhund no atacará a nadie a menos que la persona lo ataque a él.»

Incluso después de terminar con éxito los ejercicios de adiestramiento, algunos de los handlers que conozco no podían fiarse del todo de sus perros guardianes cuando estaban en lugares públicos. A esos animales se les había condicionado de una forma muy poco natural y reaccionaban exageradamente a los sonidos y movimientos bruscos, igual que le pasaba a *Gavin,* el perro del Departamento de Alcohol, Tabaco, Armas y Explosivos, que había llegado a ser hipersensible al ruido. Mis perros, insisto, igual que los perros educados en Schutzhund, no eran peligrosos en ninguna circunstancia ni para ser humano alguno. Después de todo los crié muy cerca de mis hijos.

La mayoría se sorprende al saber que adiestré a *Daddy,* mi ya fallecido pitbull, para que fuese un excelente perro guardián. ¿Quién, el amable y tranquilo *Daddy?* ¿El mejor pitbull sobre la faz de la tierra? Él aprendió esas habilidades de la manada de rottweilers junto a quienes lo crié desde que tenía cuatro meses. Pero, como sabe cualquiera que vea normalmente *El encantador de perros,* yo podía llevar a *Daddy* a cualquier sitio y fiarme de que se iba a comportar bien con cualquier persona o animal, pasara lo que pasara. Si estábamos grabando un episodio de *El encantador de perros* y otro perro se ponía agresivo con *Daddy,* él no reaccionaba a la defensiva sólo porque se lo hubiera adiestrado para proteger. Ese adiestramiento nada más salía a la luz en dos circunstancias especiales: una, si se le daba la orden; dos, si un adulto macho amenazante mostraba una acción claramente agresiva hacia algún miembro de su manada. Como yo no había alterado los instintos de *Daddy,* él sabía en el fondo de su ser canino la diferencia entre alguien de verdad peligroso, con intención de hacer daño, y alguien que sólo estaba jugueteando.

Yo me fiaba al cien por cien del instinto de *Daddy*. Jamás, ni un instante, me preocupé por él. Vivió dieciséis años y en todo ese tiempo no hizo daño ni mordió a nadie. Prefería lamerles la cara, tumbarse a sus pies y, por supuesto, que le acariciaran la panza. Pero sí que vino claramente al rescate en más de una ocasión. Tina Madden, una antigua empleada del Centro de Psicología Canina, recuerda un incidente que sucedió en 2007, cuando *Daddy* tenía 13 años: «A *Daddy* se le diagnosticó un cáncer cuando yo llevaba pocos meses trabajando con César y un día lo llevé a una de las sesiones de quimioterapia. Me acuerdo de que íbamos de vuelta en el coche por el barrio de South Central, una zona peligrosa que yo no conocía bien. Paré en un sitio para comprar algo de comer y dejé a *Daddy* durmiendo en el asiento delantero de la furgoneta. Bajé la ventanilla para que le llegase algo de aire fresco. De repente crucé la mirada con dos tipos que, desde luego, no parecían dos angelitos. Me miraron y vinieron directamente y yo corrí a meterme en el coche pensando "¿por qué los habré mirado? ¿En qué estaría pensando?". Estaba atrapada en una fila de coches, sin poder avanzar ni retroceder, y muerta de miedo. Sabía que estaba a punto de pasarme algo muy malo.

»Me había olvidado por completo de que *Daddy* estaba ahí dormido, a mi lado. Los dos tipos siguieron acercándose y uno empezó a meter el cuerpo por la ventanilla. En décimas de segundo *Daddy* estaba despierto, se había puesto en pie de un salto y estaba gruñendo de una forma que aterraba. Era como tener un león adulto allí en el coche. Los dos tipos palidecieron y empezaron a correr como no se ha visto, gritando. En menos de seis segundos ya no se les veía. Di un suspiro de alivio y miré a *Daddy*. Aquello había pasado después de su sesión de quimioterapia. Cuando todo acabó subí la ventanilla, él me miró, se tumbó y siguió durmiendo. Se lo conté a César y me dijo: "Asegúrate de que das las gracias a *Daddy* por eso". Yo le contesté: "Se las doy cada día desde entonces". De verdad me salvó de una situación muy peligrosa. Apuesto a que aquel día esos chicos tuvieron que cambiarse de calzoncillos. Gracias a Dios, estaba allí *Daddy*.»

Junior, el protegido de *Daddy,* es otro pitbull y lo eduqué desde que era un cachorro casi de la misma forma que eduqué a *Daddy*. La gran diferencia entre ambos es que no quiero que *Junior* tenga acceso a esa parte de sí mismo que es un perro guardián. Ahora vivo en una zona donde no necesito un perro guardián. *Junior* no está adiestrado para morder y reducir. Ni siquiera juego a juegos de tira y afloja o de dominación con él. No he hurgado en su parte con instinto depredador ni en la parte que aspira a defender a la manada. *Junior* es, en cambio, un pacificador. Sabe que sus dientes no están hechos para que los sufra otro animal y punto. A menos que sea un mordisquito controlado si están jugando. Para *Junior* una mano tendida significa que tiene que soltar lo que tenga entre dientes y no tocarlo. Incluso un niño puede meter la mano en su cuenco mientras come y *Junior* se apartará cortésmente. Quiero que *Junior* sea lo contrario de un pitbull: un tipo feliz que usa su instinto, energía e intensidad para hacer ejercicio. Y para jugar mucho, claro. Pero también para ayudar a que otros animales sean más equilibrados. Y eso, de alguna manera, lo convierte en lo contrario de un pitbull.

El instinto de protección en los perros es algo con lo que no tenemos que jugar, incluso si su perro no es de una raza criada con ese objetivo, como los pastores alemanes, los rottweiler, los malinois belgas o los doberman. El único criterio para que un perro sea un gran guardián es que tenga valor. Y el valor no es exclusivo de ninguna raza. Casi cualquier terrier le dará una buena, ya que están criados para dar caza a animales que pueden volverse contra ellos y plantarles cara, como los roedores, reptiles y otras alimañas e incluso los zorros. Un terrier jack russell podría tener que atacar a los pies de un atracador pero ahí estará para defenderlo a usted. Ya hemos visto en *El encantador de perros* cómo un pequeño chihuahua o yorkshire terrier puede convertirse en un arma si no se les socializa adecuadamente y sus dueños los llevan constantemente en brazos. Muchos acaban atacando a quienes se acercan para hacerles mimos. Incluso un bulldog poco enérgico como *Mr. President* podría haberse convertido en un perro guardián si yo no lo hubiese educado para que respetase y se mostrase sumiso ante todo ser humano, a pesar de que se irritaba y se impacientaba enseguida.

Siempre aconsejo que piensen bien si quieren o no que sus perros sean sus protectores. Es otorgar una gran responsabilidad a un perro, sobre todo si no se le adiestra como es debido. Si usted está decidido a hacerlo, debería informarse sobre el método Schutzhund u otros tipos de adiestramiento de la disciplina que le aseguren que no van a convertir a su perro en un arma que no tiene forma de desconectarse.

Aquí es donde la psicología canina presenta ventajas respecto al adiestramiento tradicional. Si usted es el jefe del perro en toda situación, siempre podrá neutralizarlo. Como ocurrió con *Daddy,* su perro siempre podrá tener acceso a lo mejor de su instinto y volver al equilibrio en cuanto pase la alerta. La confianza y el respeto que haya entre usted y su perro —algo que va más allá del simple adiestramiento para que obedezcan órdenes— es lo que le permitirá sacarlo rápidamente del modo de alerta, del estado de excitación, y hacerlo volver a una tranquila y pacífica actitud de sumisión. Si no está cómodo al cien por cien con su papel de jefe de la manada, busque una alarma o una lata de gas lacrimógeno y deje que su perro simplemente disfrute de ser un perro.

 Perros que curan

Durante años se han recopilado anécdotas para demostrar la capacidad de los perros de detectar problemas físicos en una persona y predecir cosas como los ataques epilépticos, ataques al corazón, infartos y comas diabéticos. Todo tipo de desórdenes cuyo inicio es casi un misterio para la medicina moderna. Creo que el futuro del adiestramiento de perros está realmente en enseñarnos a nosotros mismos a comprender los importantes mensajes que los perros nos están transmitiendo sobre nuestra salud.

En la mayoría de esas áreas la ciencia aún no ha descubierto cómo los perros perciben lo que perciben de nuestra condición física. Y los humanos aún no tienen mucha idea sobre cómo adiestrarlos o sacar partido de esta innata habilidad canina. Pero en la clínica Pine Street de San Anselmo (California) la prueba está en los cachorros y, lo que es más, en las estadísticas.

Una visita a la Clínica Pine Street

Las calles de San Anselmo, en California, son como de postal. Hay tiendas de moda, anticuarios y casas victorianas de colores construidas en la época de la fiebre del oro. Al fondo de una de estas calles hay una fachada pequeña de color rosa con un cartel que reza Clínica Pine Street. Dentro, un mostrador de farmacia de estilo antiguo cruza una acogedora sala decorada con alfombras orientales y con las paredes cubiertas de estanterías llenas de libros. Es un entorno informal y tranquilizador. Incluso hay un aviario lleno de jilgueros cantando bajito.

Cuando entré por primera vez en este pacífico santuario con *Angel,* el schnauzer miniatura, trotando contento a mi lado, me sentí inmediatamente como en casa. Soy un gran defensor de muchas medicinas alternativas y desde hace treinta años la clínica está especializada en la integración de las terapias, medicamentos y suplementos occidentales con las hierbas tradicionales, la acupuntura y la filosofía de oriente.

Pero la de Pine Street es algo más que una clínica. Es la sede de una fundación que desde hace nueve años ha estado haciendo unas increíbles pruebas clínicas que demuestran que los perros pueden detectar el cáncer de pulmón, pecho, páncreas y ovarios a partir de una muestra del aliento de una persona. Había ido hasta allí para ver en acción a los mundialmente famosos perros que detectaban el cáncer por el olfato y para ver si el pequeño *Angel* podía aprender a hacer esa proeza.

Desde hace muchos años circula una historia entre gente de diversas culturas y estratos sociales: hay quien cuenta que, poco antes de que se le diagnosticara un cáncer o alguna otra enfermedad, empezó a ver que su perro se comportaba de una forma muy rara. A veces el perro parecía querer hundir el hocico en la parte del cuerpo afectada por la enfermedad. En la cuarta temporada de *El encantador de perros* tuvimos un caso así. La fundación Make a Wish se puso en contacto con nosotros para tratar de conseguir que se hiciera realidad el sueño de Michelle Crowley, que superó un cáncer, después de que su rottweiler *Major* hubiera descubierto su enfermedad. Los científicos empezaron a tomarse en serio esos casos tan sólo hace una década o así, cuando formularon la teoría de que los perros pueden oler hasta el menor cambio molecular en nuestro cuerpo.[4]

Michael Broffman, el director de la clínica, lo cuenta así: «Todo empezó al principio de la década de 1990 con un grupo que procedía de la Universidad de Florida, en Tallahassee. Algunos de sus investigadores, con la ayuda de un dermatólogo de la zona y un excelente adiestrador canino, demostraron que los perros podían, con un alto porcentaje de aciertos, diferenciar en distintos sujetos qué lesión era un melanoma y qué lesión no lo era. Publicaron ese estudio y basándonos en él decidimos comenzar nuestro propio programa de investigación. En esa misma época los británicos ya estaban trabajando con perros en un programa de detección del cáncer de próstata, así que a mediados de los noventa decidimos centrarnos en el cáncer de pulmón y en el de mama».

Las células cancerígenas, incluso en la primera fase de la enfermedad, excretan un desecho específico que los investigadores predijeron que sería identificable en el aliento de una persona. La gente de la clínica decidió ver si los perros podían detectar con seguridad la presencia de un cáncer en sus fases I, II, III o IV a partir de muestras de aliento. En 2003 la clínica empezó sus pruebas de cáncer de pulmón y mama con dos perros, dos caniches normales de color arena adoptados de un criador de primera que habían sido seleccionados precisamente por un comportamiento muy orientado hacia los olores.

Broffman dice: «Los dos perros que seleccionamos fueron los que nos pareció que exploraban el mundo con la nariz inmediatamente.» Poco después la Clínica Pine Street contrató a su primer jefe de adiestradores, Kirk Turner. Éste eligió a un cachorro french poodle llamado *Shing Ling,* a dos cachorros de perro de aguas portugués y a un labrador retriever adulto para incluirlos en la investigación. Broffman explica: «Con los otros perros del programa, que eran ya adultos, buscábamos tener perros que estuvieran muy motivados para trabajar, ya que la investigación requería tres o cuatro horas diarias de actividad, varios días a la semana durante meses. Así que necesitábamos animales que estuvieran dispuestos a trabajar de buen humor, que estuvieran motivados, que no se aburrieran y que fuesen a aguantar hasta el final.» Sorprendentemente, los candidatos más obvios para un trabajo que suponía olfatear, como los beagles y los bloodhounds, fueron rechazados porque no tenían la energía, concentración y ética del trabajo de los french poodles, los perros de aguas portugueses y los labradores retriever.

Motivadores únicos

Como hemos comprobado a lo largo de este libro, ningún adiestramiento puede tener éxito sin entender qué es lo que motiva a un perro en particular. Broffman nos dice: «Descubrimos tres motivaciones distintas. El juego y la comida son las evidentes en el caso de los labradores y los perros de aguas portugueses. El caso de los french poodles era fascinante porque, por una parte, eran muy fáciles de adiestrar, estaban muy motivados, pero su mayor recompensa era nuestro reconocimiento de que lo habían hecho bien. Más que el juego o la comida.»

Los french poodles lo pasaban bien haciendo su labor y todo el mundo en el equipo de investigación estaba impresionado por su ética del trabajo. Pero Michael Broffman y su equipo pronto descubrieron que este tipo de perros eran, por ponerlo en términos humanos, unos «perfeccionistas». Michael Broffman sigue relatando: «Habíamos mezclado las muestras, algunas de las cuales pertenecían a casos de cáncer y otras eran de control. Un día, en una sesión de adiestramiento, el perro se empeñaba en identificar una muestra como la de alguien con cáncer, aunque nosotros lo negábamos. Así seguimos un par de horas, hasta que nos dimos cuenta de que el perro tenía razón y nos habíamos equivocado nosotros. Y el french poodle, básicamente, dejó de trabajar unas cuantas semanas por eso. Ya sabes: un labrador habría estado disgustado una o dos horas y después habría seguido trabajando pero estos perros tienden a tomarse las cosas más a pecho.» En otras palabras, ¡no juegues con el instinto de uno!

Según avanzaban las pruebas y los perros se iban volviendo más hábiles en distinguir las muestras de pacientes con cáncer de las de control, la simple necesidad de reconocimiento y aprecio por el trabajo bien hecho de los french poodles nos trajo problemas fuera del laboratorio. Michael Broffman aún se sorprende al contar lo siguiente: «Estábamos en la calle, un día libre, y de repente los perros identificaban a un desconocido, a alguien que pasaba por allí. Y nos llevó a muchos momentos difíciles en que teníamos que acercarnos a alguien que no conocíamos y decirle: "Perdone, pero nuestros perros nos están diciendo que tiene usted cáncer de pulmón. Y podría ser que se equivocasen, pero tienen razón en el 90 por ciento de los casos que estamos investigando en nuestro laboratorio. Nos sentimos obligados a decirle que quizá debería ir a hablar con el médico." Nos llevó unos meses encontrar la forma de hacer que los french poodles dejasen de trabajar cuando salían del área de investigación.»

Al menos dos de aquellas personas a las que los french poodles de la clínica habían señalado por la calle como posibles enfermos llamaron más tarde a los investigadores para decirles que sí, que los perros tenían razón y el médico les había diagnosticado un cáncer. Ambos agradecieron mucho el temprano aviso canino. Los perros no sólo hicieron un excelente papel en esos estudios, sino también a lo largo de los cuatro meses en que se hicieron 12.295 pruebas de olfato aparte. Todas están grabadas en vídeo.

Como puede leerse en la página web de la Clínica Pine Street: «Lo más importante de esta investigación es que 1) unos perros normales, sin adiestramiento previo alguno para agudizar su olfato, pudieron aprender rápidamente a identificar a los enfermos de cáncer de pulmón y de mama oliendo muestras de su aliento al compararlas con tubos de muestras sin usar; 2) los perros pudieron distinguir fiablemente y con precisión las muestras de aliento de pacientes con cáncer de pulmón y de mama de las de personas sanas de control, y 3) a la capacidad de diagnóstico del perro no le afectó la fase en que estuviera la enfermedad, la edad del paciente, si fumaba o no o lo que hubiera comido recientemente ni en el caso de los enfermos ni en el de los sujetos sanos.»[5]

El primer artículo publicado por la Fundación Pine Street vio la luz en 2006 en la revista *Integrative Cancer Therapies*. En un estudio llevado a cabo en 86 sujetos —55 de ellos con cáncer de pulmón y 31 con cáncer de mama— cinco perros olfateadores profesionalmente adiestrados distinguieron con precisión las muestras de pacientes enfermos de las de 83 sujetos de control. La habilidad de los perros para identificar o descartar correctamente el cáncer de pulmón y de mama, ya estuviera en la primera fase o avanzado, fue de un 90 por ciento.[6]

El éxito de esa investigación valió a la fundación otra subvención para poder empezar con su actual investigación, que trata de demostrar la capacidad de los perros de detectar el cáncer de ovarios a partir de una muestra del aliento del sujeto. El cáncer de ovarios tiene una tasa de mortalidad alta porque las enfermas no muestran ningún síntoma hasta que la enfermedad está muy avanzada. El método del olfato canino promete poder detectarlo en fases más tempranas y salvar potencialmente las vidas de millones de mujeres.

Kirk Turner se encargó de seleccionar a los perros para esta nueva fase del proyecto. Algunos de los animales candidatos eran perros guía retirados. Kirk cuenta: «Vimos a unos cuarenta perros para seleccionar sólo a los cinco que siguieron con nosotros en diciembre. No podían venir de una casa en la que se fumaba porque eso arruina el sentido del olfato de cualquier perro en seis meses. Y tenían que ser perros contentos y alegres, sin ningún tipo de problema emocional, aunque tampoco podían estar demasiado mimados por sus dueños.»

Una increíble demostración

El día que *Angel* y yo fuimos a la Clínica Pine Street, los dos Michaels (Broffman y McCulloch) y el adiestrador Kirk Turner nos habían organizado una demostración completa de lo que sus perros podían hacer detectando el cáncer. Kirk adiestra perros para esta labor tan especial desde hace más de siete años y ahora puede conseguirlo en muy poco tiempo. Kirk nos contó: «Dos semanas y media. Ése es el tiempo que me lleva adiestrar a un perro para que detecte el cáncer. Cinco pruebas y se lo llevan a pasear. Es el turno del siguiente perro. Normalmente hacen esto dos o tres veces cada día, lo cual quiere decir que no hacen más de quince pruebas al día. Cada prueba dura menos de un minuto.»

Yo repuse, impresionado: «Es una curva de aprendizaje increíble.» Michael Broffman intervino entonces: «Las grandes subvenciones para investigación que hemos recibido en estos años han venido del Departamento de Defensa. Se levantaron ampollas cuando publicamos nuestra investigación hace un par de años. Nosotros éramos capaces de adiestrar a nuestros perros a detectar por el olfato en un tercio del tiempo que le llevaba hacerlo al mejor adiestrador canino de la sede de Alabama del Departamento de Defensa. Dio muchos dolores de cabeza a su equipo de adiestradores caninos el cómo y el porqué nosotros éramos capaces de adiestrar a los perros mucho más precisa y eficazmente que su mejor experto. Creo que era, sobre todo, porque nosotros estábamos actuando desde el punto de vista de potenciar y fomentar el instinto natural de los animales en vez de imponerles una rígida metodología de adiestramiento.»

Kirk dijo entonces: «También queremos que sigan siendo perros cuando vuelven a casa. Por eso usamos perros que son el animal de compañía de alguien. No nos pertenecen.» Ese día Kirk había llevado consigo para la demostración a *Freeman,* un entusiasta y musculoso labrador negro. *Freeman* es un perro guía retirado con una gran ética del trabajo y una personalidad enérgica. Para mantener a *Freeman* concentrado en su labor Kirk nos advirtió a mi equipo de grabación y a mí que no debíamos hacerle ninguna muestra de afecto antes de empezar la demostración. Como Kirk nos explicó: «La última vez se enamoró de un cámara y se olvidó de todo.»

Kirk adiestra a los perros que detectan el cáncer con un *clicker* y con un tipo de adiestramiento que no incide en lo físico. Kirk dice: «No me centré en la cuestión de la obediencia. Cuando se trataba de indicar que había un cáncer usé el *clicker*, que me funcionó muy bien. ¿Y sabes qué? Creo que por eso el aprendizaje fue tan rápido: porque básicamente estaba dejando que el perro eligiese por sí mismo.»

Para la demostración la fundación colocó cinco contenedores de almacenamiento normales, de los que se pueden comprar en cualquier tienda, a los que habían hecho un agujero en el centro de la tapa. En esos agujeros iban los recipientes especiales que tenían las muestra de aliento. Las muestras de cáncer de ovario las tomaron de voluntarias que habían soplado dentro de un tubo especial que capturaba, condensaba y sellaba las muestras para su uso en el futuro. Los investigadores tomaron muestras de mujeres sin cáncer como control.

En cada demostración los investigadores pusieron muestras de control provenientes de mujeres sin cáncer en cuatro de los cinco contenedores. Sólo uno de los cinco tenía una muestra de aliento de una cancerosa. Kirk se quedaba fuera de la sala mientras el equipo disponía las muestras, ya que siempre existe el peligro de que él, inconscientemente, indique a *Freeman* a través de su lenguaje corporal y su actitud cuál es el contenedor con la muestra de una enferma.

Era la hora de sacar a *Freeman* de la jaula. Cuando trabaja con este labrador tan enérgico Kirk prefiere dejarle puesta la correa, al menos en la primera vuelta. Kirk dice: «Prefiero que lleve la correa puesta para poder mostrarle lo que quiero que haga, que es olfatear los contenedores. Lleva unos meses sin trabajar, así que es posible que deba dar un par de vueltas antes de volver a su nivel normal». Kirk acercó a *Freeman* a los contenedores. Éste los olfateó todos y se sentó junto a uno de ellos. Sentarse junto a una muestra es la señal que el perro debe dar cuando identifica un cáncer. *Freeman* se había equivocado. Kirk le indicó que ya podía seguir y *Freeman* siguió olfateando. Entonces se sentó junto a otros dos contenedores. Kirk no le hizo caso ni le recompensó en modo alguno. Entonces volvieron al punto de partida. Era el momento de hacerlo en serio.

Esta vez Kirk le quitó la correa y le dijo: «A trabajar». Entonces *Freeman* recorrió la fila de contenedores, olfateándolos todos hasta sentarse junto a uno. Esta vez sí se había sentado junto al contenedor correcto.

Kirk hizo sonar su *clicker* e hizo volver a *Freeman* para recompensarlo con una chuchería y muchos elogios.

Kirk y *Freeman* volvieron fuera. Él nos explicó: «Otra cosa que me gusta hacer es sacarlo para que huela otras cosas entre prueba y prueba.» Es como cuando estamos eligiendo un perfume y el dependiente nos hace oler café entre uno y otro. Son olores tan distintos que si los olemos uno a continuación del otro nos es fácil distinguirlos.

El equipo hizo unas cuantas pruebas más ante mis asombrados ojos. Tras cada vuelta cambiaban las tapas de los contenedores para que la humedad de la nariz de *Freeman* no contaminase el olor. *Freeman* necesitó un ratito para estar listo, pero en poco tiempo ya había detectado el cáncer a la primera. Cada detección correcta se premiaba con un *click* y una chuchería que Kirk le daba. Cuando acabó la demostración, *Freeman* había acertado siete de ocho veces.

Mientras *Freeman* seguía con su actuación, el investigador Michael McCulloch lo miraba maravillado y tomaba notas en un cuaderno. Michael me contó: «Esos perros son muy buenos en lo que hacen. Una vez uno de nuestros perros detectó una recurrencia de cáncer de pecho un año y medio antes de que lo detectaran en una revisión rutinaria de seguimiento. Eso está en la investigación que publicamos en 2006. Se trataba de una persona que participó en las pruebas y que nosotros pensamos que pertenecía al grupo de control. Pero de veinticinco veces que los perros olfatearon su muestra, veinticuatro la identificaron como una muestra cancerosa. Y eso lo hicieron distintos perros. Así que fuimos a entrevistarla y resultó que le habían dado el alta definitiva de un cáncer de mama que le habían tratado hacía años. Más o menos un año después de concluir la investigación nos enteramos de que le detectaron en un escáner, junto al lugar donde había tenido el cáncer, un pequeñísimo tumor que hubiera sido indetectable en el momento en que nosotros hicimos la prueba con su aliento. Así de buenos son estos perros. Parece que son capaces de darnos un diagnóstico muy, muy temprano. Ahora seguimos con una investigación sobre el cáncer de ovario. Estamos reclutando a gente que quiera tomar parte, así que si alguna mujer está interesada que consulte la página www.pinestreetfoundation.org.»

La siguiente fase de la investigación de la fundación busca comparar muestras de pacientes con cáncer que han sido identificadas ya por el olor con muestras del mismo sujeto analizadas químicamente. ¿Conseguirán los modernos análisis químicos de laboratorio la misma tasa de éxito que los perros? ¿Puede la ciencia descubrir exactamente qué minúsculos cambios moleculares son los que los perros pueden oler? Por ahora lo único que sabemos con certeza es esto: la nariz y el cerebro de un perro están entre los instrumentos de detección de olores más refinados del mundo y la ciencia moderna no ha empezado ni a acercarse a su capacidad.

El nuevo trabajo de Angel

Ese día yo había llevado conmigo a *Angel,* el schnauzer miniatura, porque sé el increíble olfato que tiene. Lo he criado desde pequeño para contarlo en mi libro *¿Cómo criar al perro perfecto?* Una vez, cuando era un cachorro, *Angel* encontró una colilla que estaba enterrada bajo diez centímetros de basura. Quería saber si *Angel* tenía lo que hace falta para convertirse en un perro salvavidas, en un perro capaz de detectar el cáncer.

Kirk me explicó en rasgos generales cómo era el adiestramiento. Como *Angel* no había recibido ningún adiestramiento formal excepto para mejorar su agilidad, Kirk tuvo que usar el *clicker* con él. Con la correa puesta Kirk le enseñó una golosina. Cuando *Angel* se acercó y la tomó de sus dedos, sonó el *click.* Kirk me explicó: «Lo que quiero es establecer que, si suena un *click*, lo siguiente que pasa es que le damos una golosina.» Lo siguiente que estableció fue que cuando *Angel* lo miraba a los ojos, sonaba un *click* y le daban una chuchería. *Angel,* que siempre ha aprendido increíblemente rápido, lo captó enseguida y sin esfuerzo alguno. Entonces Kirk lo llevó junto a los contenedores y le dejó oler las tapas. Cada vez que éste olfateaba una tapa, lo premiaba con un *click* y una chuchería. Kirk me explicó: «Al llegar al que tiene la muestra de la paciente con cáncer, dejaré que se siente, se tumbe o lo que quiera hacer. Pero la idea es que lo primero es olfatear.»

El adiestrador señaló la tapa del contenedor que tenía la muestra de la paciente con cáncer. Entonces se quedó en pie y, siguiendo esa señal no verbal, *Angel* se sentó. De nuevo recibió un *click* y un premio. Este patrón se reforzó una y otra vez hasta que *Angel* empezó a oler el contenedor y sentarse sin que Kirk se lo ordenase con su lenguaje corporal. Pregunté a Kirk qué tal lo había hecho. Él me tranquilizó diciendo: «Es un candidato excelente para este tipo de labor porque tiene una gran ética del trabajo y ya tiene una idea básica de cómo comunicarse con un ser humano. Bien, lo ha hecho muy bien.»

De hecho *Angel* era un alumno tan dotado y capaz que el estadístico Michael McCulloch me preguntó si estaba disponible para adopción. Le contesté que no, que su dueña era SueAnn Fincke, la directora del programa *El encantador de perros*.

A Kirk también le decepcionó mi respuesta. «Siempre he soñado con educar a perros más pequeños. El primer perro que detectó un melanoma fue un schnauzer. Los schnauzers miniatura serían una buena opción para este trabajo porque son muy, muy listos. Les encanta aprender y trabajar. Si les enseñas las cosas haciéndolas divertidas, casi un juego, me parece que pueden ser una raza estupenda para esto. Y ya sabes, una de las ventajas de educar a un grupo de perros pequeños es que son más fáciles de transportar. Puedes meterlos a todos en un solo coche.»

Kirk tiene otra aspiración que espera poder cumplir ahora que los investigadores de la Fundación Pine Street han podido cuantificar una capacidad que antes era un misterio. «Nuestras investigaciones demuestran sin lugar a duda que hay cánceres ocultos en el cuerpo que pueden detectarse simplemente examinando los olores que componen el aliento de alguien. Ésa es una de las razones por las que querría fundar nuestra propia empresa. Podríamos gestionar proyectos de otras organizaciones que se dedican a la detección de olores. Pero mi mayor ambición es adiestrar a médicos y perros para que colaboren y se comuniquen los unos con los otros. Imagínatelo: médicos y perros visitando juntos aldeas del tercer mundo hasta donde no puedes llevar caro instrumental médico y facilitando diagnósticos tempranos y otros tipos de terapia. Eso es ahora una posibilidad real.»

 ## Adiestrar respetando los instintos

El mejor adiestramiento es el que permite que un perro sea un perro para empezar. Como todo adiestrador, dueño de perro y jefe de manada sabe es bueno poder controlar los instintos de nuestros perros (por ejemplo, está claro que no nos conviene que el instinto depredador del perro se dispare si el adorado gato del vecino cruza nuestro patio), pero también tenemos que asegurarnos de que escuchamos y respetamos esos instintos. Especialmente si tienen algo que enseñarnos. Cuando simplemente tratamos de imponer a un perro un método de adiestramiento o lo obligamos a hacer algo que para él no tiene sentido desde el punto de vista del instinto no nos hacemos ningún favor ni a ellos ni a nosotros. Aunque seamos capaces de enseñarle a hacer algo, al mismo tiempo estamos aislándolo de su sentido común inherente.

Un perro que no esté en contacto con su natural sentido común no podrá relacionarse con otros perros y no podrá ser un animal realizado y equilibrado. Como hemos visto caso tras caso en el programa *El encantador de perros*, cuando un perro no se siente realizado tampoco puede ser el mejor compañero de los seres humanos con quienes comparte un hogar.

Cuando educamos a un perro correctamente, para que use de la mejor manera posible el instinto con el que nació, recibe de nosotros algo muy importante, algo que no puede recibir cuando está en estado salvaje. No sólo experimenta el placer de llevar a cabo la actividad que sea, además siente una especie de euforia cuando ese ser humano lo elogia y lo premia y celebra con él su triunfo. Eso le permite sentir algo que jamás podrá compartir con otro perro. La celebración de sus propios logros.

El instinto del perro fue lo primero que motivó a los seres humanos a unir sus fuerzas con otra especie, hace miles de años. Y, sin embargo, el instinto es a menudo lo primero que tratamos de suprimir en nuestros perros hoy día. Hay personas que han llegado a pensar que el adiestramiento canino es una buena forma de conseguir que el perro deje atrás para siempre su instinto.

Controlar el instinto de un perro no es lo mismo que tratar de eliminarlo. Fomentar el instinto es sencillamente recompensar un comportamiento natural o no suprimirlo mediante el castigo. Cuando respetamos el instinto de un perro y lo convertimos en los cimientos de nuestra relación con él, se abre todo un mundo nuevo ante nosotros.

Desde que el ser humano empezó a criar perros, muchos siglos atrás, ha ido comprendiendo cada vez mejor su proceso de aprendizaje, adiestrándolos para potenciar sus habilidades. Al entender y reconocer la sensibilidad y capacidad de una nariz canina, los seres humanos han podido enseñar a un animal a distinguir el olor de infinidad de cosas distintas, desde las drogas a la fruta, los explosivos, las chinches y al final el cáncer. Un sabueso puede rastrear a una persona entre miles si lo familiarizamos con el más leve olor que esa persona haya dejado atrás. Un perro de rescate puede detectar dónde hay gente atrapada bajo la nieve o los escombros. Puede oler los cambios químicos que se dan en un cuerpo humano y que indican un problema médico, como puede ser un ataque epiléptico.

Si respetamos las capacidades innatas de nuestros perros, y nos adiestramos primero a nosotros mismos, podremos crear con ellos la más increíble alianza entre animal y ser humano que se pueda imaginar.

NOTAS

[1] Stephen Budiansky, «The Truth About Dogs» [La verdad sobre los perros], *The Atlantic* (julio de 1999), páginas 39-53, http://www.theatlantic.com/past/issues/99jul/9907dogs.htm.

[2] «A World of Herding Dogs» [Todo un mundo de perros pastores], Herding on the Web, http://www.herdingontheweb.com/dogs.htm; «AKC Breeds by Group», *American Kennel Club*, http://www.akc.org/breeds/herding_group.cfm.

[3] Patrick Burns, «The Self-Actualized Terrier: Happy in the Field» [El terrier realizado: feliz en el prado], *Terrierman's Daily Dose* (3 de junio de 2009), http://terriermandotcom.blogspot.com/2007/06/happy-in-field.html.

[4] Rebecca Leung, «Can Dogs Sniff Cancer?» [¿Pueden los perros oler el cáncer?], *60 Minutes* (9 de enero de 2005), http://www.cbsnews.com/stories/2005/01/06/60minutes/main665263.shtml.

[5] «Diagnostic Accuracy of Canine Scent Detection of Lung and Breast Cancers in Exhaled Breath» [Precisión diagnóstica de la detección del cáncer de pulmón y mama mediante el olfateo canino de olores presentes en muestras de aliento], 17 de mayo de 2009, Pine Street Foundation, http://pinestreetfoundation.org/2009/05/17/canine-scent-detection-breast-and-lung-cancer/.

[6] Michael McCulloch, Tadeusz Jezierski, Michael Broffman, Alan Hubbard, Kirk Turner y Teresa Janecki, «Diagnostic Accuracy of Canine Scent Detection in Early-and Late-Stage Lung and Breast Cancers» [Precisión diagnóstica de la detección de cánceres de pulmón y mama en fase temprana y avanzada mediante el olfato canino], *Integrative Cancer Therapies*, número 5 (2006), página 30, http://ict.sagepub.com/cgi/reprint/5/1/30.

Otras lecturas y fuentes

De César y todos los expertos

SOBRE EL COMPORTAMIENTO DEL PERRO Y LA BIOLOGÍA EN GENERAL

Coppinger, R., y Coppinger, L., *Dogs,* Chicago, University of Chicago Press, 2001. *(Perros*, KNS Ediciones).

Dunbar, I., *Dog Behavior: Why Dogs Do What They Do,* Neptune, NJ, TFH Publications, 1979.

—, *An Owners Guide to a Happy, Healthy Pet: Dog Behavior,* Hoboken, NJ, Howell Book House/Wiley Publications, 1999.

Fogle, B., *The Dogs Mind*, DVM, MacMillan and Co, NY, 1990.

Grandin, T., y Johnson, C., *Animals in Translation: Using the Mysteries of Autism to Decode Animal Behavior,* Scribner, NY, 2005.

MacDonald, D. W., y Sillero-Zubiri, C., *Biology and Conservation of Wild Canids,* Nueva York, Oxford University Press, 2004.

Pfaffenberger, C., *The New Knowledge of Dog Behavior,* Nueva York, Howell Book House, 1963.

Scott, J. P., y Fuller, J., *Genetics and the Social Behavior of the Dog,* University of Chicago Press, Chicago, 1965.

Serpell, J. (ed.), *The Domestic Dog: Its Evolution, Behavior, and Interactions with People,* Cambridge University Press, NY, 1995.

Wynne, C. D. L., *Animal Cognition: The Mental Lives of Animals,* Nueva York, Palgrave Macmillan, 2002.

SOBRE EL CONDICIONAMIENTO OPERANTE

Bailey, B., y Bailey, M. B., *Patient Like the Chipmunks* (vídeo), Eclectic Science Productions, 1999.

Burch, M. R., y Bailey, J. S., *How Dogs Learn*, Howell Book House, Wiley Publishing, Hoboken, NJ, 1999.

Skinner, B. F., *The Behavior of Organisms, An Experimental Analysis* Appleton-Century, Nueva York, 1938 *(La conducta de los organismos*, Fontanella, 1975).

SOBRE EL ADIESTRAMIENTO CANINO

Brown-Cali, B., *Dog Dynamics* (cursos de entrenamiento), www.dogdynamics.org

De Groodt, B., *From the Heart Behavior and Training* (cursos e información), www.fromtheheart.info

Dunbar, I., *How To Teach A New Dog Old Tricks,* James and Kenneth Publishers, 1996.

—, *Before and After Getting Your Puppy,* Novato, CA, New World Library, 2004.

—, *Dog Training for Children,* Berkeley, CA, James and Kenneth Publishers, 2007.

—, *SIRIUS® Puppy Training* (DVD), Berkeley, CA, James and Kenneth Publishers, 2007.

—, *SIRIUS® Adult Dog Training* (DVD), Berkeley, CA, James and Kenneth Publishers, 2008.

Silverman, J., *What Color is Your Dog?* (libro, DVD), www.companionsforlife.net

Weston, D., *Dog Training: The Gentle Modern Method*, Edmonton, Alberta, Howell Books, 1992.

Sobre el refuerzo positivo

Donaldson, J., *The Culture Clash: A Revolutionary New Way of Understanding the Relationship between Humans and Domestic Dogs,* James and Kenneth Publishers, Berkeley, CA, 1996 y 2005 *(El choque de culturas*, KNS Ediciones).

Pryor, K., *Dont Shoot the Dog! The New Art of Teaching and Training*, Ringpress Books, Surrey UK, 2003 *(¡No lo mates... enséñale! El arte de enseñar y adiestrar,* KNS Ediciones).

Ramirez, K. (ed.), *Animal Training: Successful Animal Management Through Positive Reinforcement,* Chicago, Shedd Aquarium Society, 1999.

Sobre el adiestramiento con 'clicker'

Alexander, M. C., *Click for Joy!,* Sunshine Books, Waltham, Mass., 2003, www.clickertraining.com

Tillman, P., *Clicking with Your Dog,* Waltham, MA, Sunshine Books, 2000.

Wilkes, G., *Click and Treat® Training* (DVD), www.clickandtreat.com

Sobre temas relacionados con la raza

Burch, M., *The Border Collie, An Owners Guide to a Happy, Healthy Pet,* Howell Book House, Nueva York, 1996.

Burns, P., *American Working Terriers*, 2005, www.terrierman.com

Deeley, M., *Working Gundogs,* The Crowood Press Ltd., Wiltshire, Reino Unido, 1990.

American Humane Association (AHA)
http://www.americanhumane.org/
http://www.americanhumane.org/humaneeducation

Association of Pet Dog Trainers (APDT)
http://www.apdt.com/

Boones Animals for Hollywood
http://www.boonesanimals.com/

Brain State Technologies
http://www.brainstatetech.com/

Brain Well Center
http://www.brainwellcenter.com/

Humane Society of the United States (HSUS)
http://www.humanesociety.org/
http://www.humanesociety.org/search/search.jsp?query=dog+training

International Association of Canine Professionals (IACP)
http://canineprofessionals.com/

No Animals Were Harmed (American Humane Association, Film and
    TV Unit)
http://www.americanhumane.org/protecting-animals/programs/
    no-animals-were-harmed/

Pine Street Foundation

http://pinestreetfoundation.org/

The American Society for the Prevention of Cruelty to Animals (ASPCA)

http://www.aspca.org/

http://www.aspcabehavior.org/search.aspx?petCat=1&mode=all&sort=
title&dir=ASC

The Humane Society of the United States (HSUS)

http://www.humanesociety.org/

http://www.humanesociety.org/search/search.jsp?query=dog+training

Esta obra se terminó de imprimir en enero de 2012
en los talleres de Litográfica Ingramex, S.A. de C.V.
Centeno 162-1, Col. Granjas Esmeralda,
C.P. 09810 México, D.F.